轨道交通职业技能等级认定指导丛书

铁路车辆制动钳工（实作）

《轨道交通职业技能等级认定指导丛书》编委会　编

中国铁道出版社有限公司

2021年·北　京

内容简介

本书为《轨道交通职业技能等级认定指导丛书》的《铁路车辆制动钳工(实作)》分册。本书为铁路货车方向铁路车辆制动钳工技能等级认定题库的实作部分,总结了初级工、中级工、高级工、技师、高级技师五个等级的技能操作项目,各操作项目包含了准备通知单、技能操作试题、配分及评分标准三部分内容。书中通过图文并茂的形式,详细叙述了各实作步骤的操作流程;通过配分及评分标准表的形式,详细列出了考核要点及扣分标准。

本书可作为铁路车辆制动钳工岗位培训用书,也可供相关人员自学使用。

图书在版编目(CIP)数据

铁路车辆制动钳工. 实作/《轨道交通职业技能等级认定指导丛书》编委会编. —北京:中国铁道出版社有限公司,2021. 11

(轨道交通职业技能等级认定指导丛书)

ISBN 978-7-113-28505-0

Ⅰ. ①铁… Ⅱ. ①轨… Ⅲ. ①机车-车辆制动-钳工-职业技能-鉴定-教材 Ⅳ. ①U270. 35

中国版本图书馆 CIP 数据核字(2021)第 220419 号

书　　名: 铁路车辆制动钳工(实作)
作　　者: 《轨道交通职业技能等级认定指导丛书》编委会

策　　划: 李润华
责任编辑: 李润华　　**编辑部电话:** (010)51873138　　**邮箱:** jiliang@tdpress. com
封面设计: 郑春鹏
责任校对: 孙　玫
责任印制: 高春晓

出版发行: 中国铁道出版社有限公司(100054,北京市西城区右安门西街 8 号)
网　　址: http://www. tdpress. com
印　　刷: 三河市国英印务有限公司
版　　次: 2021 年 11 月第 1 版　2021 年 11 月第 1 次印刷
开　　本: 787 mm×1 092 mm 1/16　**印张:** 15　**字数:** 373 千
书　　号: ISBN 978-7-113-28505-0
定　　价: 88. 00 元

编委会

前　言

为深入贯彻落实党的十九大和十九届二中、三中、四中、五中全会精神，以及国务院决策部署，积极响应人力资源和社会保障部提出的建立职业技能等级制度，国能铁路装备有限责任公司坚持创新意识、勇于开拓，牢记国家能源投资集团有限责任公司“三型五化，七个一流”的总体战略部署，紧密联系“聚焦一个目标、担负两大使命、建强五大体系、强化六大保障”的发展战略，创新建立科学的职业技能等级认定体系，以促进各类人才脱颖而出、让广大从业人员更好施展创新才能。

随着铁路自备货车的技术装备现代化实现重大跨越，车辆重载提速和新型货车配套技术等方面达到了国内先进水平。尤其国能铁路装备有限责任公司在“神华重载铁路货车状态检修成套技术研究及装备研制”的项目课题方面取得初步成效，为铁路修程修制带来革命性变化，填补了货车行业状态修的空白，在状态一修、状态二修、状态三修、状态四修的铁路货车修程修制改革和实践当中，走在了国内前列。2016 年以来，国能铁路装备有限责任公司为适应国家和新形势下的职业技能等级认定改革工作，提前预想，未雨绸缪，积极部署技能等级认定题库开发工作，根据《中华人民共和国职业分类大典》《国家职业标准》《职业技能鉴定国家题库网络开发技术规程》和铁路行业的有关规程规章等要求，结合检修及运用实际情况，组织编写了《轨道交通职业技能等级认定指导丛书》。

本丛书涵盖铁路货车方向铁路车辆制动钳工、铁路车辆钳工、货车检车员、轮轴装修工四个工种，每个工种分为理论、实作两个分册。理论分册，通过试题形式展现知识要点，题型包括单选题、多选题、判断题；实作分册，通过挖掘各岗位的工艺标准展现技能操作项目，各操作项目包含了准备通知单、技能操作试题、配分及评分标准三部分内容。为满足“学员自学”的迫切需求，实作分册在编写过程中，重点突出“以学员为核心”的理念，努力站在学员的角度去思考问题，通过图文并茂的形式，详细叙述各步骤的操作流程，特别是量具的使用手法和卡夹位置尽量使用图片展示，基本能达到学员一看就懂、一学就会的目的。

本丛书由国能铁路装备有限责任公司组织成立编委会编写而成，是国家能源投资集团有限责任公司旗下各单位组织认定前的培训用书和申请认定人员的自学、自测必备用书，对各单位技能大赛和岗前培训等也有重要的参考价值。丛书在编写过程中得到了国家能源投资集团有限责任公司技能鉴定指导中心的大力支持,也得到了榆林、肃宁、包头、沧州、准格尔分公司等单位的协助,在此表示衷心的感谢!

本书是《轨道交通职业技能等级认定指导丛书》的《铁路车辆制动钳工(实作)》分册,可作为铁路车辆制动钳工岗位培训用书,也可供相关人员自学使用。

由于铁路装备和技术改革发展进程较快,书中内容难免存在遗漏和不足之处,敬请各使用单位和广大读者批评、指正,以便进一步修订、完善。

编　者

2021 年 8 月

目　录

第一部分　铁路车辆制动钳工初、中、高级工操作技能（内制动）

第一章　铁路车辆制动钳工初级工操作技能（内制动） …… 3

第一节　120/120-1 型控制阀主阀分解及配件识别 …… 3
第二节　KZW 系列调整阀分解及配件识别 …… 10
第三节　KZW 系列传感阀分解及配件识别 …… 13
第四节　折角塞门、组合式集尘器配件识别 …… 16

第二章　铁路车辆制动钳工中级工操作技能（内制动） …… 19

第一节　120/120-1 型控制阀主阀、紧急阀配件检测及组装 …… 19
第二节　弹簧检测 …… 23
第三节　KZW 系列调整阀试验 …… 29
第四节　KZW 系列传感阀试验 …… 34

第三章　铁路车辆制动钳工高级工操作技能（内制动） …… 39

第一节　120/120-1 型控制阀主阀分解、组装及故障检查 …… 39
第二节　120/120-1 型控制阀主阀研磨及试验 …… 44
第三节　制动软管检修及试验 …… 55
第四节　KZW 系列空重车自动调整装置配件检测及组装 …… 59

第二部分　铁路车辆制动钳工初、中、高级工操作技能（外制动）

第四章　铁路车辆制动钳工初级工操作技能（外制动） …… 69

第一节　主管吹尘及过球试验 …… 69
第二节　基础制动装置检测 …… 72
第三节　集尘器检修及螺堵检查 …… 75
第四节　单车检查（Z1 修） …… 77
第五节　更换闸瓦（Z1 修） …… 86

第五章　铁路车辆制动钳工中级工操作技能（外制动） …… 91

第一节　更换球芯折角塞门及软管 …… 91
第二节　更换 120/120-1 型控制阀主阀、紧急阀 …… 93

第三节　更换 KZW 系列调整阀、传感阀 …………………………………………… 95
第四节　脱轨自动制动装置检修及组装 ………………………………………… 98
第五节　脚踏式人力制动机检查、检测及性能试验 …………………………… 102
第六节　现车 NSW 型手制动机性能检查、试验 ……………………………… 105
第七节　NSW 型手制动机检修、拉力试验及性能试验[厂修(Z4 修)] ……… 107
第八节　链式手制动机检查、检测及拉力试验[厂修(Z4 修)]………………… 111

第六章　铁路车辆制动钳工高级工操作技能(外制动)…………………………… 115

第一节　单车试验……………………………………………………………… 115
第二节　更换 ST2-250 型闸瓦间隙自动调整装置 …………………………… 122
第三节　制动缸清洗…………………………………………………………… 125
第四节　制动缸检查、检测、组装及试验[厂修(Z4 修)] …………………… 127
第五节　货车制动装置落成检查……………………………………………… 134

第三部分　铁路车辆制动钳工技师、高级技师操作技能

第七章　铁路车辆制动钳工技师操作技能………………………………………… 139

第一节　120/120-1 型控制阀主阀、紧急阀试验及故障分析 ………………… 139
第二节　120 型空气制动机单车试验及故障分析 …………………………… 142
第三节　制动系统自然缓解故障分析………………………………………… 145
第四节　运用中“关门车”常见故障判断及分析……………………………… 146
第五节　油石调校……………………………………………………………… 150
第六节　货车制动梁检测……………………………………………………… 151
第七节　绘制零件加工图……………………………………………………… 158
第八节　编写铁路车辆制动钳工实操项目培训大纲………………………… 160
第九节　制作内十字配合……………………………………………………… 161

第八章　铁路车辆制动钳工高级技师操作技能…………………………………… 165

第一节　货车抱闸事故调查…………………………………………………… 165
第二节　绘制 120/120-1 型控制阀作用原理图 ……………………………… 170
第三节　编制 120/120-1 型控制阀主阀检修工艺卡 ………………………… 186
第四节　锉配燕尾样板………………………………………………………… 187
第五节　折角塞门、组合式集尘器检修及试验 ……………………………… 190
第六节　中间体检修及试验…………………………………………………… 197
第七节　脱轨自动制动阀检修及试验………………………………………… 202
第八节　120 型空气制动机性能试验及不起制动作用的故障排除 ………… 207
第九节　120 型空气制动机性能试验及起非常制动故障排除 ……………… 208

附　件 ······ 211

附件 1　KZW 系列调整阀配件识别表 ······ 211
附件 2　KZW 系列传感阀配件识别表 ······ 212
附件 3　故障分析报告 ······ 213
附件 4　基本制图标准 ······ 214
附件 5　编写轮轴装修工实操项目培训大纲 ······ 222
附件 6　抱闸故障事故调查报告 ······ 224
附件 7　120/120-1 型控制阀通路图 ······ 225

第一部分

铁路车辆制动钳工初、中、高级工操作技能（内制动）

第一章　铁路车辆制动钳工初级工操作技能(内制动)

第一节　120/120-1 型控制阀主阀分解及配件识别

一、准备通知单

(一)工具、材料准备

序号	名　称	规　格	数量	备　注
1	分解台		1台	
2	活口扳手	150 mm	1把	
3	风(电)动扳手		1把	
4	尖嘴钳	150 mm	1把	
5	手锤	1.5P	1把	
6	套筒头	M16/M17/M19	各1个	
7	风枪	100 mm	1把	
8	剪刀	200 mm	1把	
9	轴用直口卡簧钳	175 mm	1把	
10	穴用直口卡簧钳	175 mm	1把	
11	开口扳手	17-19 mm/22-24 mm	各1把	
12	螺丝刀	75×5 mm	1把	
13	配件存放盒		2个	
14	铜针		1个	
15	铜钳子	175 mm	1把	
16	螺栓	ϕ3 mm、ϕ10 mm	各1个	
17	棉白细布		若干	

(二)其他准备

1. 考试人员需按规定穿戴好劳动防护用品。
2. 检查确认工具齐全、技术状态良好。
3. 由考评员事先安排将待分解的 120 主阀(包括半自动缓解阀)外部清洗干净备用。

二、技能操作试题

(一)考核项目:120/120-1 型控制阀主阀分解及配件识别

(二)分值:100 分

(三)考核时间

1. 准备时间:1 min。

2. 正式操作时间:10 min。

3. 规定时间内全部完成,每超过 15 s 扣 1 分(不足 15 s 不扣分),超过规定时间 50%失格,节约时间不加分。

(四)操作要求或技术标准(正确使用、维护设备及工、卡、量具)

1. 将清洗完毕的主阀放置在分解台位上。

2. 分解主阀和半自动缓解阀。分解下的各精密零配件须分开放置于主阀专用存放盒内,放置阀盖时,应轻拿轻放,避免磕碰。

3. 配件分解(分解顺序不做要求)。

(1)分解作用部及紧急二段部

①拆下主阀上盖,将待清洗的制动配件放入单阀零部件清洗盛放盒(图 1-1-1)。

②拆下主阀下盖,取出减速弹簧座、减速弹簧,从主阀下盖作用部下腔凸台外侧底部取下 O 形橡胶密封圈 D75×3.1,剪切破坏后放入报废品箱内。将阀盖放入清洗盛放盒内。用手取下减速弹簧、减速弹簧座。将减速弹簧放入弹簧辆份配送盒内;将减速弹簧座放入辆份配送盒内(图 1-1-2)。

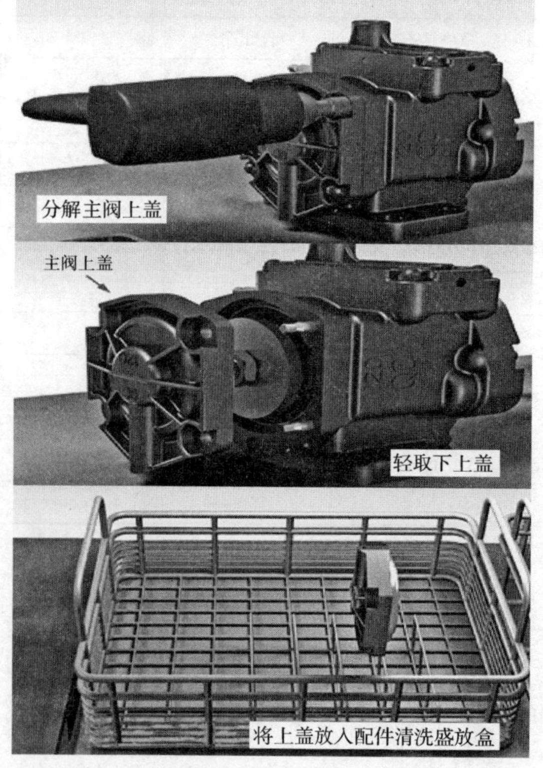

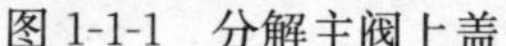
图 1-1-1　分解主阀上盖

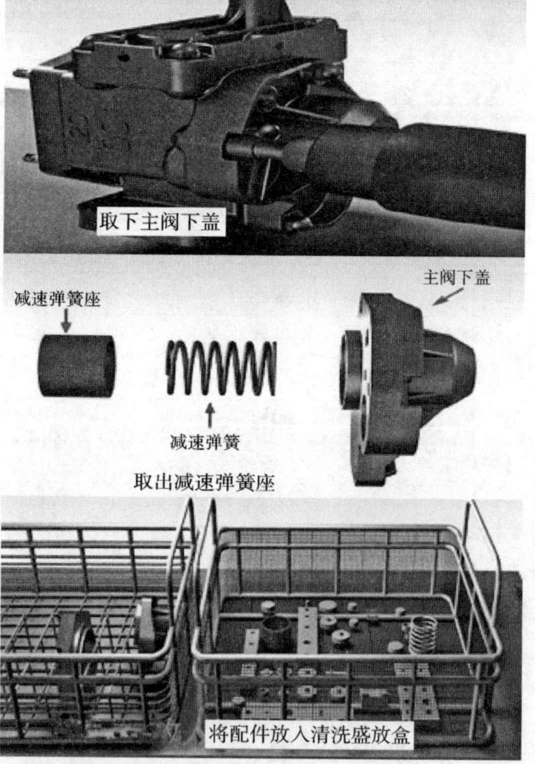

图 1-1-2　分解减速弹簧及座

③取出止回阀弹簧、夹心阀 ϕ38 mm、紧急二段阀及紧急二段阀弹簧,分解 O 形橡胶密封圈 D25×2.4,分解紧急二段阀内匹配直径 254 mm 制动缸的 ϕ2.4 mm 缩孔堵(图 1-1-3)。

④分解 $\phi 0.8$ mm 主阀安装面局减室排气限制缩孔堵，分解 $\phi 1.8$cm 主阀安装面匹配直径 254 mm 制动缸的列车管充气限制缩孔堵(图 1-1-4)。

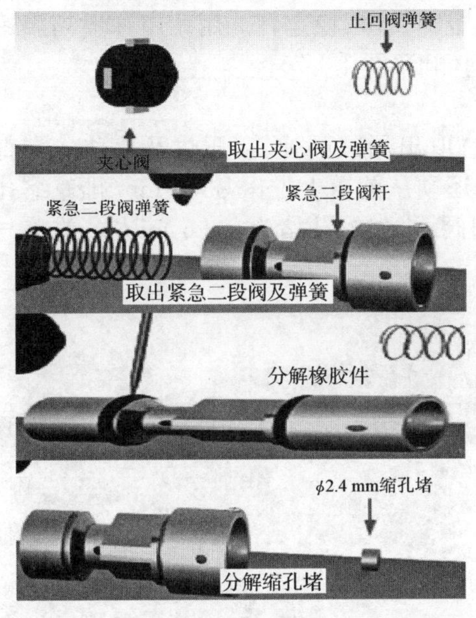

图 1-1-3　分解夹心阀、紧急二段阀及弹簧

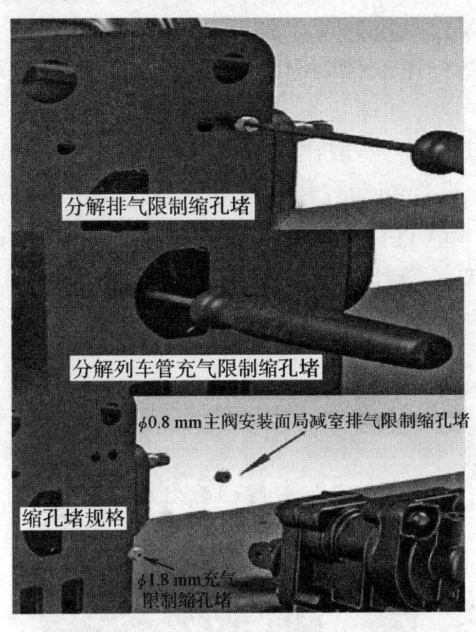

图 1-1-4　分解主阀安装面缩堵

(2)分解主活塞

①用 M10 螺栓拧入主活塞杆顶部螺纹工艺孔，抽出主活塞组成(图 1-1-5)。

②使用铜针分解滑阀销，将滑阀、节制阀、滑阀弹簧、节制阀弹簧从主活塞杆上取下(图 1-1-6)，滑阀、节制阀不得碰伤。

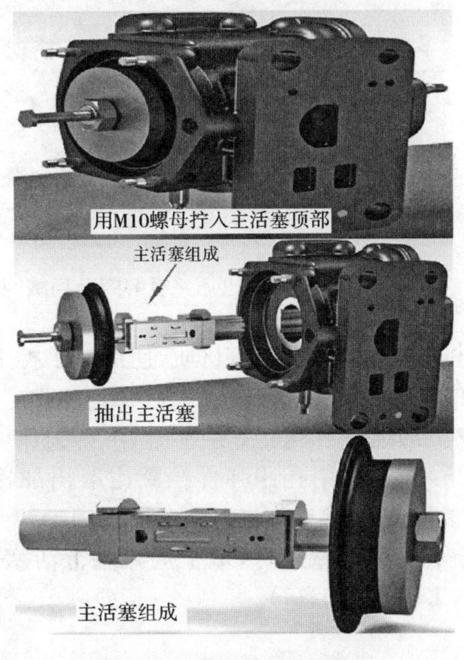

图 1-1-5　取出主活塞组成

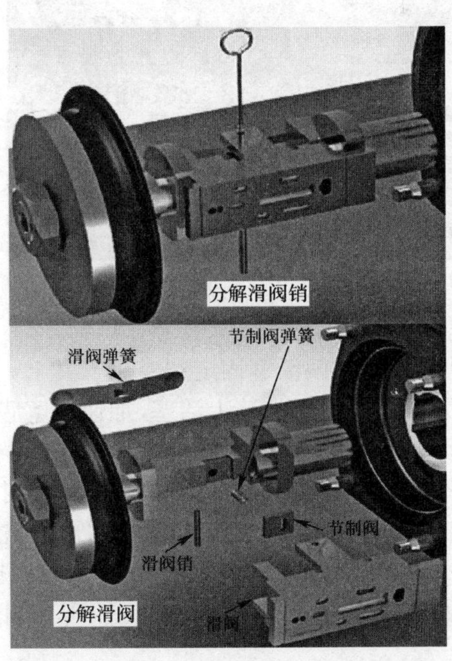

图 1-1-6　分解滑阀、节制阀

③将主活塞平稳固定在卡具上,使用活扳手拧下主活塞螺母,卸下主阀上活塞、主活塞膜板、O 形橡胶密封圈 D25×2.4、主阀下活塞。主活塞杆、主阀上活塞、主阀下活塞不得碰伤。用孔用弹性挡圈钳取出弹簧挡圈,取下稳定弹簧、稳定弹簧座、稳定杆。用孔用弹性挡圈钳取出主活塞杆尾端挡圈时,不可碰伤主活塞杆尾端及内侧面(图 1-1-7)。

(3)分解加速缓解部及局减部

①拆下前盖,取出加速活塞组成和局减阀组成;取出局减阀弹簧、压垫及毛毡。与直径 254 mm 直径制动缸相匹配的 120/120-1 型控制阀,还须从前盖上拧出 ϕ2.9 mm 排气缩孔堵(与356 mm 直径制动缸相匹配的 120/120-1 型控制阀,排气缩孔堵为 ϕ3.6 mm)。前盖与阀体结合面、局减阀杆不得碰伤(图 1-1-8)。

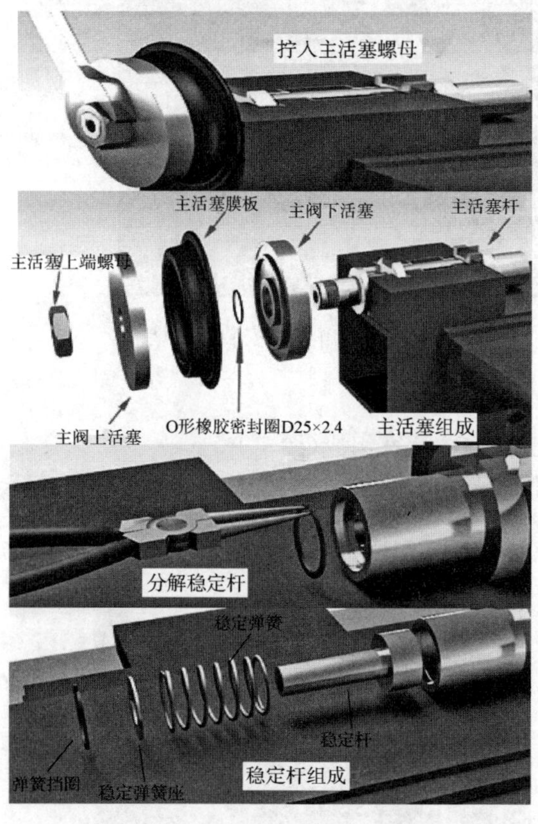

图 1-1-7 分解主活塞组成

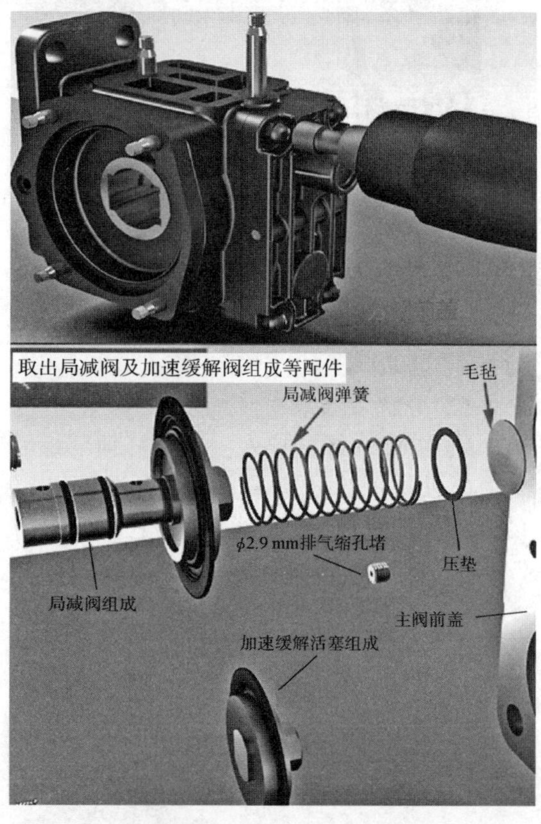

图 1-1-8 取出加速缓解阀及局减阀

②将加速缓解活塞固定在专用卡具上,卡具材质硬度要低于螺钉材质,使用扳手拧下加速缓解活塞螺母,取下加速上活塞、加速缓解膜板、加速下活塞及活塞紧固螺钉(图 1-1-9)。

③用孔用弹性挡圈钳取出主阀体上的挡圈,取出加速缓解阀套等组件时,不得损伤 M3 螺纹。依次拔出顶杆,取下 2 个 O 形橡胶密封圈 D25×2.4。用孔用弹性挡圈钳取出加速缓解阀套上的挡圈,取下加速缓解阀弹簧座、加速缓解阀弹簧、ϕ16 mm 夹心阀(图 1-1-10)。

④将局减活塞固定到专用卡具上,使用扳手拧下局减活塞螺母,取下局减阀上活塞、局减阀膜板,使用铜针分解 2 个 O 形橡胶密封圈 D16×2.4(图 1-1-11)。

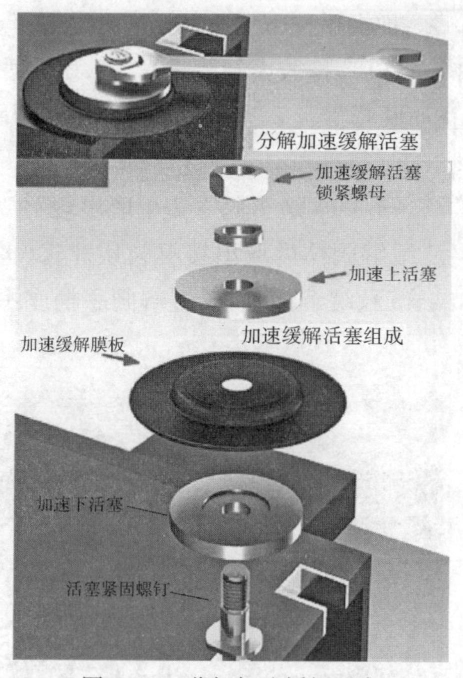

图 1-1-9 分解加速缓解活塞

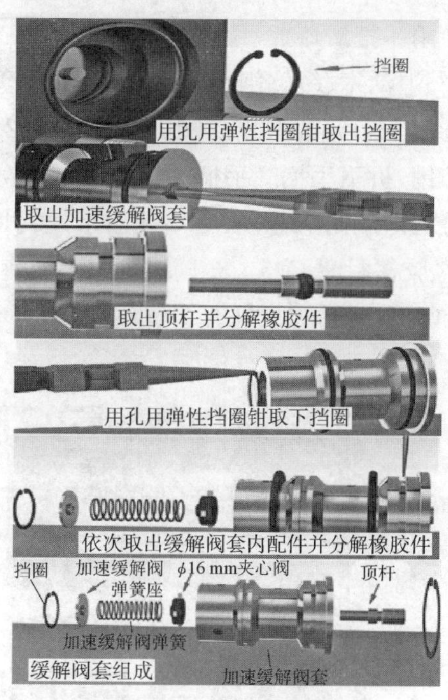

图 1-1-10 分解加速缓解阀

(4)分解半自动缓解阀

①使用改锥取下排风口罩垫,分解半自动缓解阀上盖,取出缓解阀弹簧,拧出上盖上的滤尘缩堵,取下缓解阀体上的 2 个 O 形橡胶密封圈 D22×2.25、2 个止回阀弹簧及 2 个 ϕ16 mm 夹心阀。缓解阀上盖与阀体结合面不可碰伤(图 1-1-12)。

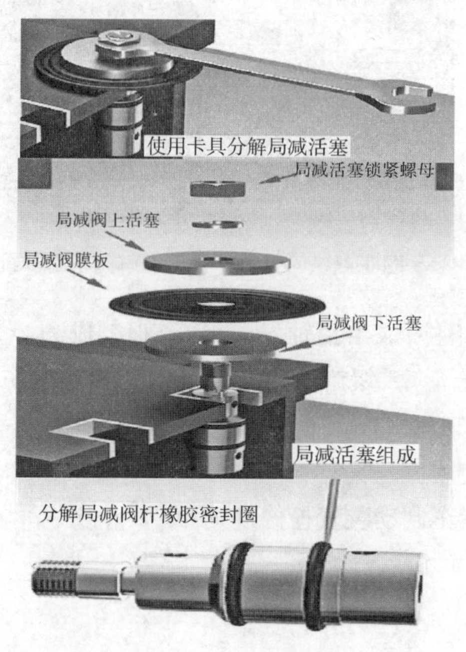

图 1-1-11 分解局减活塞

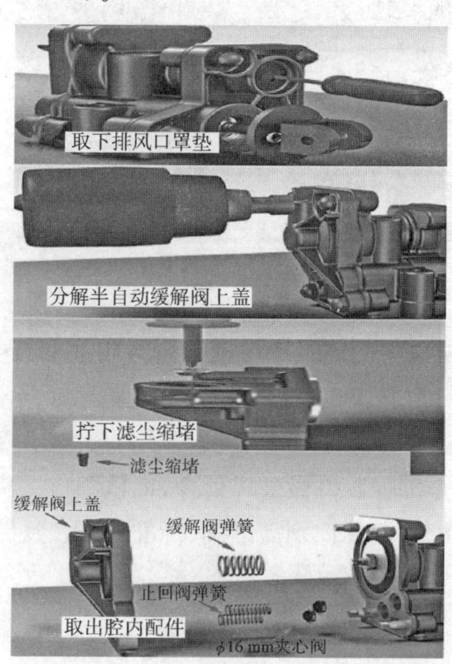

图 1-1-12 分解半自动缓解阀上盖

②使用一把活口扳手固定缓解阀活塞杆,用另一把扳手拧下缓解阀活塞上端螺母,取下垫圈、缓解阀上活塞、缓解阀膜板、缓解阀下活塞和2个O形橡胶密封圈D14×2.25。取下缓解阀体上的2个O形橡胶密封圈D22×2.25、2个止回阀弹簧及2个夹心阀ϕ16 mm。用尖嘴钳取出开口销,拆下手柄。手柄平面处不可碰伤(图1-1-13)。

③分解缓解阀下盖,取出O形橡胶密封圈D45×3.1、从缓解阀下盖中取出缓解放风阀座及O形橡胶密封圈D35×3.1、缓解阀手柄座,再从缓解阀体内取出缓解阀顶杆座、缓解阀手柄弹簧和两个缓解阀顶杆。缓解阀下盖与阀体结合面、缓解阀顶杆、缓解阀手柄座不可碰伤(图1-1-14)。

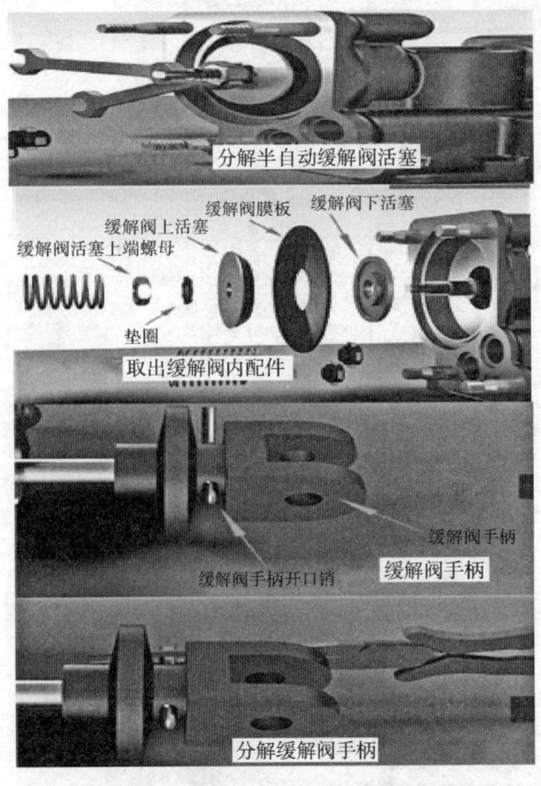

图1-1-13　分解半自动缓解阀活塞及手柄

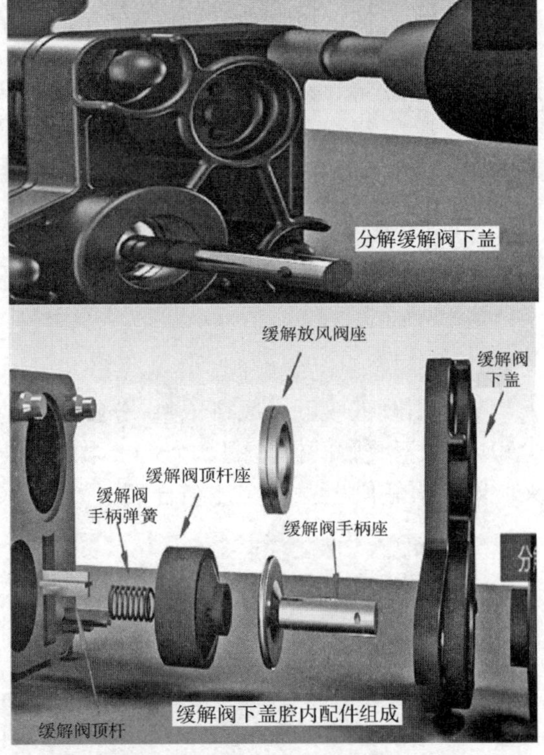

图1-1-14　分解半自动缓解阀下盖及配件

④从缓解阀体组成内推出缓解阀活塞杆等组件,取出销轴、拆下均衡阀组成和2个O形橡胶密封圈D16×2.4。缓解阀活塞杆、缓解阀上活塞、缓解阀下活塞及铜套不可碰伤。取下缓解阀杆上的密封圈时,不可划伤阀杆(图1-1-15)。

4. 全部橡胶件做破坏处理,毛毡不得二次使用。

5. 配件名称识别需准确、标准(参考《铁路货车制动装置检修规则》)。

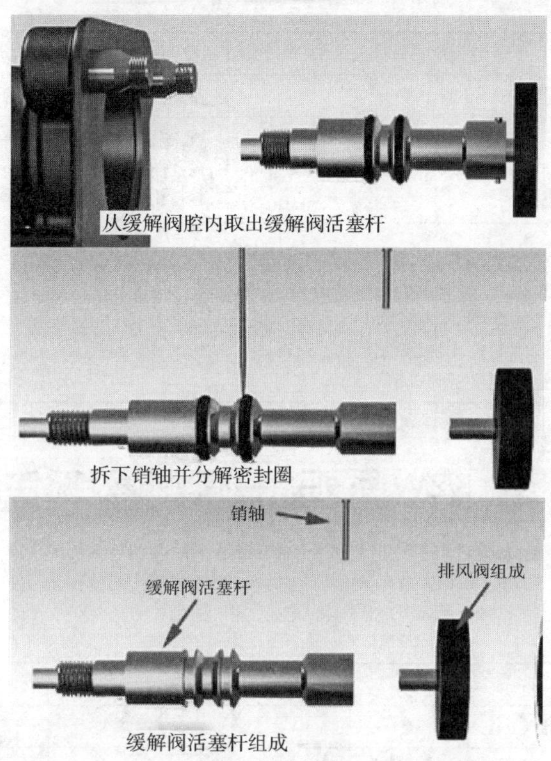

图 1-1-15 分解半自动缓解阀活塞杆组成

三、配分及评分标准

序号	项目	配分	考 核 内 容	评 分 标 准	扣分	得分
一	作业程序及要求	70分	准备:检查工具齐全、状态良好	未检查工具,每件扣1分		
			主阀分解要求: 1. 检查确认阀体状态。 2. 分解主阀、缓解阀、局减阀上、下盖及前盖(分解顺序不做要求)。 3. 取出阀内各活塞、橡胶膜板、弹簧、密封圈等。 4. 取出各阀活塞组成。 5. 铜制配件与铁制配件分别存放,不得挤压。 6. 配件擦拭干净。 7. 橡胶件做破坏处理。 8. 使用铜制钳子分解主阀内铜件,不得划伤。 9. 分解配件时正确报出配件名称。 10. 不得用电动、风动工具分解阀内配件。 11. 正确使用工具。 12. 作业完毕后擦拭工具,摆放原位	1. 未检查确认阀体状态扣3分。 2. 铜件划伤一件扣3分。 3. 漏分解一项扣3分。 4. 橡胶件未做破坏处理一件扣1分。 5. 配件未识别或识别错误一项扣4分。 6. 铜铁混放扣2分。 7. 工具、配件、材料等落地每件扣2分。 8. 野蛮拆卸扣5分。 9. 使用电动、风动工具分解阀内配件扣10分。 10. 作业完毕未清洁场地扣2分。 11. 未按标准使用工具每次扣3分。 12. 工具损坏一件扣5分。 13. 作业完毕未进行工具维护保养和放置不当,每件扣2分		

续上表

序号	项目	配分	考 核 内 容	评 分 标 准	扣分	得分
二	作业时间	20 分	规定时间 10 min	超过 30 s 扣 2 分(不足 30 s 不扣分)		
三	安全注意事项	10 分	正确穿戴、使用劳保防护用品	1. 未按规定穿戴劳保用品扣 3 分。 2. 轻微受伤时扣 5 分。 3. 其他不安全因素每次扣 3 分		
四	合计	100 分				
否决项目		1. 碰破、出血、起泡、挤肿不能继续工作时失格。 2. 超过规定时间 50%时失格。 3. 野蛮拆卸造成配件无法继续使用时失格。 4. 配件识别错误 10 件时失格				

第二节　KZW 系列调整阀分解及配件识别

一、准备通知单

(一)工具、材料准备

序号	名　　称	规　　格	数量	备　注
1	分解台		1 台	
2	风(电)动扳手		1 把	
3	风枪		1 把	
4	剪刀	200 mm	1 把	
5	铜针		2 根	
6	台虎钳	150 mm	1 台	
7	轴用直口卡簧钳	175 mm	1 把	
8	穴用直口卡簧钳	175 mm	1 把	
9	开口扳手	17-19 mm	1 把	
10	配件存放盒		2 个	
11	内六角扳手	M16	1 把	
12	套筒头	M19	1 个	
13	棉白细布		若干	

(二)其他准备

1. 考试人员需按规定穿戴好劳动防护用品。
2. 检查确认工具齐全、技术状态良好。
3. 由考评员事先准备外部已清洗干净的 KZW 系列调整阀备用。

二、技能操作试题

(一)考核项目:KZW 系列调整阀分解及配件识别

(二)分值:100 分

(三)考核时间

1. 准备时间:1 min。

2. 正式操作时间:5 min(分解 2 min,填写配件名称 3 min)。

3. 每超时 7.5 s 扣 1 分(不足 7.5 s 不扣分),超过规定时间 50%失格。

(四)操作要求或技术标准

1. 将清洗完毕的调整阀放置在分解台位上。

2. 分解顺序:

(1)拆除调整阀安装座防尘盖板,检查阀体状态良好。将风(电)动扳手置左端档位,用呆扳手 M19 端将螺母一端固定,另一端用加装了 19 套筒头的风(电)动扳手卡在 M12×65 的安装螺栓头上,按动扳手拆除阀盖螺母、垫圈及螺栓(图 1-2-1)。

图 1-2-1　拆除螺母

(2)取下阀盖,取出膜板、推杆组成(图 1-2-2),用铜针取出推杆组成 O 形橡胶密封圈以及中间体上的 2 个密封孔垫。取下中间体,用两根铜针卡到活塞两侧凹槽内取出阀体内的活塞组成(图 1-2-3)。用穴用直口卡簧钳取出压力弹簧,用铜针取出阀体上的 2 个密封孔垫、O 形橡胶密封圈。

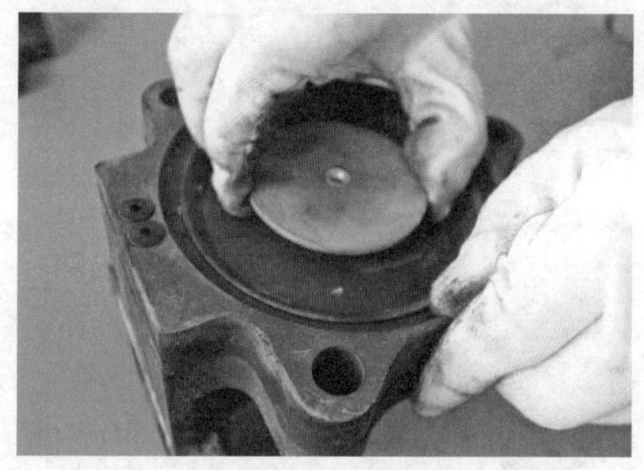

图 1-2-2　取出推杆组成

图 1-2-3　取出活塞组成

(3)分解活塞组成:用铜针取出活塞上的 O 形橡胶密封圈。向下轻按夹心阀,使其一侧朝下成 30°角旋出(图 1-2-4)。再用穴用直口卡簧钳取出夹心阀弹簧。

(4)分解显示活塞后盖(图 1-2-5)、O 形橡胶密封圈(图 1-2-6)、显示活塞及 Y 形橡胶密封圈(图 1-2-7)、显示弹簧。

3. 铜、铁配件分开存放,避免磕碰损伤,杆件要做好防护,防止变形。

4. 橡胶件需做破坏处理。

5. 配件名称识别需准确、标准(KZW-A 型限压阀各部配件名称如图 1-2-8 所示,参考《铁路货车制动装置检修规则》)。

图 1-2-4　分解活塞组成

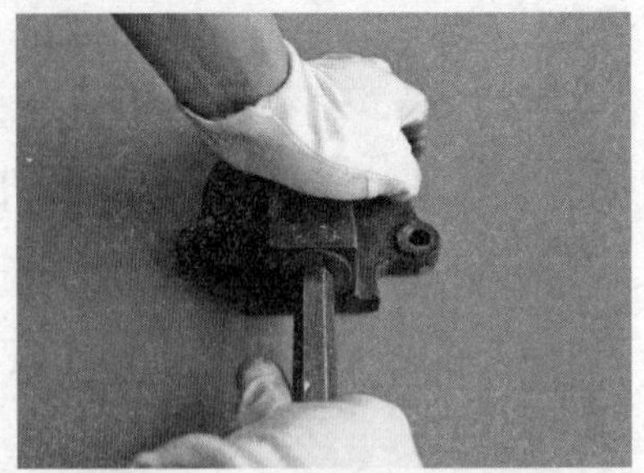

图 1-2-5　分解显示活塞后盖

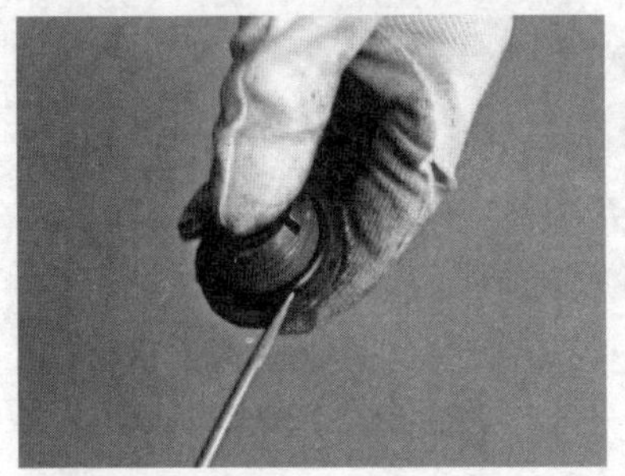

图 1-2-6　分解显示后盖密封圈

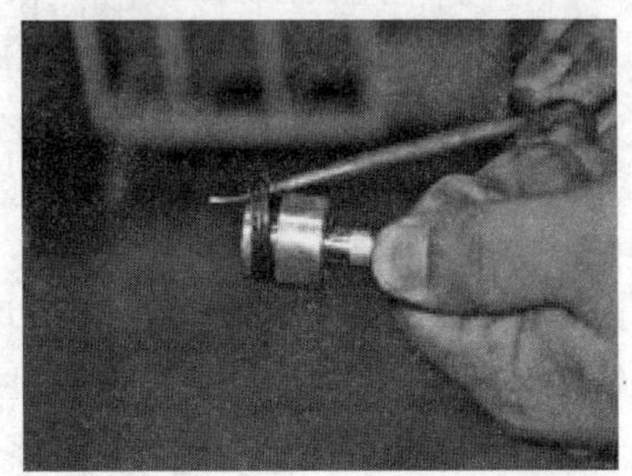

图 1-2-7　分解显示活塞 Y 形橡胶密封圈

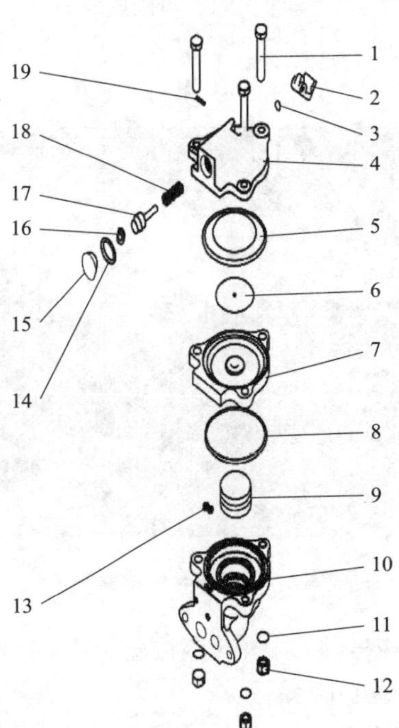

1—螺栓；2—空重车显示牌；3—O 形橡胶密封圈；4—阀盖；5—膜板；6—推杆组成；7—中体；8—O 形橡胶密封圈；9—活塞组成；10—阀体；11—弹簧垫圈；12—螺母；13—密封孔垫；14—O 形橡胶密封圈；15—后盖；16—Y 形橡胶密封圈；17—显示活塞；18—显示弹簧；19—销

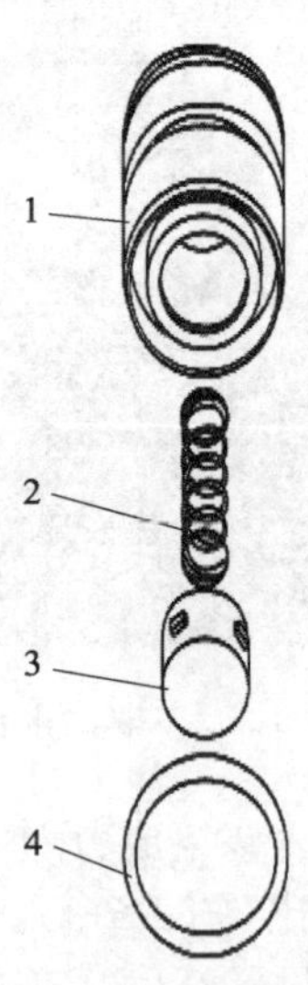

1—活塞；2—夹心阀弹簧；3—夹心阀；4—O 形橡胶密封圈

图 1-2-8　KZW-A 型调整阀各部配件名称

三、配分及评分标准

序号	项目	配分	考核内容	评分标准	扣分	得分
一	作业程序及要求	70分	检查要求:将所有工具、配件放到指定位置,并检查所有工具设备技术状态良好。将待分解的调整阀平稳放置在分解台位上	未检查工具,每件扣1分		
			分解要求: 1. 检查确认阀体状态。 2. 按基本顺序分解螺栓、调整阀盖、推杆组成、活塞组成、显示活塞后盖、显示活塞、橡胶件等。 3. 注意取出调整阀活塞时的方法和工具,分解时不得损伤活塞。取出的零配件应按要求摆放,以免碰伤遗漏。 4. 各零配件清洁、干净。 5. 正确使用工具。 6. 作业完毕后擦拭、保养工具,并摆放回原位	1. 未检查确认阀体状态扣3分。 2. 铜件及活塞划伤每项扣5分。 3. 漏分解每项扣5分。 4. 橡胶件破坏处理未口述扣5分。 5. 铜铁混放每件扣2分。 6. 工具、配件、材料等落地每件扣2分。 7. 配件未识别或识别错误每项扣8分(见附件1)。 8. 作业完毕未清洁场地扣2分。 9. 未按标准使用工具每次扣3分。 10. 工具损坏每件扣5分。 11. 作业完毕未进行工具维护保养和放置不当,每件扣2分		
二	作业时间	20分	规定时间5 min,其中分解2 min,填写配件名称(见附件1)3 min	每超时7.5 s扣1分(不足7.5 s不扣分)		
三	安全注意事项	10分	正确穿戴、使用劳保防护用品	1. 未按规定穿戴劳保用品扣3分。 2. 轻微受伤时扣5分。 3. 其他不安全因素每次扣3分		
四	合计		100分			
否决项目		1. 碰破、出血、起泡、挤肿不能继续工作时失格。 2. 超过规定时间50%时失格。 3. 野蛮拆卸造成配件无法继续使用时失格。 4. 配件识别错误5件时失格				

第三节　KZW系列传感阀分解及配件识别

一、准备通知单

(一)工具、材料准备

序号	名　称	规　格	数量	备　注
1	分解台		1台	
2	管钳(或专用扳手)	200 mm	1把	无分解台或台虎钳时2把
3	台虎钳		1台	
4	剪刀	200 mm	1把	
5	铜针		1根	
6	轴用直口卡簧钳	175 mm	1把	

续上表

序号	名　称	规　格	数量	备　注
7	穴用直口卡簧钳	175 mm	1把	
8	配件存放盒		2个	
9	棉白细布		若干	

(二)其他准备

1. 考试人员需按规定穿戴好劳动防护用品。
2. 检查确认工具齐全、技术状态良好。
3. 由考评员事先准备外部已清洗干净的 KZW 系列传感阀备用。

二、技能操作试题

(一)考核项目:KZW 系列传感阀分解及配件识别

(二)分值:100 分

(三)考核时间

1. 准备时间:1 min。
2. 正式操作时间:5 min(分解 2 min,填写配件名称 3 min)。
3. 每超时 7.5 s 扣 1 分(不足 7.5 s 不扣分),超过规定时间 50%失格。

(四)操作要求或技术标准(分解顺序不做要求)

1. 将清洗完毕的传感阀放置在分解台位上。
2. 取下传感阀安装座防尘盖板,外观检查确认阀体状态良好。

(1)将传感阀卡到工作台"传感阀专用卡具"中或用台虎钳固定,将自制扳手(或用管钳卡住感阀盖)的两个销钉对应卡到传感阀盖的相应孔内,逆时针旋转扳手(或管钳)卸下阀盖(图 1-3-1),用铜针取下阀盖 O 形橡胶密封圈(图 1-3-2)。

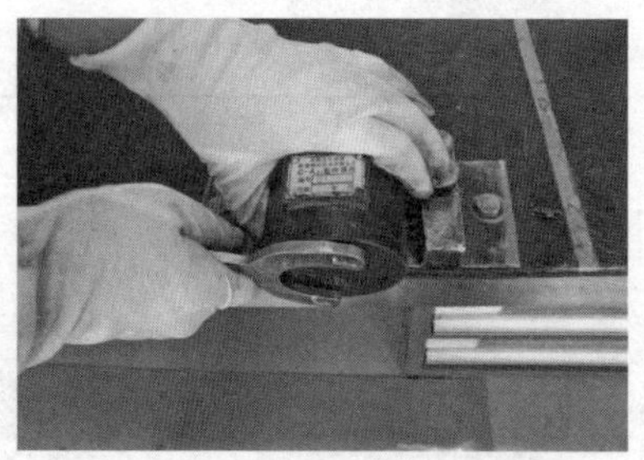

图 1-3-1　分解阀盖

图 1-3-2　分解阀盖 O 形橡胶密封圈

(2)推动阀体内的活塞下部,使触杆伸出触杆套 5～10 mm,将轴用直口卡簧钳两个钳尖分别插入触杆挡圈两孔内,用力握钳柄使挡圈扩大,取下触杆上的轴用弹性挡圈(图 1-3-3),取出活塞组成、调压弹簧、复原弹簧。用铜针取下触杆套中的 Y 形橡胶密封圈。

(3)分解活塞:手握传感阀活塞组成使活塞底部向上,用穴用直口卡簧钳 2 个钳尖分插入活塞下部体内挡圈 2 个孔内,用力握钳柄使挡圈缩小,取出弹性挡圈(图 1-3-4),用穴用直口卡簧钳取出压盖、夹心阀弹簧、夹心阀(图 1-3-5)。用铜针取出活塞柱上的 Y 形橡胶密封圈(图 1-3-6)。

3. 铜、铁配件分开存放避免磕碰损伤,杆件要做好防护,防止变形。

图 1-3-3　取下挡圈

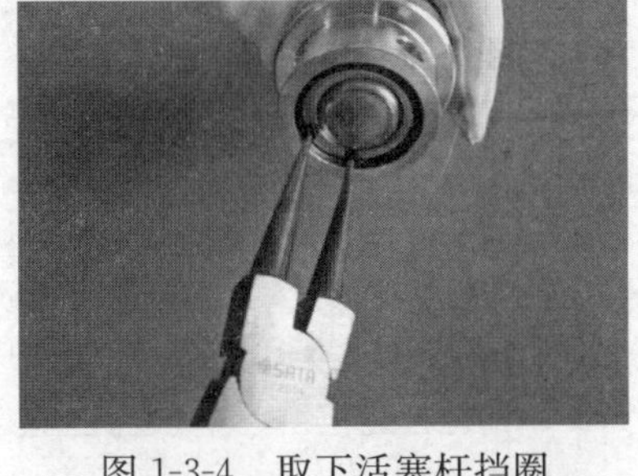

图 1-3-4　取下活塞杆挡圈

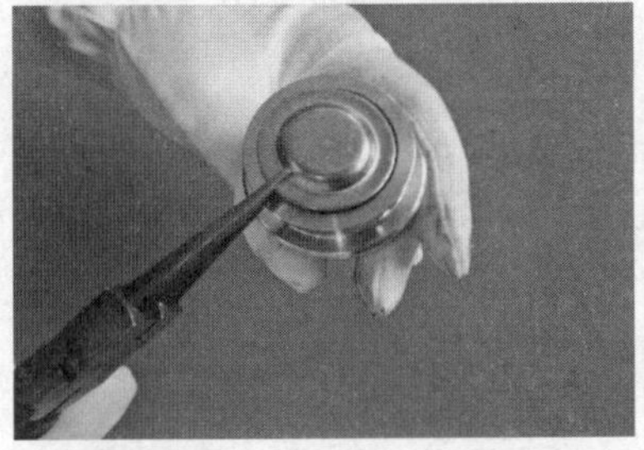

图 1-3-5　分解活塞内配件

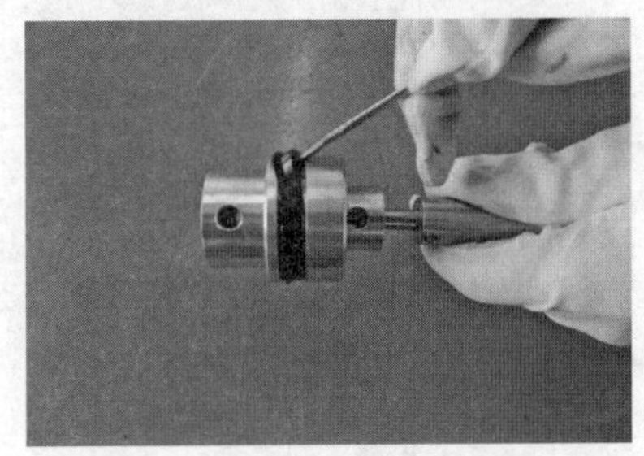

图 1-3-6　分解活塞 Y 形橡胶密封圈

4. 分解下的橡胶件需做破坏处理。

5. 配件名称识别需准确、标准(KZW 系列传感阀各部配件名称如图 1-3-7 所示,参考《铁路货车制动装置检修规则》)。

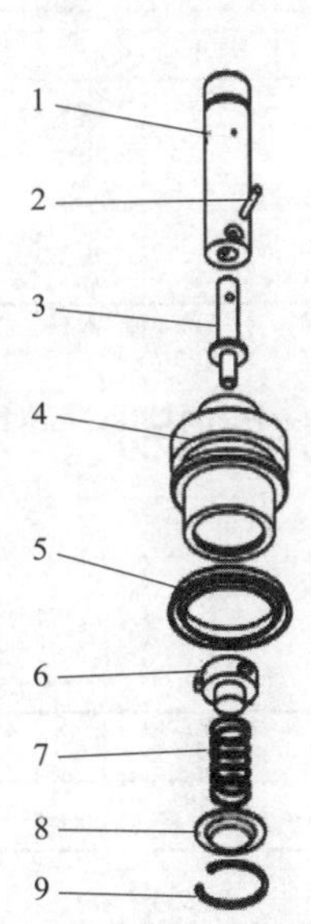

1—触杆;2—圆销;3—连接杆;4—活塞;
5—Y 形橡胶密封圈;6—夹心阀;7—夹心阀弹簧;
8—压盖;9—孔用弹性挡圈

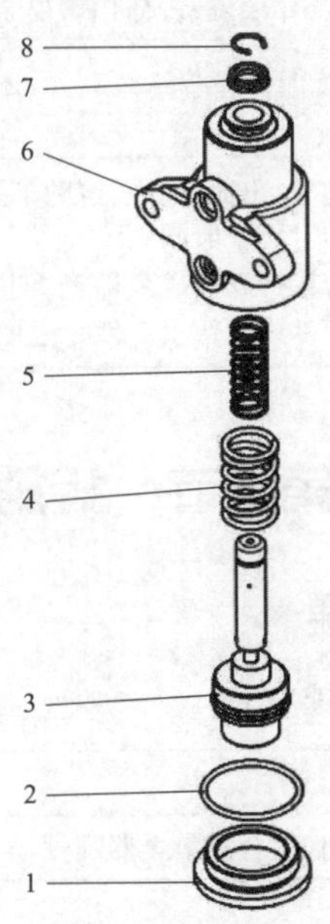

1—阀盖;2—O 形橡胶密封圈;3—活塞组成;
4—调压弹簧;5—复原弹簧;6—阀体组成;
7—Y 形橡胶密封圈;8—轴用弹性挡圈

图 1-3-7　KZW 系列传感阀各部配件名称

三、配分及评分标准

序号	项目	配分	考 核 内 容	评 分 标 准	扣分	得分
一	作业程序及要求	70分	检查要求：将所有工具、配件放到指定位置，并检查所有工具设备技术状态良好。将待分解组装的C-A型传感阀放在分解台上	未检查工具，每件扣1分		
			分解要求： 1. 检查确认阀体状态。 2. 按基本顺序分解阀盖、活塞组成、压力弹簧、复原弹簧、卡簧及密封圈。 3. 用专用工具(U形扳手或管钳)卸下阀盖，依次取下O形橡胶密封圈、弹性挡圈、活塞组成及各弹簧、Y形橡胶密封圈，分解活塞组成。取出的零配件应按要求摆放，以免碰伤遗漏。 4. 各零配件清洁、干净。 5. 正确使用工具。 6. 作业完毕后擦拭、保养工具，并摆放回原位	1. 未检查确认阀体状态扣3分。 2. 铜件划伤每项扣3分。 3. 漏分解每项扣5分。 4. 橡胶件破坏处理未口述扣5分。 5. 工具、配件、材料等落地每件扣2分。 6. 配件未识别或识别错误每项扣8分(见附件2)。 7. 作业完毕未清洁场地扣2分。 8. 未按标准使用工具每次扣3分。 9. 工具损坏每件扣5分。 10. 作业完毕未进行工具维护保养和放置不当，每件扣2分		
二	作业时间	20分	规定时间5 min，其中分解2 min，填写配件名称(见附件2)3 min	每超时7.5 s扣1分(不足7.5 s不扣分)		
三	安全注意事项	10分	正确穿戴、使用劳保防护用品	1. 未按规定穿戴劳保用品扣3分。 2. 轻微受伤时扣5分。 3. 其他不安全因素每次扣3分		
四	合计	100分				
否决项目		1. 碰破、出血、起泡、挤肿不能继续工作时失格。 2. 超过规定时间50%时失格。 3. 野蛮拆卸造成配件无法继续使用时失格。 4. 配件识别错误5件时全项失格				

第四节 折角塞门、组合式集尘器配件识别

一、准备通知单

(一)工具、材料准备

序号	名 称	规格	数量	备注
1	折角塞门、组合式集尘器配件		各1套	

(二)其他准备

考试人员需按规定穿戴好劳动防护用品。

二、技能操作试题

(一)考核项目：折角塞门、组合式集尘器配件识别

(二)分值:100 分

(三)考核时间

1. 准备时间:1 min。

2. 正式操作时间:3 min。

3. 每超时 4.5 s 扣 1 分(不足 4.5 s 不扣分),超过规定时间 50%失格。

(四)操作要求或技术标准

1. 检查折角塞门各配件无裂纹、变形、缺损,塞门体无制造缺陷,橡胶件不过期。

2. 检查组合式集尘器各配件无裂纹、变形、缺损,塞门体无制造缺陷,橡胶件不过期。

3. 正确识别组合式集尘器各配件(图 1-4-1)、折角塞门各配件(图 1-4-2)名称,抽取其中 15 个配件进行识别,由裁判员指定配件,考试人员须在所有配件中识别出相应的正确配件,配件识别错误 5 件失格。

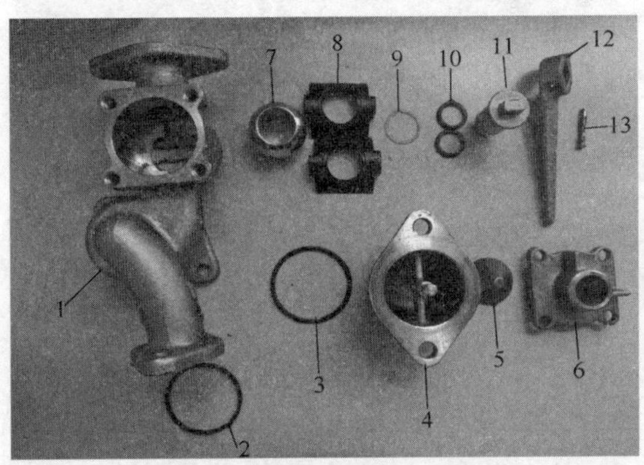

图 1-4-1　组合式集尘器配件

1—组合式集尘器体;2—集尘器盖密封垫;3—集尘盒密封圈;4—集尘盒;5—止尘伞;6—组合式集尘器盖;7—球芯;8—密封座;9—拨芯轴垫圈;10—拨芯轴密封圈;11—拨芯轴;12—截断塞门手把;13—手把销

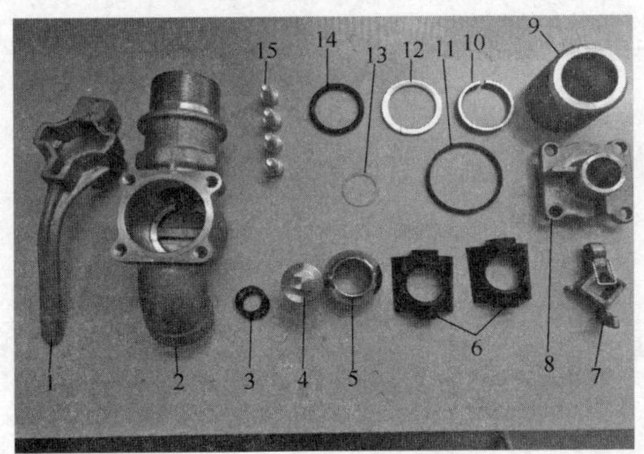

图 1-4-2　折角塞门配件

1—折角塞门手把;2—折角塞门体;3—拨芯轴密封圈;4—拨芯轴;5—球芯;6—密封座;7—套口;8—折角塞门盖;9—锁紧螺母;10—弹性卡套;11—折角塞门盖密封圈;12—垫片 DN32;13—拨芯轴垫圈;14—密封圈 DN32;15—螺栓

三、配分及评分标准

<table>
<tr><th>序号</th><th>项目</th><th>配分</th><th>考核内容</th><th>评分标准</th><th>扣分</th><th>得分</th></tr>
<tr><td rowspan="2">一</td><td rowspan="2">作业程序及要求</td><td>10分</td><td>检查要求：
1. 检查塞门体无裂纹、缺损、制造缺陷。
2. 检查配件无变形、缺损、裂纹。
3. 检查橡胶件不过期</td><td>1. 未检查阀体状态每项扣5分。
2. 未检查配件状态每件扣2分。
3. 未检查橡胶件状态每项扣2分</td><td></td><td></td></tr>
<tr><td>60分</td><td>配件识别：
正确识别折角塞门、组合式集尘器各配件名称，抽取其中15个配件进行识别，由裁判员指定配件，考试人员须在所有配件中识别出相应的正确配件，正确则在下表内画“√”，错误画“×”
<table><tr><td>1</td><td>2</td><td>3</td><td>4</td><td>5</td></tr><tr><td></td><td></td><td></td><td></td><td></td></tr><tr><td>6</td><td>7</td><td>8</td><td>9</td><td>10</td></tr><tr><td></td><td></td><td></td><td></td><td></td></tr><tr><td>11</td><td>12</td><td>13</td><td>14</td><td>15</td></tr><tr><td></td><td></td><td></td><td></td><td></td></tr></table></td><td>配件识别错误每件扣4分</td><td></td><td></td></tr>
<tr><td>二</td><td>作业时间</td><td>20分</td><td>规定时间3 min</td><td>每超时4.5 s扣1分(不足4.5 s不扣分)</td><td></td><td></td></tr>
<tr><td>三</td><td>安全注意事项</td><td>10分</td><td>正确穿戴、使用劳保防护用品</td><td>1. 未按规定穿戴劳保用品扣3分。
2. 轻微受伤时扣5分。
3. 其他不安全因素每次扣3分</td><td></td><td></td></tr>
<tr><td>四</td><td>合计</td><td colspan="3">100分</td><td></td><td></td></tr>
<tr><td colspan="2">否决项目</td><td colspan="5">1. 超过规定时间50%时失格。
2. 碰破、出血、起泡、挤肿不能继续工作时失格。
3. 配件识别错误5件时失格</td></tr>
</table>

第二章　铁路车辆制动钳工中级工操作技能(内制动)

第一节　120/120-1 型控制阀主阀、紧急阀配件检测及组装

一、准备通知单

(一)工具、材料准备

序号	名　称	规　格	数量	备　注
1	风枪		1把	
2	套筒头	M16/M17/M19	各1个	
3	铜钳子	175 mm	1把	
4	尖嘴钳	150 mm	1把	
5	活口扳手	175 mm	1把	
6	穴用直口卡簧钳	175 mm	1把	
7	轴用直口卡簧钳	175 mm	1把	
8	一字螺丝刀	150×5 mm	1把	
9	开口扳手	17-19 mm	1把	
10	开口扳手	22-24 mm	1把	
11	风(电)动扳手		1把	
12	棉白细布		若干	
13	扁油刷	25 mm	1把	
14	硅脂	GP-9	适量	
15	改性甲基硅油		适量	
16	螺栓	ϕ3 mm/ϕ10 mm	各1个	
17	铜针		1套	

(二)量具准备

序号	名　称	规　格	数量	备　注
1	游标卡尺	0～150 mm	1把	
2	扭矩扳手	M22/M16/M10/M8	各1把	
3	塞尺		1把	
4	针规		1套	
5	刀口尺		1把	

(三)其他准备

1. 考试人员需按规定穿戴好劳动防护用品。

2. 检查确认工具、量具齐全、技术状态良好。

3. 由考评员准备已分解、清洗的主阀、紧急阀(检测合格的弹簧)放置在指定位置。

二、技能操作试题

(一)考核项目:120/120-1 型控制阀主阀、紧急阀配件检测及组装

(二)分值:100 分

(三)考核时间

1. 准备时间:1 min。

2. 正式操作时间:20 min。

3. 每超时 1 min 扣 1 分(不足 1 min 不扣分),超过规定时间 50%失格,节约时间不加分。

4. 考试要求:

(1)人为造成脱扣需扣除相应分值。

(2)正确使用、维护设备及工、卡、量具。

(3)安全、文明操作。

(四)操作要求或技术标准

1. 将分解完毕的主阀、紧急阀配件放置在检修台位上。

2. 外观检查阀体及零配件状态良好,阀体内无浮尘、浮砂、浮锈及污渍,用手触摸无颗粒物存在。

3. 正确使用量具检测阀体及零部件,检修限度见表 2-1-1,测量方法如图 2-1-1～图 2-1-7 所示。

4. 主活塞杆、滑阀、节制阀无碰伤。滑阀、节制阀滑动面接触严密、无划伤。主活塞的上活塞、下活塞、稳定杆、滑阀弹簧、滑阀销、螺母无裂纹、锈蚀及磨损。

5. 组装时,120-1 阀的主阀上盖、滑阀、节制阀、紧急阀上盖为专用件,不应与 120 阀的相关配件进行互换。

6. 滑阀、节制阀各滑动面和阀座涂以适量的硅油,不准用其他油代替。

7. 各活动密封圈在组装时涂以适量 GP-9 润滑脂,不准使用制动缸脂或其他油脂代替。

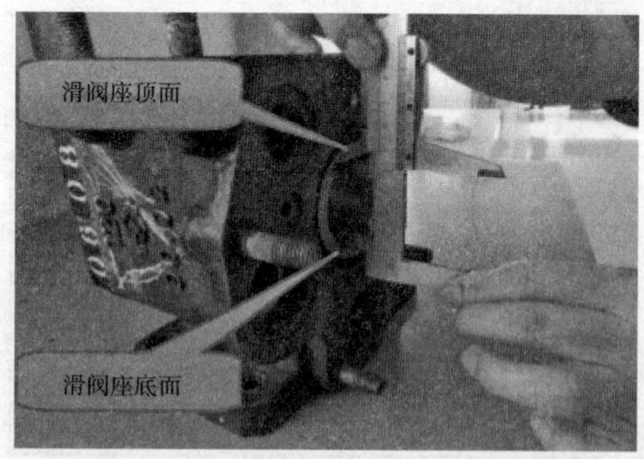

图 2-1-1 滑阀座底面与顶面圆弧最高点处距离不大于 46.8 mm

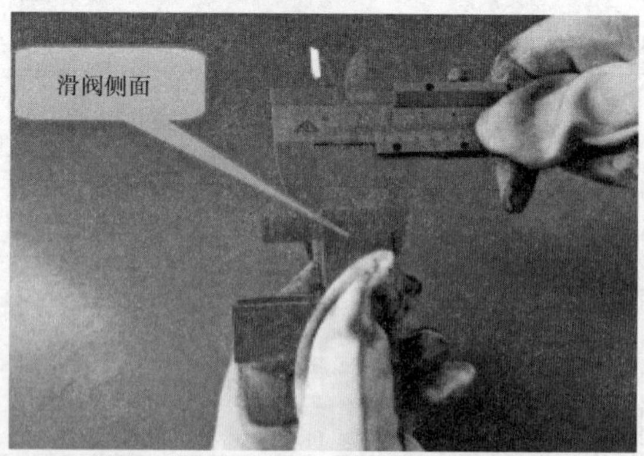

图 2-1-2 滑阀厚度不小于 16 mm

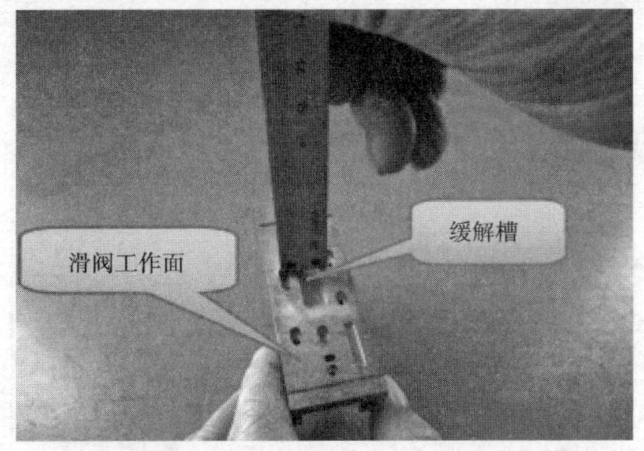

图 2-1-3　缓解槽深度不小于 2.2 mm

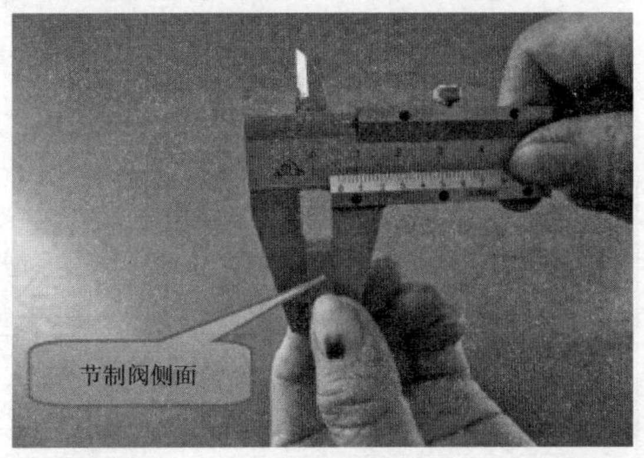

图 2-1-4　节制阀厚度不小于 5 mm

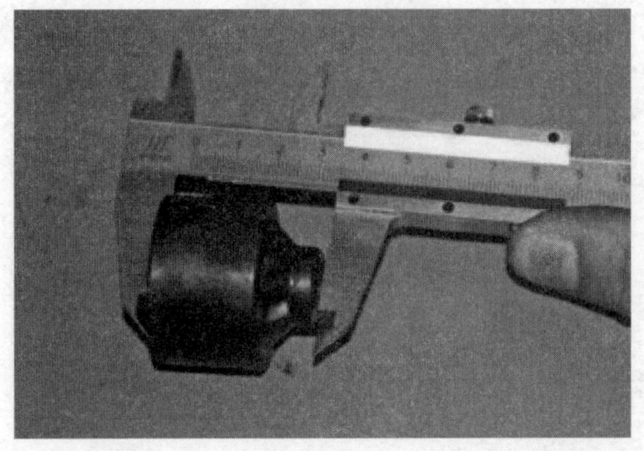

图 2-1-5　缓解阀顶杆座全长不小于 36 mm

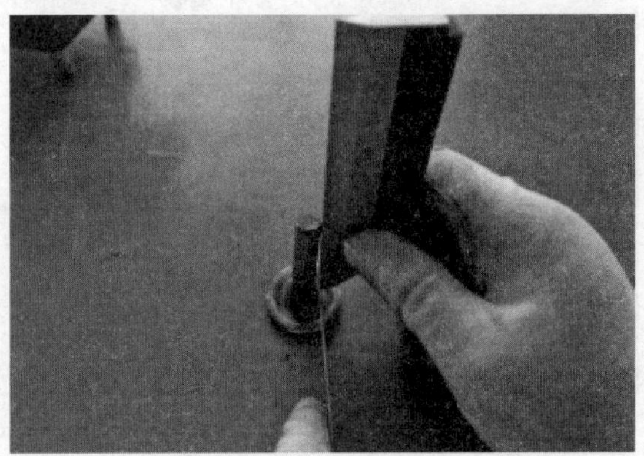

图 2-1-6　缓解阀手柄座杆部弯曲不大于 2 mm

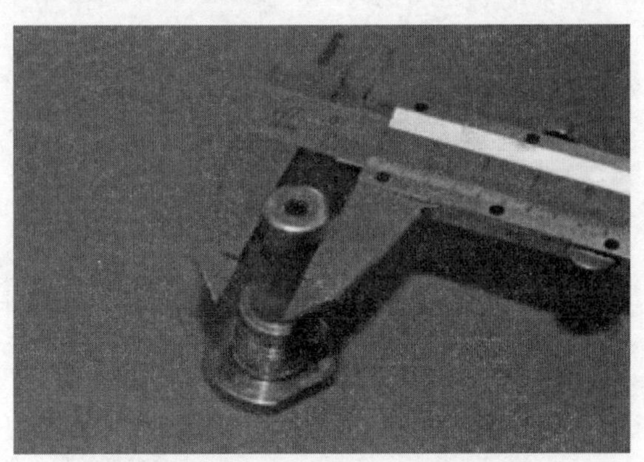

图 2-1-7　紧急活塞杆与紧急阀座接触部位的外径不小于 ϕ11.7 mm

8. 各活塞及滑阀、节制阀装入阀体内拉动时，动作应灵活，阻力适当。

9. 各活塞膜板边缘应完全入槽，在装阀盖时各螺栓应对角均匀紧固，防止偏压。

10. 在要求使用扭力扳手的螺母上，按照扭力要求进行紧固。力矩需符合表 2-1-2 的要求。

11. 弹簧及各配件不得误装和漏装,组装过程中保持橡胶件处于良好状态。

12. 毛毡、橡胶件等必换件应更换新品,半自动缓解阀活塞 1.6×8 mm 的开口销需劈开卷起。

表 2-1-1　120/120-1 阀零部件检修限度表　　单位:mm

序　号	名　称	检测项目	限度	检测器具
1	滑阀	滑阀厚度不小于	16	游标卡尺
		缓解槽深度不小于	2.2	
2	节制阀	节制阀厚度不小于	5	
3	缓解阀顶杆座	全长不小于	36	
4	缓解阀手柄座	杆部弯曲不大于	2	刀口尺、塞尺或针规
5	紧急活塞杆	与紧急阀座接触部位的外径不小于	ϕ11.7	游标卡尺
6	主阀体组成	滑阀座底面与顶面圆弧最高点处距离不大于	46.8	

表 2-1-2　各活塞紧固力矩

序　号	名　称	螺纹规格	紧固力矩(N·m)
1	主活塞组成	M22×1.5	70±10
2	局减阀组成	M8	7±1
3	加速缓解活塞组成	M8	7±1
4	紧急活塞组成	M16×1.5	40±3
5	缓解阀活塞组成	M10	19±3

三、配分及评分标准

序号	项目	配分	考 核 内 容	评 分 标 准	扣分	得分
一	准备	10 分	1. 工、卡、量具准备齐全。 2. 量具确认认定不过期	1. 工、卡、量具准备不全每件扣 2 分。 2. 量具未检查认定日期每项扣 3 分		
二	作业程序及要求	60 分	主阀、紧急阀清洗要求: 1. 各配件清洗干净。擦拭后阀体内无浮尘、浮砂、浮锈及污渍,用手触摸无颗粒物存在。 2. 将 120 型主阀(包括半自动缓解阀)、紧急阀各配件,清洗后用压力空气吹干;用清洗剂将阀体内部清洗并吹干;用棉白细布擦拭橡胶件及配件	1. 清洗完毕后,用手触摸阀体内及配件有明显油污,每件扣 1 分。 2. 橡胶件未擦拭每件扣 2 分		
			主阀、紧急阀外观检查: 1. 阀座、安装座无裂纹、严重缺损。 2. 其他配件状态良好	1. 未进行外观检查每项扣 5 分。 2. 外观检查不到位每项扣 3 分		
			检测要求: 1. 滑阀座底面与顶面圆弧最高处距离不大于 46.8 mm。 2. 滑阀厚度不小于 16 mm。 3. 缓解槽深度不小于 2.2 mm。	1. 检测方法错误每项扣 2 分。 2. 漏检测配件每项扣 3 分。 3. 口述限度错误每项扣 2 分。 4. 未口述每项扣 3 分		

续上表

序号	项目	配分	考核内容	评分标准	扣分	得分
二	作业程序及要求	60分	4. 节制阀厚度不小于5 mm。 5. 缓解阀手柄座杆部弯曲不大于2 mm。 6. 缓解阀顶杆座全长不小于36 mm。 7. 紧急活塞杆与紧急阀座接触部位的外径不小于ϕ11.7 mm			
			主阀、紧急阀组装要求： 1. 将滑阀、节制阀、节制阀弹簧、滑阀弹簧等顺序组装于主活塞杆上，然后将主活塞装入阀体内，并往返数次拉动主活塞，其阻力须适当、灵活。 2. 按分解逆顺序将各配件装入阀体内。 3. 各活塞膜板边缘须入槽。 4. 给油：滑阀、节制阀的滑动面及座涂以适量硅油；各导向杆、密封圈及各活动摩擦部涂少量硅脂。 5. 滑阀、节制阀各滑动面涂硅油，各活动密封圈涂硅脂。各活塞膜板边缘要完全入槽，组装时各螺栓要均匀拧紧。 6. 紧急阀按照从上部到下部的顺序进行组装	1. 安装部位错误每项扣2分。 2. 滑阀、滑阀座未给油每处扣2分。密封圈转动部位未涂抹硅脂扣2分。 3. 螺栓松动每条扣3分。 4. 错装或漏装配件每处扣5分。 5. 有力矩要求的螺母，须使用扭力矩扳手组装，未使用每处扣5分。 6. 必换件未更换每处扣5分。 7. 碰伤橡胶件需更换时，每处扣3分。 8. 所有配件应轻拿轻放，不得碰伤。碰伤每处扣3分，碰伤影响组装需要更换配件时，每件扣5分。 9. 人为原因造成螺栓脱扣每处扣5分		
三	作业时间	10分	规定时间20 min	每超时1 min扣1分(不足1 min不扣分)		
四	工具设备使用与维护	10分	工、卡、量具按照要求使用，不得损坏	1. 工、卡、量具使用不当每次扣2分。工、卡、量具损坏每件扣5分，脱落每处扣2分。 2. 作业完毕未进行工、卡、量具维护保养和放置不当，每件扣1分。 3. 作业完毕未清洁场地，扣2分		
五	安全注意事项	10分	正确穿戴、使用劳保防护用品	1. 未按规定穿戴劳保用品扣3分。 2. 轻微受伤时扣5分。 3. 其他不安全因素每次扣3分		
六	合计		100分			
否决项目		1. 碰破、出血、起泡、挤肿不能继续工作时失格。 2. 配件脱落时失格。 3. 超过规定时间50%时失格				

第二节　弹簧检测

一、准备通知单

(一)工具、材料、设备、量具准备

序号	名　称	规　格	数量	备　注
1	微控弹簧检测仪		1台	设备
2	自检样块		1块	
3	主阀、紧急阀弹簧		5个	考评员任选

(二)其他准备

1. 考试人员需按规定穿戴好劳动防护用品。

2. 检查确认工具、量具齐全、技术状态良好。准备一间符合温度和落尘量要求的试验间，且弹簧检测仪技术状态良好。

3. 由考评员准备主阀、半自动缓解阀、紧急阀共5种经试验台检测合格的弹簧放置在指定位置。

二、技能操作试题

(一)考核项目：弹簧检测

(二)分值：100分

(三)考核时间

1. 准备时间：1 min。

2. 正式操作时间：5 min。

3. 每超过7.5 s扣1分(不足7.5 s不扣分)，超过规定时间50%失格。

(四)操作要求或技术标准

1. 将主阀、半自动缓解阀、紧急阀弹簧放置在指定位置。

2. 取出自检块，外观检查良好、部件齐全。校验不过期，合格标签、检定证书齐全。

3. 日常自检报告技术要求。自检需符合以下规定：

(1)限位器自检合格。

(2)位置传感器自检误差≤0.2 mm。

(3)自检块重量自检误差≤0.02 N。

(4)自检块高度自检误差≤0.2 mm。

(5)自检后打印自检报告。

4. 启动系统自检，开启弹簧检测仪，将自检块平面向下、锥面向上垂直放到弹簧检测仪检测平台中心位置。用鼠标左键双击打开电脑桌面弹簧检测程序，点击弹簧检测程序菜单栏"I/O自检"图标(图2-2-1)，进入机能自检与校正窗口。

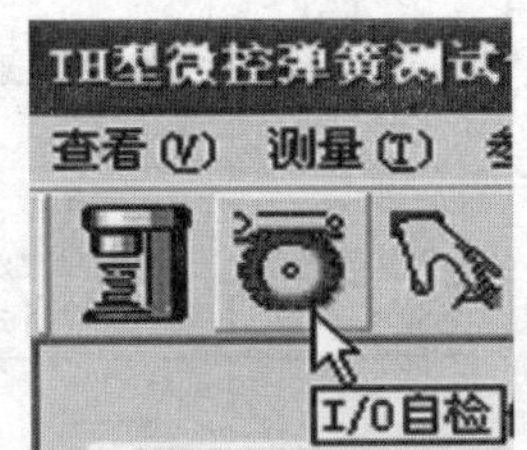

图2-2-1　I/O自检

5. 在窗口中用鼠标左键点击"项目全选"，选择试验人，点击"开始"系统开始自动自检(图2-2-2)。

6. 自检完毕后保存自检结果(图2-2-3)。

7. 启动系统自检。存盘，打印自检报告(图2-2-4)。确认机能校验合格后方可继续进行下一步检测。

8. 检查弹簧外观状态是否良好。

9. 检测设置。启动弹簧检测仪，用鼠标双击打开弹簧检测程序，单击测试程序中"选择测试类别"，选择合适的测试方法，输入"检修编号"、"测阀型号"和"试验员名称"(输入信息可用简称)等信息后，根据系统提示进行弹簧检测(图2-2-5)。

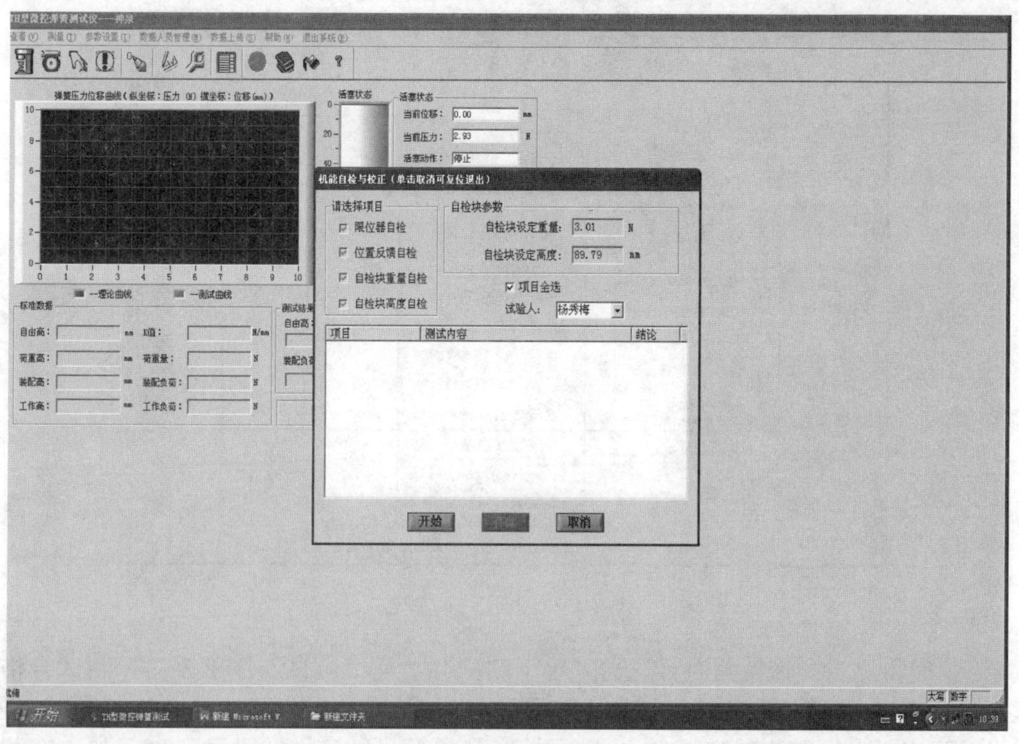

图 2-2-2　录入信息后系统自检

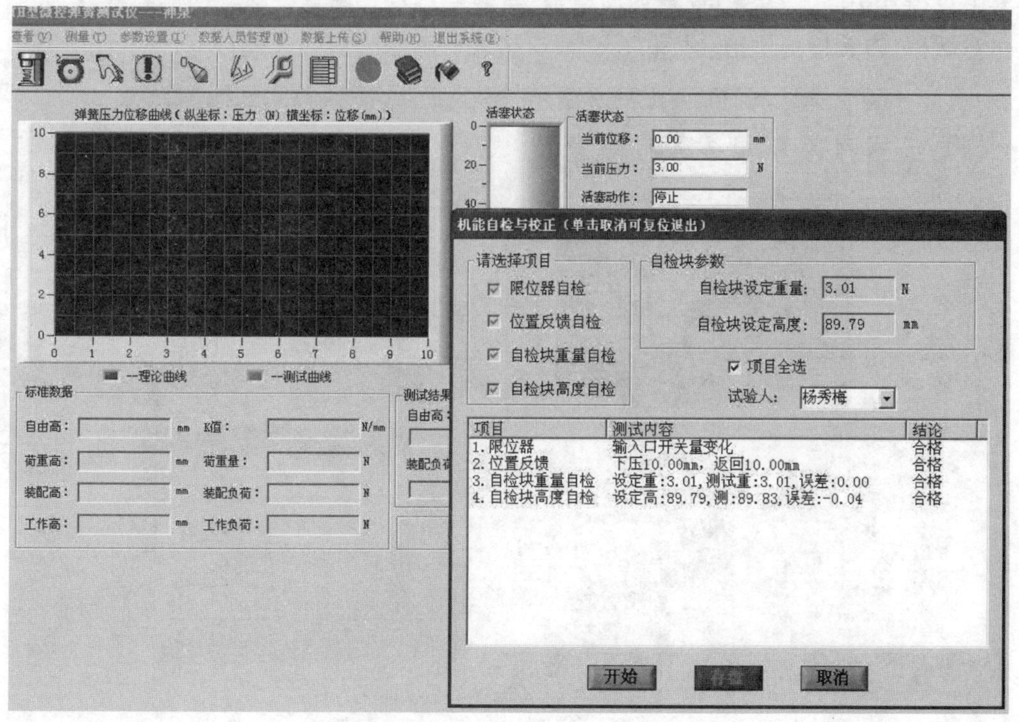

图 2-2-3　保存自检结果

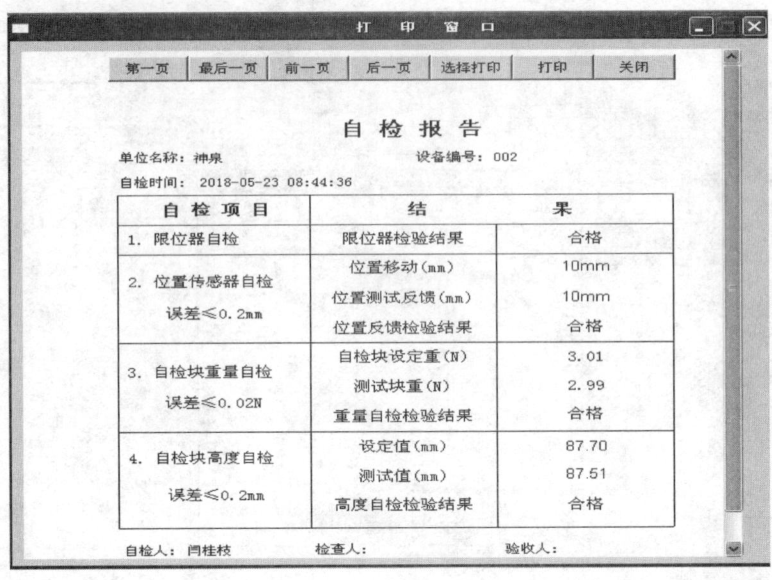

打 印 窗 口

第一页 | 最后一页 | 前一页 | 后一页 | 选择打印 | 打印 | 关闭

自 检 报 告

单位名称：神泉　　　　设备编号：002

自检时间：2018-05-23 08:44:36

自 检 项 目	结	果
1. 限位器自检	限位器检验结果	合格
2. 位置传感器自检 误差≤0.2mm	位置移动(mm)	10mm
	位置测试反馈(mm)	10mm
	位置反馈检验结果	合格
3. 自检块重量自检 误差≤0.02N	自检块设定重(N)	3.01
	测试块重(N)	2.99
	重量自检检验结果	合格
4. 自检块高度自检 误差≤0.2mm	设定值(mm)	87.70
	测试值(mm)	87.51
	高度自检检验结果	合格

自检人：闫桂枝　　检查人：　　验收人：

图 2-2-4　打印自检报告

10. 弹簧检测。弹簧检测时,可选择“单个测试”或“连续测试”(图 2-2-6)。测试合格后系统程序显示合格、弹簧检测仪指示灯和系统判定结果显示蓝色(图 2-2-7)。连续测试合格后,系统自动弹出下个所需测试弹簧名称,如不是选测弹簧,可以选择“跳过”,直至弹出选测弹簧名称。“单个测试”可将被测弹簧逐一测试。错测弹簧系统会自动提示弹簧错误无法测试或个别弹簧因自由高相同、载荷不同,试验时错放,试验完毕后程序显示弹簧检测不合格,同时弹出不合格对话框,弹簧检测仪指示灯和系统判定结果显示“红色”则该弹簧不合格(图 2-2-8)。

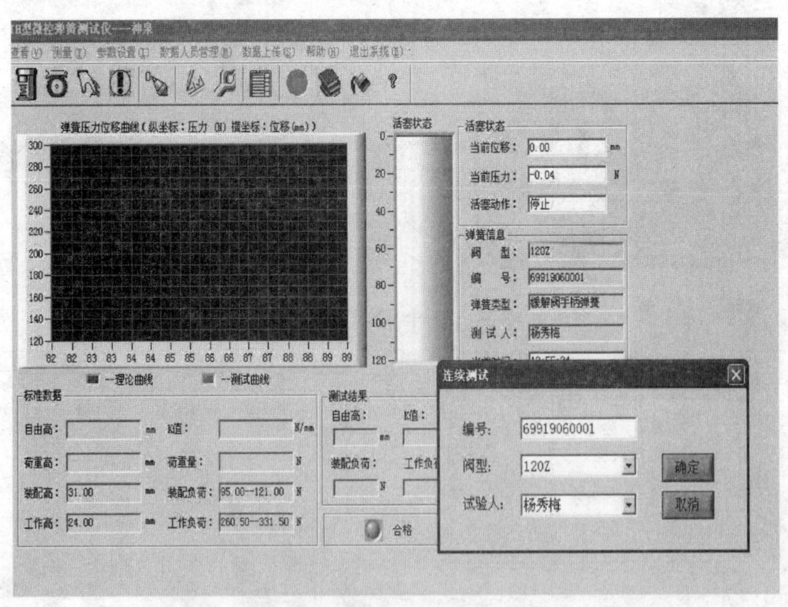

图 2-2-5　信息录入后进行检测

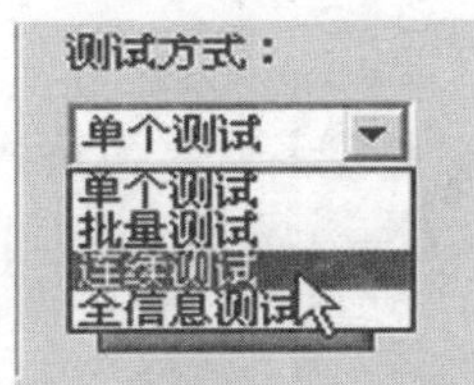

图 2-2-6　选择方式

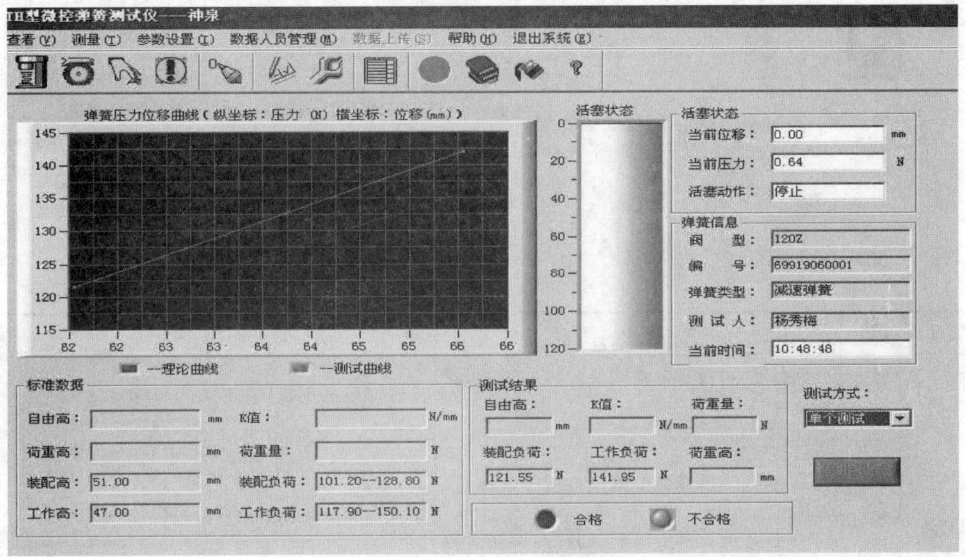

图 2-2-7　显示检测结果合格

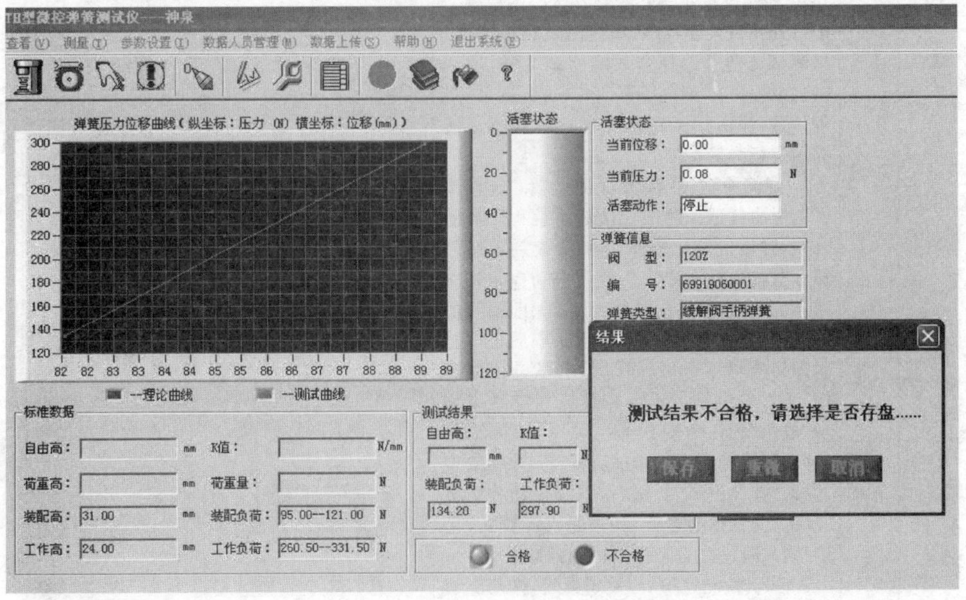

图 2-2-8　显示检测结果不合格

11. 各部弹簧名称如图 2-2-9 所示。

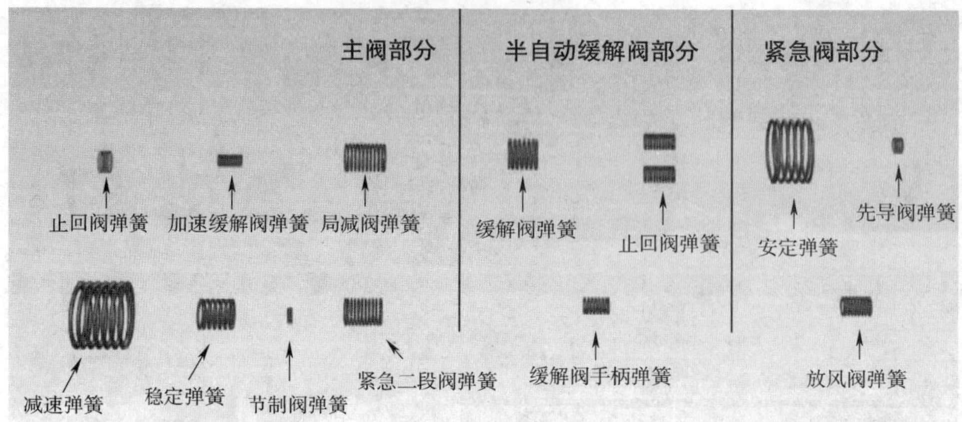

图 2-2-9　各部弹簧名称

三、配分及评分标准

序号	项目	配分	考 核 内 容	评 分 标 准	扣分	得分
一	作业程序及要求	20 分	准备要求:检查自检试块校验不过期,状态良好	未对量具校验日期检查每项扣 3 分		
			自检报告: 1. 熟练使用弹簧检测仪自检报告设置、操作要求。 2. 自检报告检测项需完整,测量数值符合要求	人为原因未能做出自检报告扣 10 分		
			检测要求: 1. 检测设置:启动弹簧检测仪,用鼠标双击打开弹簧检测程序,单击测试程序中"选择测试类别",选择合适的测试方法,输入"检修编号"、"测阀型号"和"试验员名称"等信息(输入信息可用简称)后,根据系统提示进行弹簧检测。 2. 弹簧检测:分为"单个测试"和"连续测试",考生任选。测试合格后系统程序显示合格,弹簧检测仪指示灯和系统判定结果显示蓝色。错测弹簧系统会自动提示弹簧错误无法测试或个别弹簧因自由高相同、载荷不同,试验时错放,试验完毕后程序显示弹簧检测不合格,同时弹出不合格对话框,弹簧检测仪指示灯和系统判定结果显示"红色"则该弹簧不合格。 (1)"单个测试"可将被测弹簧逐一测试。 (2)"连续测试"合格后,系统自动弹出下个所需测试弹簧名称,如不是选测弹簧,可以选择"跳过",直至弹出选测弹簧名称。 3. 弹簧检测完毕后,关闭页面,恢复到桌面状态	1. 信息输入错误每项扣 2 分。 2. 弹簧检测设置错误每项扣 2 分。 3. 操作检测顺序错误每项扣 2 分。 4. 配件、量具脱落每项扣 2 分。 5. 量具损坏每件扣 5 分。 6. 作业完毕未做到工完料净场地清每件扣 1 分		

续上表

<table>
<tr><th>序号</th><th>项目</th><th>配分</th><th colspan="3">考 核 内 容</th><th>评 分 标 准</th><th>扣分</th><th>得分</th></tr>
<tr><td rowspan="15">二</td><td rowspan="15">作业质量</td><td rowspan="15">50 分</td><td colspan="3">考评员抽取 5 个合格弹簧,判定结果合格时在测试结果内画“√”,判定结果不合格时在测试结果内画“×”</td><td rowspan="15">检测错误每项扣 10 分</td><td rowspan="15"></td><td rowspan="15"></td></tr>
<tr><td colspan="2">弹簧名称</td><td>测试结果</td></tr>
<tr><td rowspan="7">主阀</td><td>止回阀弹簧</td><td></td></tr>
<tr><td>加速缓解阀弹簧</td><td></td></tr>
<tr><td>局减阀弹簧</td><td></td></tr>
<tr><td>减速弹簧</td><td></td></tr>
<tr><td>稳定弹簧</td><td></td></tr>
<tr><td>节制阀弹簧</td><td></td></tr>
<tr><td>紧急二段阀弹簧</td><td></td></tr>
<tr><td rowspan="3">缓解阀</td><td>缓解阀弹簧</td><td></td></tr>
<tr><td>止回阀弹簧 1、2</td><td></td></tr>
<tr><td>缓解阀手柄弹簧</td><td></td></tr>
<tr><td rowspan="3">缓解阀</td><td>安定弹簧</td><td></td></tr>
<tr><td>先导阀弹簧</td><td></td></tr>
<tr><td>放风阀弹簧</td><td></td></tr>
<tr><td>三</td><td>作业时间</td><td>20 分</td><td colspan="3">规定时间 5 min</td><td>每超过 7.5 s 扣 1 分(不足 7.5 s 不扣分)</td><td></td><td></td></tr>
<tr><td>四</td><td>安全注意事项</td><td>10 分</td><td colspan="3">正确穿戴、使用劳保防护用品</td><td>未按规定穿戴劳保用品扣 3 分;轻微受伤时扣 5 分;其他不安全因素每次扣 3 分</td><td></td><td></td></tr>
<tr><td>五</td><td>合计</td><td colspan="5">100 分</td><td></td><td></td></tr>
<tr><td colspan="2">否决项目</td><td colspan="7">1. 碰破、出血、起泡、挤肿不能继续工作时失格。
2. 超过规定时间 50%时失格。
3. 设备损坏时失格</td></tr>
</table>

第三节　KZW 系列调整阀试验

一、准备通知单

(一)工具、材料、设备准备

序号	名　　称	规　　格	数量	备　注
1	KZW 系列空重车试验台		1 台	设备
2	开口扳手	17-19 mm	1 把	
3	内六角扳手	M16	1 把	
4	防锈检漏剂		1 罐	
5	扁油刷	50 mm	1 把	

(二)其他准备

1. 考试人员需按规定穿戴好劳动防护用品。

2. 检查确认工具齐全、技术状态良好。

3. 由考评员准备已组装完毕的调整阀放置在指定位置。

二、技能操作试题

(一)考核项目:KZW 系列调整阀试验

(二)分值:100 分

(三)考核时间

1. 准备时间:1 min。

2. 正式操作时间:12 min。

3. 每超时 36 s 扣 1 分(不足 36 s 不扣分),超过规定时间的 50%失格。

(四)考试要求

1. 正确使用、维护设备及工、卡、量具。

2. 安全、文明操作。

(五)操作要求或技术标准

1. 卸下盲板,安装调整阀。用 19 mm 开口扳手检查螺母,检查确认阀盖紧固良好(图 2-3-1)。

图 2-3-1 检查阀盖

2. 点击显示器桌面"试验程序"图标,进入试验界面。点击"空重车阀自动试验台—空重车阀 1"(以下简称"程序")导航栏的"准",待程序右下角显示"准备完毕"(图 2-3-2)。根据阀型点击导航栏内按钮,弹出"输入阀号"对话框。在对话框内点击与阀体铸造相一致的制造商,在"请输入调整阀阀号"对应栏内输入该阀检修编号,在"类型"栏内选择"检修",点击"确定"开始充风试验(图 2-3-3)。

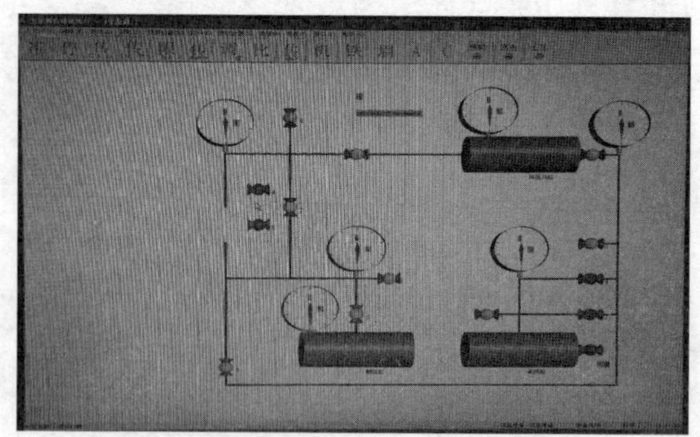

图 2-3-2 试验台准备完毕

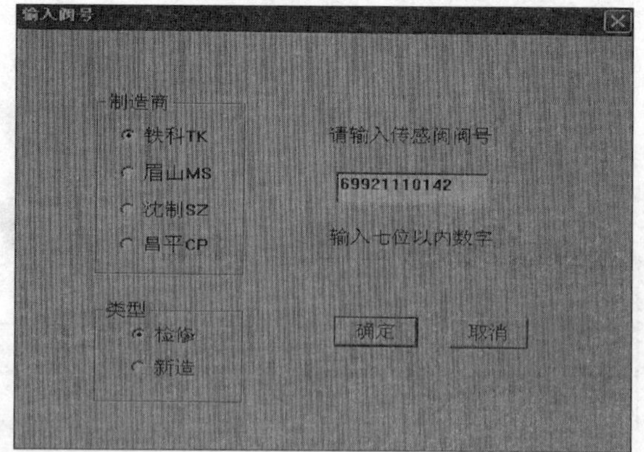

图 2-3-3 录入信息

3. 空车位试验

(1)制动试验:副风缸向制动缸充风,制动缸压力上升,随后降压风缸压力上升至压力稳定。试验员检查确认压力表Ⅳ或试验程序中的制动缸压力表压力符合(140±15) kPa,空重车显示牌在空车位。程序右侧空车制动试验结果显示绿色,“制动缸压力数值”符合规定,系统自动进入保压试验。

(2)保压漏泄试验:制动试验结束,程序进入保压试验,制动缸压力未变,系统保压 1 min,程序界面系统自动弹出“人工检查泄漏”界面(图 2-3-4)后,用防锈检漏剂涂抹调整阀与座结合部,空重车显示部后盖结合部,阀盖中间体结合部,中间体,阀体结合部,空重车显示牌后的活塞杆孔处,阀体、调整阀中间体排大气孔处(图 2-3-5)。试验员检查各结合部、阀体 20 s 内不鼓泡,中间体排大气孔处 15 s 内鼓泡直径不大于 10 mm,压力表Ⅳ或试验程序中的制动缸压力表压力下降不大于 5 kPa 时。点击“人工检查泄漏”界面中的“不泄漏”,程序右侧空车保压试验结果显示绿色,“制动缸漏泄压力数值”符合规定,系统自动进入缓解试验。

图 2-3-4　人工检查泄漏界面

图 2-3-5　人工检查

(3)缓解试验:保压试验结束,程序进入缓解试验,制动缸与降压风缸压力开始下降。试验员确认制动缸压力在 20 s 内排到 0,降压风缸压力降至 0。程序左侧空车位试验结果显示绿色,“制动缸压力降至 0 所需时间”符合规定(图 2-3-6),系统自动进入半重车制动试验。

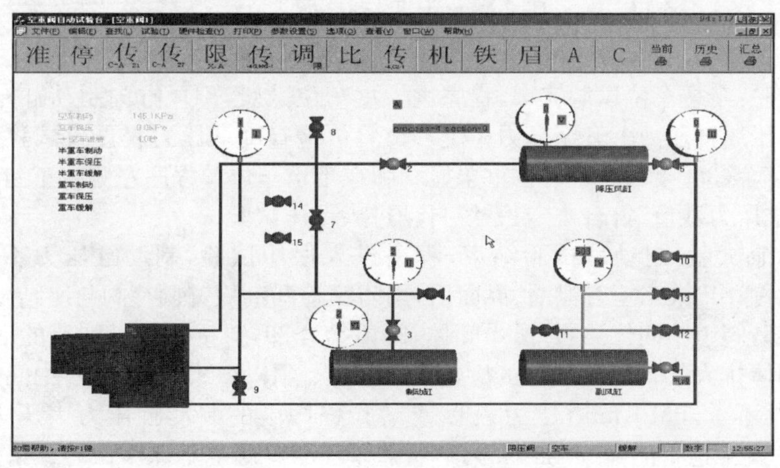

图 2-3-6　空车位试验合格

4. 半重车位试验

(1)制动试验:空车位各项试验结束,程序进入半重车位制动试验,此时副风缸向制动缸充气,制动缸压力上升,随后降压风缸压力上升至压力稳定。试验员检查确认压力表Ⅳ或试验程序中的制动缸压力表压力符合(230±40) kPa,空重车显示牌在半重车位。程序左侧空车制动试验结果显示绿色,“制动缸压力数值”符合规定,系统自动进入保压试验。

(2)保压漏泄试验:制动试验结束,程序进入保压试验,制动缸压力不变,系统保压 1 min,程序界面弹出“人工检漏”界面后,用防锈检漏剂均匀涂抹调整阀与座结合部、空重车显示部后盖结合部、阀盖中间体结合部、中间体、阀体结合部、空重车显示牌后的活塞杆孔处、阀体、调整阀中间体排大气孔处。试验员检查各结合部、阀体 20 s 内不鼓泡。中间体排大气孔处 15 s 内鼓泡直径不大于 10 mm。目视确认压力表Ⅳ或试验程序中的制动缸压力表压力下降不大于 5 kPa 时,点击“人工检查泄漏”界面中的“不泄漏”,程序左侧空车保压试验结果显示绿色,“制动缸漏泄压力数值”符合规定,系统自动进入缓解试验。

(3)缓解试验:保压试验结束,程序进入缓解试验,制动缸与降压风缸压力开始下降。试验员检查确认制动缸压力在 20 s 内排到 0,降压风缸压力降至 0。程序左侧半重车位试验结果显示绿色,“制动缸压力降至 0 所需时间”符合规定(图 2-3-7),半重车位试验完毕。

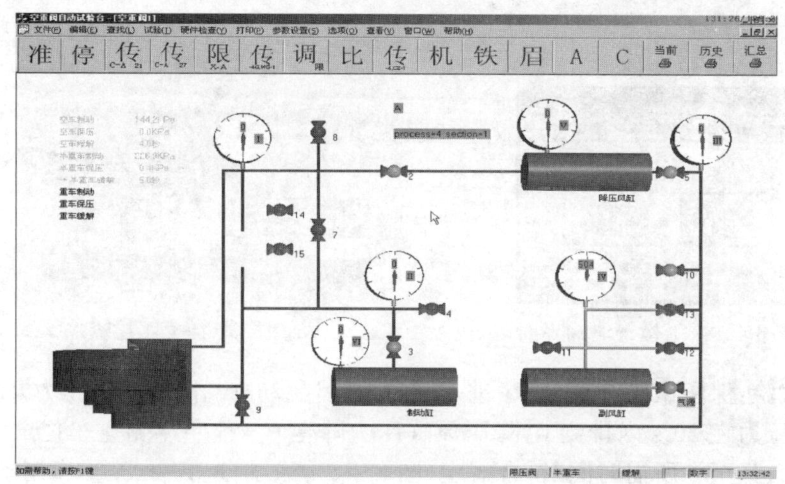

图 2-3-7　半重车位试验合格

5. 重车位试验

(1)制动试验:半重车位试验完毕,程序进入重车位试验,副风缸向制动缸充气,制动缸压力上升,随后降压风缸压力上升至压力稳定。试验员检查确认压力表Ⅳ或试验程序中的制动缸压力表压力符合(360±10) kPa,空重车显示牌在半重车位。程序左侧空车制动试验结果显示绿色,“制动缸压力数值”符合规定,系统自动进入保压试验。

(2)保压漏泄试验:制动位试验结束,程序进入保压试验,制动缸压力不变,系统保压 1 min,程序界面弹出“人工检查泄漏”界面后,用防锈检漏剂检查调整阀与座结合部,空重车显示部后盖结合部,阀盖中间体结合部,中间体,阀体结合部,空重车显示牌后的活塞杆孔处,阀体、调整阀中间体排大气孔处。试验员检查各结合部、阀体 20 s 内不鼓泡,中间体排大气孔处 15 s 内鼓泡直径不大于 10 mm,压力表Ⅳ或试验程序中的制动缸压力表压力下降不大于 5 kPa 时。点击“人工检查泄漏”界面中的“不泄漏”,程序左侧空车保压试验结果显示绿色,“制动缸漏泄压力数值”符合规定,系统自动进入缓解试验。

(3)缓解试验:保压试验结束,程序进入缓解试验,制动缸与降压风缸压力开始下降。试验员检查确认制动缸压力在 20 s 内排到 0,降压风缸压力降至 0。程序右侧重车位试验结果显示绿色,“制动缸压力降至 0 所需时间”符合规定,试验完毕。

6. 试验员检查确认制动缸压力为零时,握紧阀体,取下调整阀。试验结束后选择“保存”“打印”。

三、配分及评分标准

序号	项目	配分	考核内容	评分标准	扣分	得分
一	作业程序及要求	80分	试验前准备工作： 1. 卸下盲板,安装调整阀。 2. 用扳手检查确认阀盖紧固良好	1. 未进行外观检查扣5分。 2. 未确认阀盖紧固状态扣3分。 3. 工具落地扣2分		
			信息输入要求：输入阀号和类型准确无误	信息输入错误每处扣3分		
			空车位试验要求： 1. 制动位试验。试验员检查确认压力表Ⅳ或试验程序中的制动缸压力表压力符合(140±15)kPa,空重车显示牌在空车位。 2. 保压漏泄试验。用防锈检漏剂检查调整阀与座结合部,空重车显示部后盖结合部,阀盖中间体结合部,中间体,阀体结合部,空重车显示牌后的活塞杆孔处,阀体、调整阀中间体排大气孔处。 3. 缓解试验。试验员检查确认制动缸压力在20 s内排到0,降压风缸压力降至0	1. 未确认制动缸压力表压力是否符合风压要求扣2分。 2. 未检查阀盖结合部等处漏泄扣5分。 3. 未用防锈检漏剂检查每处扣5分。 4. 在试验过程中,试验员点错电脑提示对话框扣10分(可重新试验)。 5. 未口述限度要求每项扣5分		
			半重车位试验要求： 1. 制动试验。试验员检查确认压力表Ⅳ或试验程序中的制动缸压力表压力符合(230±40)kPa,空重车显示牌在半重车位。 2. 保压试验。制动试验结束,程序进入保压试验,制动缸压力不变,系统保压1 min,用防锈检漏剂检查调整阀与座结合部,空重车显示部后盖结合部,阀盖中间体结合部,中间体,阀体结合部,空重车显示牌后的活塞杆孔处,阀体、调整阀中间体排大气孔处。 3. 缓解试验。制动缸与降压风缸压力开始下降。试验员检查确认制动缸压力在20 s内排到0,降压风缸压力降至0	1. 未确认制动缸压力表压力是否符合风压要求扣2分。 2. 未检查阀盖结合部等处漏泄扣5分。 3. 未用防锈检漏剂检查每处扣5分。 4. 在试验过程中,试验员点错电脑提示对话框扣10分(可重新试验)。 5. 未口述限度要求每项扣5分		
			重车位试验要求： 1. 制动试验。试验员检查确认压力表Ⅳ或试验程序中的制动缸压力表压力符合(360±10)kPa,空重车显示牌在半重车位。 2. 保压试验。制动试验结束,程序进入保压试验,制动缸压力不变,系统保压1 min,用防锈检漏剂检查调整阀与座结合部,空重车显示部后盖结合部,阀盖中间体结合部,中间体,阀体结合部,空重车显示牌后的活塞杆孔处,阀体、调整阀中间体排大气孔处。 3. 缓解试验。试验员检查确认制动缸压力在20 s内排到0,降压风缸压力降至0	1. 未确认制动缸压力表压力是否符合风压要求扣2分。 2. 未检查阀盖结合部等处漏泄扣5分。 3. 未用防锈检漏剂检查每处扣5分。 4. 在试验过程中,试验员点错电脑提示对话框扣10分(可重新试验)。 5. 未口述限度要求每项扣5分。 6. 未收拾工具每件扣2分。 7. 工具损坏一件扣5分。 8. 作业完毕未清洁场地扣2分		

续上表

序号	项目	配分	考核内容	评分标准	扣分	得分
二	作业时间	10分	规定时间 12 min	每超时 36 s 扣 1 分(不足 36 s 不扣分)		
三	安全注意事项	10分	正确穿戴、使用劳保防护用品	1. 未按规定穿戴劳保用品扣 3 分。 2. 轻微受伤时扣 5 分。 3. 其他不安全因素每次扣 3 分		
四	合计	100分				
否决项目		1. 碰破、出血、起泡、挤肿不能继续工作时失格。 2. 超过规定时间的 50%时失格。 3. 调整阀落地时全项失格。 4. 设备损坏时失格				

第四节　KZW 系列传感阀试验

一、准备通知单

(一)工具、材料、设备准备

序号	名　称	规　格	数量	备　注
1	KZW 系列空重车试验台		1台	设备
2	U 形扳手(或管钳)		1把	
3	防锈检漏剂		1罐	
4	扁油刷		1把	

(二)其他准备

1. 考试人员需按规定穿戴好劳动防护用品。
2. 检查确认工具齐全、技术状态良好。
3. 由考评员准备已组装完毕的传感阀放置在指定位置。

二、技能操作试题

(一)考核项目:KZW 系列传感阀试验

(二)分值:100 分

(三)考核时间

1. 准备时间:1 min。
2. 正式操作时间:12 min。
3. 每超时 36 s 扣 1 分(不足 36 s 不扣分),超过规定时间 50%失格。

(四)考试要求

1. 正确使用、维护设备及工、卡、量具。
2. 安全、文明操作。

(五)操作要求或技术标准

1. 卸下盲板,安装传感阀。用 U 形扳手(或管钳)检查确认阀盖紧固良好(图 2-4-1)。

图 2-4-1　检查阀盖

2. 点击显示器桌面“试验程序”图标，进入试验界面。点击“程序”导航栏的“准”，再点击导航栏内“传 C-A(21)型”或“C-A(27)型”，“输入阀号”对话框，选择与阀体铸造信息一致的制造商，在“请输入传感阀阀号”对应栏内输入该阀检修编号，在“类型”栏选择“检修”，点击“确认”开始充风试验。

3. 小减压量试验：开始试验后系统自动将试验台挡块调整到与传感阀触杆 6 mm 距离位置，试验员检查确认传感阀触杆与挡块是否接触(图 2-4-2)，“是”则继续试验，“否”则卸下返修(图 2-4-3)。

图 2-4-2　触杆与挡块接触

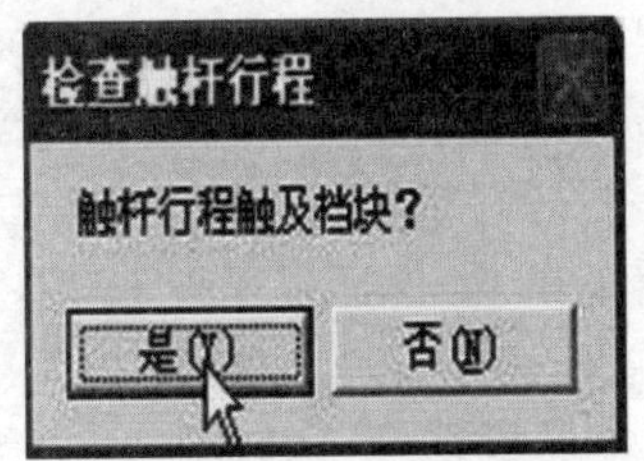

图 2-4-3　试验台确认接触界面

4. 空车位试验

(1)制动试验：试验员检查确认压力表或试验程序中的制动缸压力表压力符合(140±15) kPa 要求。

(2)保压漏泄试验：程序进入保压试验后，制动缸压力不变，系统自动保压 1 min。用防锈检漏剂检查阀盖结合部、触杆与阀体铜套结合部及触杆顶部排气孔是否漏泄(图 2-4-4)。试验员检查 30 s 内是否鼓泡，对话框中点击“不泄漏”(图 2-4-5)，确认压力表Ⅳ或试验程序中的制动缸压力表压力下降不大于 5 kPa。

(3)缓解试验：传感阀触杆自动缩回，触杆顶部排气孔排气。试验员听到排气声则确认触杆上的排气孔畅通。同时确认降压风缸压力与制动缸压力是否 30 s 内降到 0。

5. 半重车位试验

(1)制动试验：半重车位试验时，触杆与挡块距离 C-A(21)型为 15 mm、C-A(27)型为 19 mm，触杆触及挡块后通过传感阀向降压风缸充气。试验员检查确认压力表Ⅳ或试验程序中的制动缸压力表压力是否符合(230±40) kPa 要求。

图 2-4-4　检查漏泄

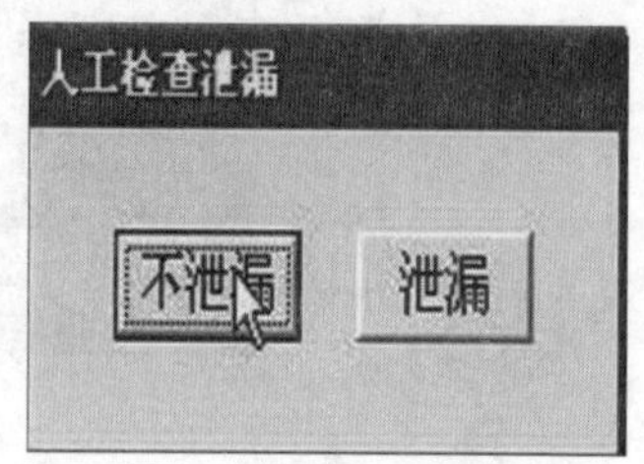

图 2-4-5　试验台确认泄漏界面

(2)保压漏泄试验:制动试验结束,程序自动保压试验后,制动缸压力不变,系统自动保压 1 min,用防锈检漏剂检查阀盖结合部、触杆与阀体结合部及触杆顶部排气孔 30 s 内不鼓泡,压力表Ⅳ或试验程序中的制动缸压力表压力下降不大于 5 kPa。

(3)缓解试验:保压试验结束,程序进入缓解试验,制动缸压力与降压风缸开始排压,传感阀触杆自动缩回,触杆端部排气孔排气。试验员确认触杆上的排气孔是否畅通。同时确认降压风缸压力与制动缸压力在 30 s 内排到 0。

6. 重车位试验

(1)制动试验:进入重车位制动试验,触杆不接触挡块,试验员检查确认压力表Ⅳ或试验程序中的制动缸压力表压力符合(360±10) kPa 要求。

(2)保压漏泄试验:制动试验结束,程序进入保压试验,制动缸压力不变,系统自动保压 1 min。用防锈检漏剂检查阀盖结合部、触杆与阀体结合部及触杆顶部排气孔 30 s 内是否鼓泡。压力表Ⅳ或试验程序中的制动缸压力表压力下降是否大于 5 kPa。

(3)缓解试验:保压试验结束,程序进入缓解试验,传感阀触杆自动缩回,确认降压风缸压力与制动缸压力在 30 s 内排到 0。

7. 试验员检查确认制动缸压力为零时,握稳阀体,取下传感阀。试验结束后进行"保存""打印"。

三、配分及评分标准

序号	项目	配分	考核内容	评分标准	扣分	得分
一	作业程序及要求	80分	准备工作: 1. 工具、材料、配件准备齐全。 2. 卸下盲板,安装传感阀。用 U 形扳手(或管钳)检查确认阀盖紧固良好	1. 工具、材料、配件准备不全,每项扣 2 分。 2. 阀盖未检查扣 3 分。 3. 工具落地每次扣 2 分		
			信息录入要求:输入阀号和类型准确无误	信息输入错误一处扣 3 分		
			小减压量试验:试验员检查确认传感阀触杆与挡块是否接触	未检查传感阀触杆与挡块接触扣 2 分		
			空车位试验要求: 1. 试验员检查确认压力表或试验程序中			

续上表

序号	项目	配分	考核内容	评分标准	扣分	得分
一	作业程序及要求	80分	的制动缸压力表压力符合(140±15) kPa要求。 2. 保压漏泄试验:防锈检漏剂检查阀盖结合部、触杆与阀体铜套结合部及触杆顶部排气孔是否漏泄。试验员观察30 s内是否鼓泡,确认压力表Ⅳ或试验程序中的制动缸压力表压力下降不大于5 kPa。 3. 缓解试验。确认触杆上的排气孔是否畅通	1. 未确认制动缸压力表压力是否符合风压要求扣2分。 2. 未检查阀盖结合部等处漏泄扣3分。 3. 触杆排气是否通畅未确认扣2分。 4. 未用防锈检漏剂检查扣5分。 5. 在试验过程中,试验员点错电脑提示对话框扣10分(可重新试验)		
			半重车位试验要求: 1. 半重车位试验时,制动缸压力表压力是否符合(230±40) kPa要求。 2. 用防锈检漏剂检查阀盖结合部、触杆与阀体结合部及触杆顶部排气孔30 s内不鼓泡,压力表Ⅳ或试验程序中的制动缸压力表压力下降不大于5 kPa。 3. 试验员确认触杆上的排气孔是否畅通。同时确认降压风缸压力与制动缸压力在30 s内排到0	1. 未确认制动缸压力表压力是否符合风压要求扣2分。 2. 未检查阀盖结合部等处漏泄扣3分。 3. 触杆排气是否通畅未确认扣2分。 4. 未用防锈检漏剂检查扣5分。 5. 在试验过程中,试验员点错电脑提示对话框扣10分(可重新试验)		
			重车位试验: 1. 制动试验。进入重车位制动试验,触杆不接触挡块,试验员检查确认压力表Ⅳ或试验程序中的制动缸压力表压力符合(360±10) kPa要求。 2. 保压漏泄试验。用防锈检漏剂检查阀盖结合部、触杆与阀体结合部及触杆顶部排气孔30 s内是否鼓泡。 3. 缓解试验。保压试验结束,程序进入缓解试验,传感阀触杆自动缩回,确认降压风缸压力与制动缸压力在30 s内排到0	1. 未确认制动缸压力表压力是否符合风压要求扣2分。 2. 未检查阀盖结合部等处漏泄扣5分。 3. 触杆排气是否通畅未确认扣2分。 4. 未用防锈检漏剂检查扣3分。 5. 在试验过程中,试验员点错电脑提示对话框扣10分(可重新试验)。 6. 作业完毕后未收拾工具每件扣2分。 7. 工具损坏一件扣5分。 8. 作业完毕未清洁场地扣2分		
二	作业时间	10分	规定时间12 min	每超时36 s扣1分(不足36 s不扣分)		
三	安全注意事项	10分	正确穿戴、使用劳保防护用品	1. 未按规定穿戴劳保用品扣3分。 2. 轻微受伤时扣5分。 3. 其他不安全因素每次扣3分		
四	合计	100分				
否决项目		1. 碰破、出血、起泡、挤肿不能继续工作时失格。 2. 传感阀落地时失格。 3. 超过规定时间50%时失格。 4. 设备损坏时失格				

第三章 铁路车辆制动钳工高级工操作技能(内制动)

第一节 120/120-1型控制阀主阀分解、组装及故障检查

一、准备通知单

(一)材料准备

序号	名 称	规 格	数量	备 注
1	改性甲基硅油		适量	
2	GP-9硅脂		适量	
3	清洗剂		适量	
4	棉白细布		若干	
5	扁油刷		2把	

(二)工具准备

序号	名 称	规 格	数量	备 注
1	活动扳手		1把	
2	风(电)动扳手		1把	
3	尖嘴钳	150 mm	1把	
4	手锤		1把	
5	套筒头	M16/M17/M19	各1个	
6	管钳	200 mm	1把	
7	风枪		1把	
8	剪刀		1把	
9	铜针		1根	
10	轴用直口卡簧钳	175 mm	1把	
11	穴用直口卡簧钳	175 mm	1把	
12	开口扳手	11-13 mm/12-14 mm/ 17-19 mm/22-24 mm	各1把	
13	一字螺丝刀	150×5 mm	1把	
14	螺栓	10 mm	1个	
15	螺栓	3 mm	1个	
16	通针		1套	

(三)量具准备

序号	名　称	规　格	数量	备 注
1	刀口尺		1把	
2	游标卡尺	0～150 mm	1把	
3	扭矩扳手	M22/M16/M10/M8	1把	
4	塞尺		1把	
5	滑阀、滑阀座、节制阀检测量规		1把	

(四)其他准备

1. 工作者必须佩戴好劳保用品。

2. 全面检查所用工具、量具齐全良好检定不过期。

二、技能操作试题

(一)考核项目:120/120-1 型控制阀主阀分解、组装及故障检查

(二)分值:100 分

(三)考核时间

1. 准备时间:1 min。

2. 正式操作时间:40 min。

3. 规定时间内全部完成。每超时 72 s 扣 1 分(不足 72 s 不扣分),超过规定时间 30%失格。

(四)操作要求或技术标准

1. 卸下半自动缓解阀

将 M19 套筒及加长杆加装到风(电)动扳手转动头上,用风(电)动扳手将半自动缓解阀从主阀上拆下,取下缓解阀垫,用剪刀破坏处理后放入废料箱。

2. 主阀分解作业

(1)作用部分解

将风(电)动扳手转动方向控制键置于左端松动位置。根据螺母型号将与螺母匹配的套筒(M16 或 M17)安装到风扳机转动头上。将套筒头套到螺母上,按动风(电)动扳手取下螺母,卸下主阀上盖。用铜针尖头插入列车管孔扁平密封圈橡胶件与阀体结合部,向外用力挑出橡胶件,并用剪刀进行破坏处理后放入废料箱。

用 M10 螺栓拧入主活塞杆顶部螺纹工艺孔,抽出主活塞。平握主活塞滑阀,用穴用直口卡簧钳钳尖顺着滑阀销安装方向将滑阀销捅出,捅出 3～5 mm 的距离后,用穴用直口卡簧钳夹住滑阀销将其抽出,取下滑阀弹簧、滑阀,主活塞杆放到工作台上(主活塞须轻拿轻放,防止磕伤),取下节制阀弹簧、节制阀。将主活塞上端螺母卡到“主阀紧急阀检修专用卡具”的主活塞螺母分解槽内,活动扳手卡到主活塞杆根部的工艺平面处逆时针旋转扳手松动主活塞螺母。取下主活塞螺母和上活塞,取下主活塞膜板并用剪刀进行破坏处理后放到废料箱中。用铜针插入下活塞内的 O 形橡胶密封圈与下活塞结合部,向外用力挑出橡胶件,并用剪刀进行破坏处理后放到废料箱中,取下下活塞。穴用直口卡簧钳 2 个钳尖分别插入稳定部挡圈 2 个孔内,用力握钳柄使挡圈缩小,取出挡圈。依次取出稳定弹簧座、稳定弹簧、稳定杆。

(2)加速缓解阀组成及局减阀组成

将风(电)动扳手转动方向控制键置于左端松动位置,根据螺母型号选择与其对应的套筒(M16 或 M17),松动螺母拆下前盖。用穴用直口卡簧钳取出局减阀组成(前盖与阀体结合面、局减阀杆不得碰伤)。取出毛毡、压垫、局减阀弹簧,毛毡放入废料盒。与 254 mm 直径制动缸相匹配的 120/120-1 阀,还须从前盖上用一字螺丝刀拧出排气缩孔堵 ϕ2.9 mm。用穴用直口卡簧钳 2 个钳尖分插入阀体加缓部挡圈 2 个孔内,用力握钳柄使挡圈缩小,取出挡圈。取出加速缓解阀杆时,可用直径为 M3 的螺栓顺时针旋入加速缓解阀杆工艺孔螺纹内(不得损伤 M3 螺纹),再将加速缓解阀杆缓慢旋出,或用风枪从 H 孔吹出。拔出顶杆(排出余风)。将加缓活塞紧固螺钉工艺处卡到主阀紧急阀检修卡具相对应的槽内,用活动扳手卡到加速缓解活塞螺母上逆时针旋转扳手拧下螺母,取下加速上活塞、加速缓解膜板、加速下活塞及活塞紧固螺钉。膜板用剪刀破坏处理后放入废料箱。用铜针插入加速缓解活塞杆 2 个 O 形橡胶密封圈 D25×2.4 与活塞杆结合部,向外用力挑出橡胶件,用剪刀破坏处理后放入废料箱。用穴用直口卡簧钳 2 个钳尖分插入加速缓解阀杆体内挡圈 2 个孔内,用力握钳柄使挡圈缩小,取出挡圈,依次取出加速缓解阀弹簧座、加速缓解弹簧、夹心阀 ϕ16 mm。夹心阀放入废料盒。局减阀杆上部放入“主阀紧急阀检修卡具”相对应孔内,用铜针插到局减阀杆部通孔内固定,活动扳手卡入局减活塞螺母,逆时针旋转扳手拧下螺母。用穴用直口卡簧钳取下局减阀上活塞、局减阀膜板、局减阀下活塞。用铜针挑出 2 个 O 形橡胶密封圈 D16×2.4,与膜板用剪刀破坏处理放入废料箱。

3. 减速部分解

将风(电)动扳手转动方向控制键置于左端松动位置,根据螺母型号选择与其对应的套筒(M16 或 M17)松动螺母,卸下主阀下盖。

从下盖作用部下腔凸台底部用铜针挑出 D75×3.1 mm 的 O 形橡胶密封圈,剪切破坏后放入废料箱内。取出紧急二段阀杆、紧急二段阀弹簧、减速弹簧、减速弹簧座、夹心阀弹簧、夹心阀。夹心阀放入废料箱。

用铜针插入紧急二段阀两个 O 形橡胶密封圈 D25×2.4 mm 与阀杆结合部,向外用力挑出橡胶件,用剪刀破坏处理后放入废料箱。与 254 mm 直径制动缸相匹配的 120/120-1 型控制阀,还须用一字螺丝刀取下紧急二段阀杆内的缩孔堵 ϕ2.4 mm。

4. 分解半自动缓解阀

(1)半自动缓解阀上部分解

选择与螺母型号相匹配的套筒头(16 mm 或 17 mm),用风(电)动扳手逆时针卸除半自动缓解阀上盖安装螺母,再用手拆下缓解阀上盖,取出缓解阀弹簧。用一字螺丝刀拧出上盖上的滤尘缩堵(ϕ2.0 mm)。用铜针插入缓解阀体 2 个 O 形橡胶密封圈 D22×2.25 mm 与阀体结合部,向外用力挑出橡胶密封圈,用剪刀做破坏处理后放入废料箱。取出 2 个止回阀弹簧,翻转阀体倒出 2 个夹心阀 ϕ16 mm 及 2 个顶杆,夹心阀放入废料箱。用活动扳手卡住活塞杆顶部工艺加装处,再用呆扳手 M17 端卡到螺母上,逆时针旋转呆扳手松动缓解阀活塞上端螺母,用穴用直口卡簧钳取下垫圈、缓解阀上活塞。用铜针插入缓解阀膜板底部,向外挑出,并用剪刀破坏处理后放入废料箱。

(2)半自动缓解阀下盖分解

用风(电)动扳手卸除半自动缓解阀下盖四个螺母,用手取下缓解阀下盖,用铜针插入放风阀部凸台处O形橡胶密封圈D45×3.1 mm贴合部，向外用力，挑出橡胶密封圈，用剪刀破坏处理后放入废料箱。取出缓解阀手柄座，取下手柄座套，从缓解阀下盖中取出缓解放风阀座，用铜针取出O形橡胶密封圈D35×3.1 mm并用剪刀破坏处理，放入废料箱内，从缓解阀体内取出缓解阀顶杆座，用穴用直口卡簧钳取出缓解阀手柄弹簧。

从缓解阀体内取出缓解阀活塞杆组成，将开口销朝向工作者，用尖嘴钳钳尖将开口销的两个角拉直成一字形，再用尖嘴钳拉出开口销，放入废料箱内。取下销轴，拆下均衡阀组成放入废料箱内。用铜针插入阀杆与2个O形橡胶密封圈D16×2.4 mm结合部，向外用力挑出，用剪刀破坏处理后放入废料箱。

5. 清洗

半自动缓解阀分解完毕后，进入超声波清洗机清洗吹干。各配件进行二次清洗，用洁净棉白细布擦拭阀体内部。阀体内部用手触摸须无颗粒物存在，主活塞套、局减套、二段套后配件表面须无浮尘、浮砂、浮锈等污渍。

6. 检测

(1)滑阀座高度测量

将游标卡尺主尺与副尺分开，主尺与副尺上的内测量爪分卡到滑阀座顶面和底面，游标卡尺尺身与滑阀座工作面垂直，推动游标卡尺副尺使主尺与副尺上的内测量爪紧贴滑阀座顶面和底面(不得过紧)，紧固游标卡尺紧固螺钉，读取测量结果，确认测量值不大于46.8 mm。

(2)滑阀厚度测量

用拇指和食指握到滑阀两侧，使滑阀上部向上，将游标卡尺卡到滑阀上部的“滑阀工作面”与“节制阀座工作面”之间，确认游标卡尺两卡爪密贴被测物，紧固游标卡尺上的紧固螺钉，视线与游标卡尺主尺与副尺刻度线重合位置垂直，读出测量结果，确认测量值不小于16 mm。

(3)缓解槽深度测量

手握滑阀销孔面两侧，滑阀工作面水平向上，将游标卡尺基座的端面紧靠在缓解槽的端面上，游标卡尺的尺身与缓解槽的纵向中心线平行，向下滑动副尺使深度尺伸入槽内底部，紧固游标卡尺紧固螺钉，读出测试结果，确认测量值不小于2.2 mm。

(4)节制阀厚度测量

作业人员用拇指和食指捏住节制阀两侧面，拿起清洗干净的节制阀，放入游标卡尺两测爪之间，滑动游标卡尺副尺使游标卡尺两测爪内侧面密贴节制阀(不得过紧)，紧固游标卡尺紧固螺钉，读出测量结果，确认测量值不小于5 mm。

(5)缓解阀顶杆座检测

作业人员手握游标卡尺将主尺与副尺分开适当距离，卡住缓解阀顶杆座，推动副尺使两卡爪贴紧缓解阀顶杆座(不得过紧)，紧固锁紧螺钉，读出测量结果，确认顶杆座全长不小于36 mm。

(6)缓解阀手柄座检测

将手柄座座面向下，垂直放至工作台平面上，一手拿刀口尺“刀口面”紧贴在缓解阀手柄座弯曲量较大的凹入面，另一手取出与缝隙相近宽度的针规，塞入缝隙内，针规刚好通过时的尺寸即为手柄座弯曲量，确认弯曲量不大于2 mm。

三、配分及评分标准

项目及配分		考核内容	评分标准	扣分	得分
操作程序及质量 70分	准备 5分	1. 准备工具、材料、量具、样板等。 2. 检查量具、样板校验不过期	1. 工、卡、量具准备不全每件扣1分。 2. 未检查确认量具状态每件扣2分		
	分解 5分	1. 分解主阀作用部、局减部、减速部、缓解阀。 2. 取出阀内各活塞、橡胶膜板、弹簧、密封圈等橡胶制品须进行剪切破坏处理(口述)。 3. 分解各活塞组成等。 4. 分解完毕口述送超声波清洗机清洗(口述)	1. 分解不彻底每处扣1分。 2. 漏分解每处扣3分。 3. 口述项未口述每处扣1分		
	检测 30分	1. 弹簧检测合格并符合规定。 2. 滑阀厚度不小于16 mm。 3. 缓解槽深度不小于2.2 mm。 4. 节制阀厚度不小于5 mm。 5. 缓解阀顶杆座全长不小于36 mm。 6. 缓解阀手柄座杆部弯曲不大于2 mm。 7. 滑阀座高度不大于46.8 mm。 8. 口述弹簧及各配件检测限度	1. 检测方法不正确每处扣2分。 2. 漏测一项扣5分。 3. 未口述或口述错误每处扣2分		
	组装 10分	1. 各零部件用风枪吹干、用棉白细布擦净(零件表面不得有目视可见的污垢、灰砂、水分、纤维物和其他污物)。 2. 各橡胶件全部更换为新品、须擦拭干净,不得用油类、香蕉水、碱酸液体擦拭。 3. 滑阀、节制阀各滑动面和阀座涂以适量改性甲基硅油,不准用其他油代替。 4. 各活动密封圈涂以适量GP-9硅脂,不得使用其他油代替。 5. 各活塞、滑阀、节制阀装入阀体内拉动,动作须灵活,阻力适当(需口述)。 6. 各活塞膜板边缘须完全入槽,装阀盖时各螺栓对角均匀紧固,各阀盖须使用密封圈密封	1. 零部件表面不洁净每处扣2分。 2. 未涂硅脂、硅油每处扣2分。 3. 未确认活塞动作、阻力每处扣2分。 4. 膜板边缘未完全入槽每处扣1分。 5. 螺栓未对角均匀紧固每处扣2分,阀盖偏压每处扣3分。 6. 漏装配件每件扣3分。 7. 配件脱落每件扣2分		
	故障 20分	设置故障5件,二次分解发现无效 1 | 2 | 3 | 4 | 5	每少发现一件扣4分		
工具设备使用与维护 10分		1. 正确使用工、卡、量具。 2. 扳手等工具不得代替手锤使用。 3. 作业完毕对工、卡、量具进行擦拭、保养并放置在指定位置。 4. 作业完毕做到工完料净场地清	1. 工、卡、量具使用不当一次扣2分,工、卡、量具损坏每件扣5分。 2. 工、卡、量具脱落扣2分。 3. 作业完毕未进行工、卡、量具维护保养和放置不当,每件扣1分。 4. 作业完毕未清洁场地扣2分		

续上表

项目及配分	考核内容	评分标准	扣分	得分
安全及其他 10 分	正确穿戴、使用劳保用品	1. 未按规定穿戴劳保用品扣 3 分。 2. 轻微受伤时扣 5 分。 3. 其他不安全因素每次扣 3 分		
时间 10 分	规定时间 40 min	每超 72 s 扣 1 分(不足 72 s 不扣分)		
合计	100 分			
否决项目	1. 碰破、出血、起泡、挤肿不能继续工作时失格。 2. 超过规定时间 10 min 时失格			

第二节　120/120-1 型控制阀主阀研磨及试验

一、准备通知单

(一)材料准备

序号	名　称	规　格	数量	备　注
1	改性甲基硅油		适量	
2	GP-9 硅脂		适量	
3	清洗剂		适量	
4	棉白细布		若干	
5	扁油刷		2 把	

(二)工具准备

序号	名　称	规　格	数量	备　注
1	活口扳手	150 mm	1 把	
2	风(电)动扳手		1 把	
3	套筒头	M16/M17/M19	各 1 个	
4	风枪	100 mm	1 把	
5	铜针		1 根	
6	螺栓	10 mm	1 条	
7	油石	180 目/240 目/320 目	若干	
8	油石卡具		若干	
9	120 阀试验台		1 台	设备
10	防锈检漏剂		1 罐	

(三)量具准备

序号	名　称	规　格	数量	备　注
1	游标卡尺	0～150 mm	1 把	
2	滑阀、滑阀座、节制阀检测量规		1 把	
3	通针		1 套	

(四)其他准备

1. 工作者必须佩戴好劳保用品。

2. 全面检查所用工具、量具齐全良好,仪器仪表计量器具检定不过期,风源压力符合要求。

二、技能操作试题

(一)考核项目:120/120-1 型控制阀主阀研磨及试验

(二)分值:100 分

(三)考核时间

1. 准备时间:1 min。

2. 正式操作时间:60 min,超过规定时间 20%失格。

3. 每超时 72 s 扣 1 分(不足 72 s 不扣分)

(四)操作要求或技术标准

1. 作用部分解

将风(电)动扳手转动方向控制键置于左端松动位置。根据螺母型号将与螺母匹配的套筒(M16 或 M17)安装到风(电)动扳手转动头上。将套筒头套到螺母上,按动风(电)动扳手取下螺母,卸下主阀上盖。

用 M10 螺栓旋入主活塞杆顶部螺纹工艺孔,取出主活塞。平握主活塞滑阀,取下滑阀弹簧、滑阀、主活塞杆放到工作台上(主活塞须轻拿轻放,防止磕伤),取下节制阀弹簧、节制阀(节制阀、滑阀工作面不得与高于其表面硬度的物品接触)。

2. 检测

(1)滑阀座高度测量:确认测量值不大于 46.8 mm。

(2)滑阀厚度测量:确认测量值不小于 16 mm。

(3)缓解槽深度测量:确认测量值不小于 2.2 mm。

(4)节制阀厚度测量:确认测量值不小于 5 mm。

3. 研磨

(1)滑阀座研磨

①粗研:依次选择 180 目、240 目滑阀座研磨油石,将油石工作面向上卡到油石卡具上,顺时针紧固油石卡具螺栓将油石卡紧到油石架上。油石工作面密贴滑阀座滑动工作面,双手均匀压稳油石卡具两端手柄处,前后往复推动油石研磨(图 3-2-1),油石移动行程不宜过短或过长,以移动油石工作面长度的 2/3 为宜,研磨过程中须经常检查油石不得挂有铜沫。研磨一段时间后,将阀体调转 180°继续研磨。

②精研:依次选择 320 目、400 目滑阀座研磨油石进行精研直至滑动面接触严密、无划伤且呈现同一光泽为止。

③研磨后使用扁油刷蘸清洗剂,清洗研磨残留物。

(2)节制阀座研磨

①粗研:依次选择 180 目、240 目节制阀研磨油石,将油石工作面向上放置在油石卡槽内,两手分持滑阀两侧,滑阀下工作面朝下压在油石工作面上,沿滑阀纵轴方向往返研磨(图 3-2-2)。两手用力要平均,研磨行程用力要一致,往返速度不宜太快,研磨一段时间后,将阀体调转 180°继续研磨,防止偏磨。

②精研:依次选择 320 目、400 目节制阀研磨油石进行精研直至滑动面接触严密、无划伤且呈现同一光泽为止。

图 3-2-1　研磨滑阀座

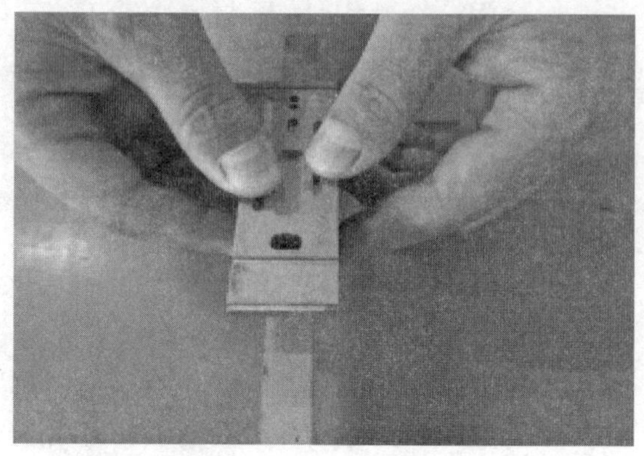
图 3-2-2　研磨节制阀座

(3)滑阀研磨

①粗研:依次选择 180 目、240 目滑阀研磨油石进行粗研,双手分持滑阀两端或两侧(图 3-2-3),沿滑阀纵轴及横轴方向均匀用力往复推动滑阀研磨,研磨行程须一致,推动速度不宜过快,研磨一段时间后将滑阀调转 180°继续研磨。

②精研:依次选择 320 目、400 目滑阀研磨油石进行精研。双手分持滑阀两端或两侧,研磨方向与滑阀纵轴呈 45°左右,研磨时不断调转方向使滑阀工作面呈交叉纹路,直至滑阀工作面与油石接触严密、无划伤痕迹且下工作面呈现均匀的条状光泽。

③工作面研磨完毕后将滑阀工作面两侧磨出 0.5 mm×45°的倒角(图 3-2-4)。

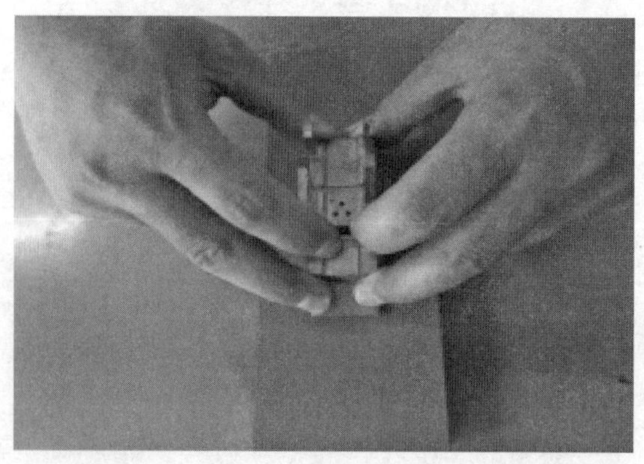
图 3-2-3　研磨滑阀

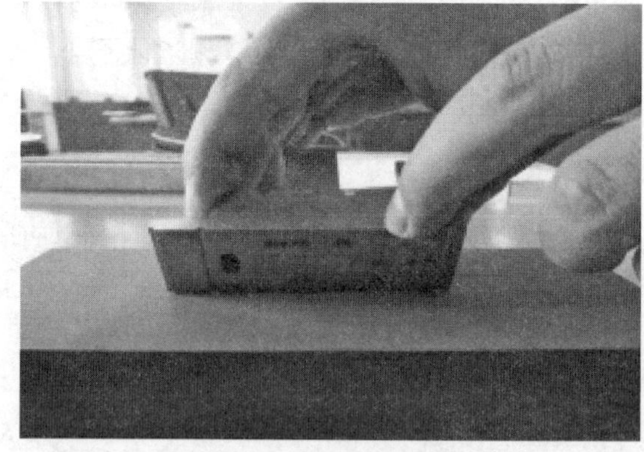
图 3-2-4　研磨滑阀倒角

(4)节制阀研磨

①粗研:依次选择 180 目、240 目油石,将节制阀研磨油石工作面朝上放置在油石卡槽内,使用拇指与食指分别压在节制阀两端(图 3-2-5)或用食指按压节制阀中部(图 3-2-6),按反复方向研磨。研磨时用力均匀,行程不宜过长,往返速度不宜太快。

②精研:依次选择 320 目、400 目油石,将油石工作面朝上放置在油石卡槽内,使用拇指与食指分别压在节制阀两端或用食指按压节制阀中部,按反复交叉方向做“V”字形研磨,节制阀

滑动工作面与油石接触严密、无划伤痕迹且工作表面呈现均匀的条状光泽。

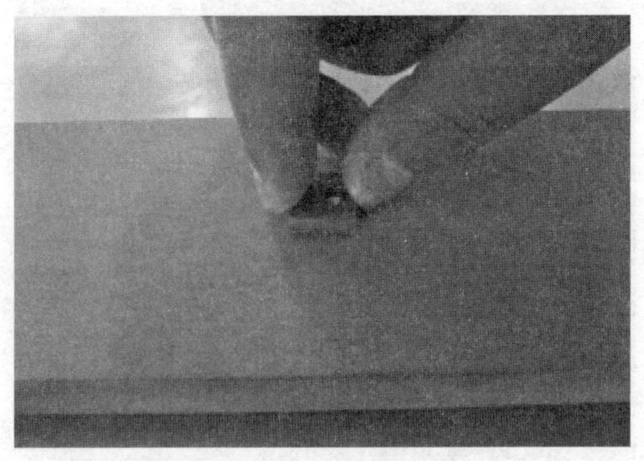

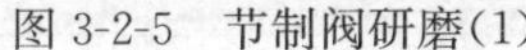

图 3-2-5 节制阀研磨(1)

图 3-2-6 节制阀研磨(2)

③节制阀工作面研磨完毕后,将其置于油石工作面上,均匀用力前后往复推动研磨(图 3-2-7),将节制阀的下工作面两侧磨出 0.5 mm×45°的倒角。

(5)二次清洗

滑阀、节制阀研磨后用清洗剂清洗研磨残留物,用洁净棉白细布擦拭,并用风枪吹净。用手触摸须无颗粒物存在。

4. 研磨后需再次检测配件,不超限方可进行组装。

5. 主阀性能试验

(1)开通夹紧开关 K1,将主阀卡紧在主阀安装座上。

(2)在“主阀类型选择”界面(图 3-2-8)依据试验主阀的类型选择“120 阀”或“120-1 阀”,点击“确定”,选择标题栏(图 3-2-9)“试验内容”→“主阀体”→“全过程试验”选项,进入“压力表显示界面”,点击“开始试验”,进入“主阀试验界面”,点击“开始试验”,系统自动弹出“检修主阀信息输入窗口”(图 3-2-10)。在“检修主阀信息输入窗口”输入该主阀编号,选择相应试验员,选择与该阀制动缸规格相应的规格后,点击“确定”。试验台开始自动试验。

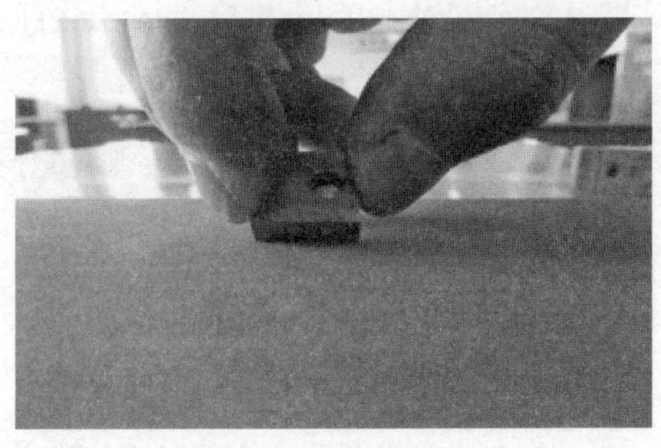

图 3-2-7 研磨节制阀倒角

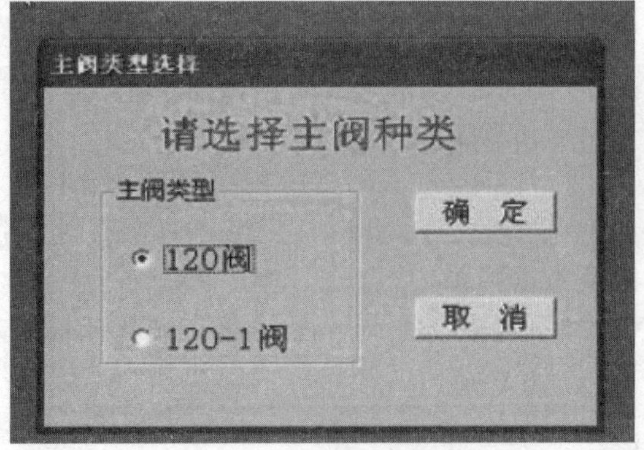

图 3-2-8 主阀类型选择界面

(3)试至“3.1.2.1 各结合面”时,系统自动弹出“各结合面处不允许产生泄漏”对话框(图 3-2-11),此时在各阀盖与阀体结合面处涂抹防锈检漏剂(图 3-2-12)检查是否产生漏泄,不漏泄点击“合格”,程序界面右侧的“试验结果”栏的结论处显示“合格”。漏泄点击“不合格”,系统程序界面右侧的“试验结果”栏的结论处显示“不合格”,系统自动进入下一项试验。

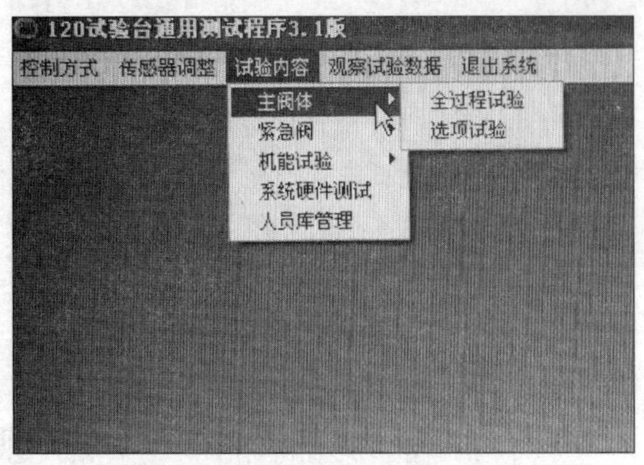

图 3-2-9　试验项目选择界面

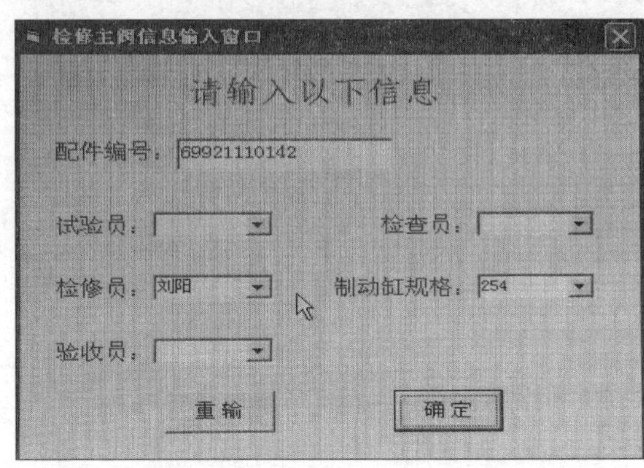

图 3-2-10　检修主阀信息输入界面

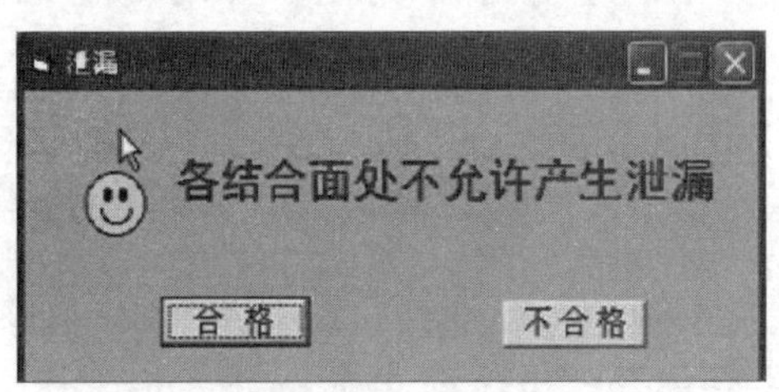

图 3-2-11　各结合面漏泄确认界面

图 3-2-12　检查结合面漏泄

(4)试至“3.1.2.1 缓解阀排气孔”时,系统自动弹出“缓解阀排气口不允许产生泄漏”对话框(图 3-2-13),此时在缓解阀排气孔处涂抹防锈检漏剂(图 3-2-14)检查是否产生漏泄,不漏泄点击弹窗中“合格”,程序界面右侧的“试验结果”栏的结论处显示“合格”。漏泄点击弹窗中“不合格”,系统程序界面右侧的“试验结果”栏的结论处显示“不合格”,系统自动进入下一项试验。

(5)试至“3.1.2.2 局减阀呼吸孔”时,系统自动弹出“局减阀呼吸孔不允许产生泄漏”对话框(图 3-2-15),此时在局减阀呼吸孔处涂抹防锈检漏剂检查是否产生漏泄(图 3-2-16),不漏泄点击弹窗中“合格”,程序界面右侧的“试验结果”栏的结论处显示“合格”。漏泄点击弹窗中“不合格”,系统程序界面右侧的“试验结果”栏的结论处显示“不合格”,系统自动进入下一项试验。

(6)程序自动试验“3.1.2.3 主阀排气口漏泄”结束后,确认“试验结果”栏内的“结果”主阀排气口漏泄量不大于 100 mL/min 时,结论处显示“合格”,“试验结果”栏内的“结果”主阀排气口漏泄量大于 100 mL/min 时,结论处显示“不合格”,系统自动进入下一项试验。

(7)程序自动试验“3.1.2.3 局减排气口漏泄”结束后,确认“试验结果”栏内的“结果”局减排气口漏泄量不大于 100 mL/min 时,结论处显示“合格”;“试验结果”栏内的“结果”局减排气口漏泄量大于 100 mL/min 时,结论处显示“不合格”,系统自动进入下一项试验。

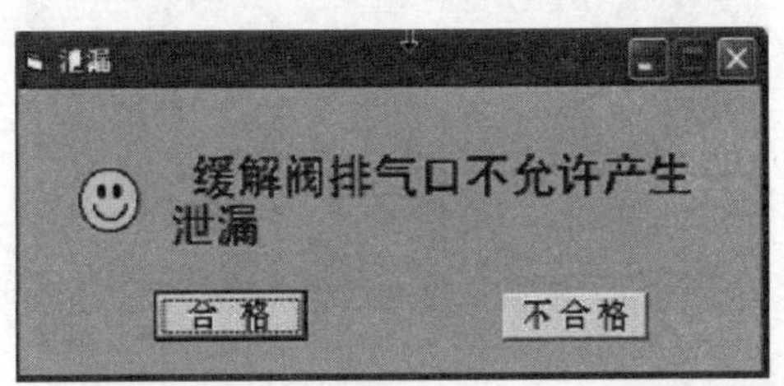

图 3-2-13　缓解阀排气口漏泄确认界面

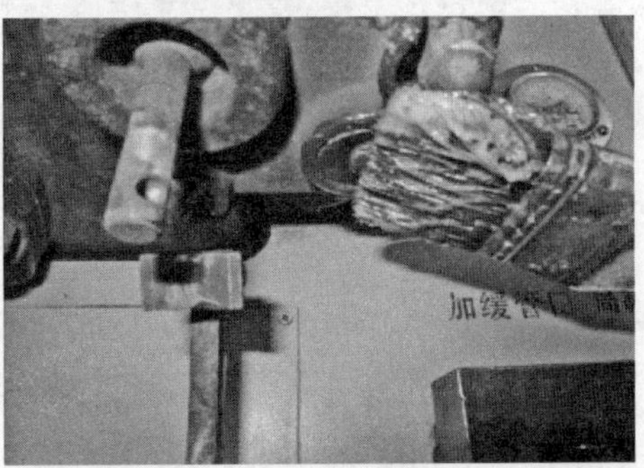
图 3-2-14　检查缓解阀排气口漏泄

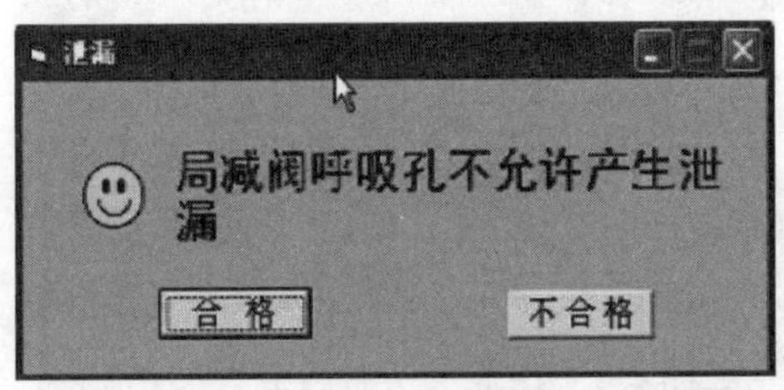

图 3-2-15　局减阀呼吸孔漏泄确认界面

图 3-2-16　检查局减阀呼吸孔漏泄

(8)程序自动试验“3. 1. 2. 4 副风缸管路”结束后确认“试验结果”栏内的“结果”副风缸管路压力下降 7 kPa 不大于 10 s 时,结论处显示“合格”;“试验结果”栏内的“结果”副风缸管路压力下降 7 kPa 大于 10 s 时,结论处显示“不合格”,系统自动进入下一项试验。

(9)程序自动试验“3. 1. 2. 4 加速缓解风缸管路”结束后确认“试验结果”栏内的“结果”加速缓解风缸管路压力下降 7 kPa 不大于 10 s 时,结论处显示“合格”;“试验结果”栏内的“结果”加速缓解风缸管路压力下降 7 kPa 大于 10 s 时,结论处显示“不合格”,系统自动进入下一项试验。

(10)试至“3. 1. 2. 5 缓解阀上呼吸孔”系统自动弹出“缓解阀上呼吸孔不允许产生泄漏”对话框(图 3-2-17),在缓解阀上呼吸孔处用扁油刷蘸防锈检漏剂进行涂抹(图 3-2-18),并目视检查是否产生漏泄,不漏泄点击弹窗中“合格”,程序界面右侧的“试验结果”栏的结论处显示“合格”。漏泄点击弹窗中“不合格”,系统程序界面右侧的“试验结果”栏的结论处显示“不合格”,系统自动进入下一项试验。

(11)试至“3. 1. 2. 6 缓解阀手柄处”系统自动弹出“缓解阀手柄处不允许产生泄漏”对话框(图 3-2-19),在缓解阀手柄处用扁油刷蘸防锈检漏剂进行涂抹(图 3-2-20),并目视检查是否产生漏泄,不漏泄点击弹窗中“合格”,程序界面右侧的“试验结果”栏的结论处显示“合格”。漏泄点击弹窗中“不合格”,系统程序界面右侧的“试验结果”栏的结论处显示“不合格”,系统自动进入下一项试验。

图 3-2-17　缓解阀呼吸孔漏泄确认界面

图 3-2-18　检查缓解阀呼吸孔漏泄

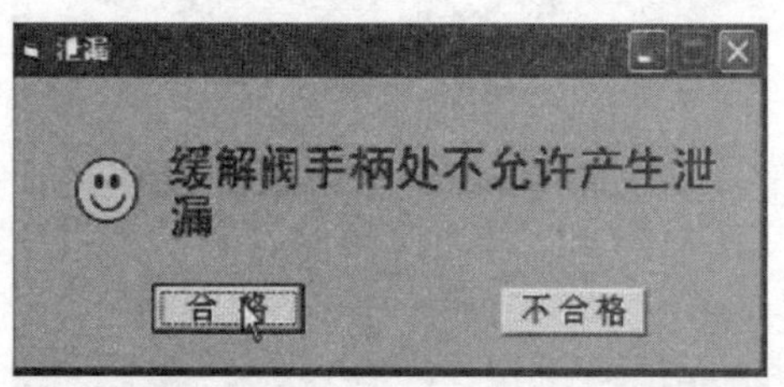

图 3-2-19　缓解阀手柄处漏泄确认界面

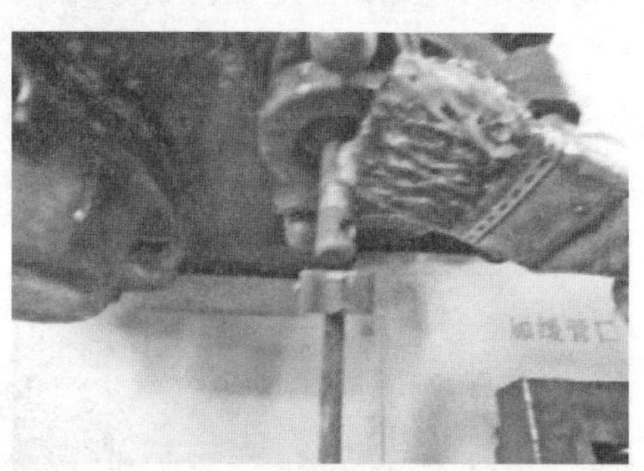

图 3-2-20　检查缓解阀手柄处漏泄

(12)试至"3.1.2.6 缓解阀排气口"系统自动弹出"缓解阀排气口不允许产生泄漏"对话框(图 3-2-21),在缓解阀排气口处用扁油刷蘸防锈检漏剂进行涂抹(图 3-2-22),并确认排气口处10 s 内产生气泡布大于 12 mm 时,点击弹窗中"合格",程序界面右侧的"试验结果"栏的结论处显示"合格"。大于 12 mm 时,点击弹窗中"不合格",系统程序界面右侧的"试验结果"栏的结论处显示"不合格",系统自动进入下一项试验。

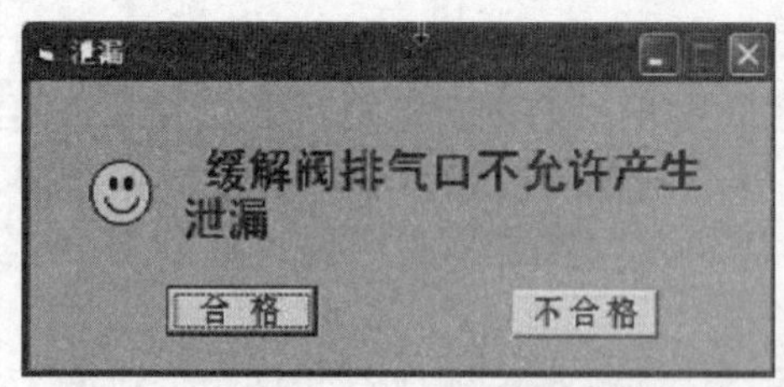

图 3-2-21　缓解阀排气口漏泄确认界面

图 3-2-22　检查缓解阀排气口漏泄

(13)试至"3.1.3.2 结合面"系统自动弹出"所有阀盖及胶垫处不允许产生泄漏"对话框(图 3-2-23),在各阀盖与阀体结合面处用扁油刷蘸防锈检漏剂进行涂抹(图 3-2-24),并目视检查是否产生漏泄,不漏泄点击弹窗中"合格",程序界面右侧的"试验结果"栏的结论处显示"合格”。漏泄点击弹窗中“不合格”，系统程序界面右侧的“试验结果”栏的结论处显示“不合格”，系统自动进入下一项试验。

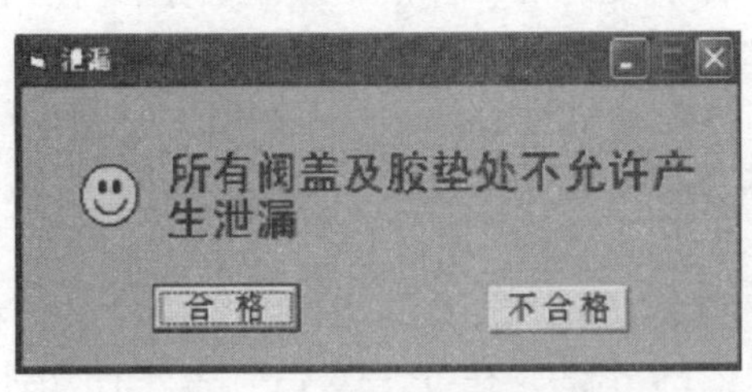

图 3-2-23　结合面漏泄确认界面

图 3-2-24　检查结合面漏泄

(14)程序自动试验“3.1.3.3 主阀排气口”结束后，确认“试验结果”栏内的“结果”主阀排气口漏泄量不大于 120 mL/min 时，结论处显示“合格”；“试验结果”栏内的“结果”主阀排气口漏泄量大于 100 mL/min 时，结论处显示“不合格”，系统自动进入下一项试验。程序自动试验“3.1.3.4 局减排气口漏泄”结束后，确认“试验结果”栏内的“结果”局减排气口漏泄量不大于 100 mL/min 时，结论处显示“合格”；“试验结果”栏内的“结果”局减排气口漏泄量大于 100 mL/min 时，结论处显示“不合格”，系统自动进入下一项试验。

(15) 程序自动试验“3.1.4.2 主阀排气口”结束后，确认“试验结果”栏内的“结果”主阀排气口漏泄量不大于 100 mL/min 时，结论处显示“合格”；“试验结果”栏内的“结果”主阀排气口漏泄量大于 100 mL/min 时，结论处显示“不合格”，系统自动进入下一项试验。

(16) 程序自动试验“3.1.4.2 局减排气口漏泄”结束后，确认“试验结果”栏内的“结果”局减排气口漏泄量不大于 100 mL/min 时，结论处显示“合格”；“试验结果”栏内的“结果”局减排气口漏泄量大于 100 mL/min 时，结论处显示“不合格”，系统自动进入下一项试验。

(17)程序自动试验“3.1.4.2 加速缓解管排气口漏泄”结束后，确认“试验结果”栏内的“结果”加速缓解管排气口漏泄量不大于 100 mL/min 时，结论处显示“合格”；“试验结果”栏内的“结果”加速缓解管排气口漏泄量大于 100 mL/min 时，结论处显示“不合格”，系统自动进入下一项试验。

(18)程序自动试验“3.1.4.3 制动缸管路”结束后，确认“试验结果”栏内的“结果”压力变化绝对值每 10 s 不大于 10 kPa 时，结论处显示“合格”；“试验结果”栏内的“结果”压力变化绝对值每 10 s 大于 10 kPa 时，结论处显示“不合格”，系统自动进入下一项试验。

(19) 程序自动试验“3.1.4.3 加速缓解风缸管路”结束后，确认“试验结果”栏内的“结果”压力下降每 10 s 不大于 7 kPa 时，结论处显示“合格”；“试验结果”栏内的“结果”压力下降每 10 s 大于 7 kPa 时，结论处显示“不合格”，系统自动进入下一项试验。

(20)试至“3.1.4.3 缓解阀排气口漏泄”系统自动弹出“缓解阀排气口不允许产生泄漏”对话框(图 3-2-21)，在缓解阀排气口处用扁油刷蘸防锈检漏剂进行涂抹(图 3-2-22)，并目视检查是否产生漏泄，不漏泄点击弹窗中“合格”，程序界面右侧的“试验结果”栏的结论处显示“合格”。漏泄点击弹窗中“不合格”，系统程序界面右侧的“试验结果”栏的结论处显示“不合格”，系统自动进入下一项试验。

(21)程序自动试验“3.2.2.1 制动缸通路 0～350 kPa 时间”结束后,确认“试验结果”栏内的“结果”不大于 4 s 时,结论处显示“合格”;“试验结果”栏内的“结果”大于 4 s 时,结论处显示“不合格”,系统自动进入下一项试验。

(22)程序自动试验“3.2.2.1(254 mm 制动缸)制动缸通路 300～150 kPa 时间”结束后,确认“试验结果”栏内的“结果”在 4～8.5 s 之内时,结论处显示“合格”,“试验结果”栏内的“结果”在 4～8.5 s 之外时,结论处显示“不合格”,系统自动进入下一项试验。

(23)程序自动试验“3.2.2.1(356 mm 制动缸)制动缸通路 300～150 kPa 时间”结束后,确认“试验结果”栏内的“结果”在 3～7 s 之内时,结论处显示“合格”;“试验结果”栏内的“结果”在 3～7 s 之外时,结论处显示“不合格”,系统自动进入下一项试验。

(24)程序自动试验“3.2.2.2 缓解阻力”结束后,确认“试验结果”栏内的“结果”在 6～16 kPa之内时,结论处显示“合格”;“试验结果”栏内的“结果”在 6～16 kPa 之外时,结论处显示“不合格”,系统自动进入下一项试验。

(25)程序自动试验“3.2.2.3(120)阀一局减通量”结束后,确认“试验结果”栏内的“结果”在 2～10 s 内时,结论处显示“合格”;“试验结果”栏内的“结果”在 2～10 s 之外时,结论处显示“不合格”,系统自动进入下一项试验。

(26)程序自动试验“3.2.2.3(120-1)阀一局减通量”时,结束后,确认“试验结果”栏内的“结果”在 3～13 s 之内时,结论处显示“合格”;“试验结果”栏内的“结果”在 3～13 s 之外时,结论处显示“不合格”,系统自动进入下一项试验。

(27)程序自动试验“3.2.2.3(120)阀列车管减压量”结束后,确认“试验结果”栏内的“结果”不大于 40 kPa 时,结论处显示“合格”;“试验结果”栏内的“结果”大于 40 kPa 时,结论处显示“不合格”,系统自动进入下一项试验。

(28)程序自动试验“3.2.2.3(120-1)阀列车管减压量”结束后,确认“试验结果”栏内的“结果”不大于 50 kPa 时,结论处显示“合格”;“试验结果”栏内的“结果”大于 50 kPa 时,结论处显示“不合格”,系统自动进入下一项试验。

(29)程序自动试验“3.2.2.4 升压时间”结束后,确认“试验结果”栏内的“结果”升压 30～50 kPa 在 1.5～6 s 之内时,结论处显示“合格”;“试验结果”栏内的“结果”升压 30～50 kPa 在 1.5～6 s 之外时,结论处显示“不合格”,系统自动进入下一项试验。

(30)程序自动试验“3.2.2.4 制动缸压力升 1”程序自动试验结束后,确认“试验结果”栏内的“结果”在 45～70 kPa 之外时,结论处显示“合格”;“试验结果”栏内的“结果”在 45～70 kPa 之外时,结论处显示“不合格”,系统自动进入下一项试验。

(31)程序自动试验“3.2.2.5 制动缸压力升 2”结束后,确认“试验结果”栏内的“结果”在 45～70 kPa 之内时,结论处显示“合格”;“试验结果”栏内的“结果”在 45～70 kPa 之内时,结论处显示不合格,系统自动进入下一项试验。

(32)程序自动试验“3.2.2.5 保压稳定孔”结束后,确认“试验结果”栏内的“结果”在 1.2～6 kPa 之内且主阀未缓解时,结论处显示“合格”;“试验结果”栏内的“结果”在 1.2～6 kPa 之外且主阀未缓解时,结论处显示“不合格”;“试验结果”栏内的“结果”在 1.2～6 kPa 之内且主阀缓解时,结论处显示“不合格”;“试验结果”栏内的结果在 1.2～6 kPa 之外且主阀缓解时,结论处显示“不合格”,系统自动进入下一项试验。

(33)程序自动试验“3.2.2.6 加速缓解阀作用结束后,确认“试验结果”栏内的“结果”不大于 10 kPa 时,结论处显示“合格”;“试验结果”栏内的“结果”大于 10 kPa 时,结论处显示“不合格”,系统自动进入下一项试验。

(34)程序自动试验“3.2.2.7(254 mm 制动缸)副风缸充气孔”结束后,确认“试验结果”栏内的“结果”在 15.5～19 s 之内时,结论处显示“合格”;“试验结果”栏内的“结果”在 15.5～19 s 之外时,结论处显示“不合格”,系统自动进入下一项试验。

(35)程序自动试验“3.2.2.8 加速缓解风缸充气孔”结束后,确认“试验结果”栏内的“结果”在 11～20 s 之内时,结论处显示“合格”;“试验结果”栏内的“结果”在 11～20 s 之外时,结论处显示“不合格”,系统自动进入下一项试验。

(36)程序自动试验“3.2.2.9 紧急二段跃升”结束后,确认“试验结果”栏内的“结果”在 105～170 kPa 之内时,结论处显示“合格”;“试验结果”栏内的“结果”在 105～170 kPa 之外时,结论处显示“不合格”,系统自动进入下一项试验。

(37)程序自动试验“3.2.2.9(254 mm 制动缸)制动缸通路 0～350 kPa 时间”结束后,确认“试验结果”栏内的“结果”在 6.5～9 s 之内时,结论处显示“合格”;“试验结果”栏内的“结果”在 6.5～9 s 之外时,结论处显示“不合格”,系统自动进入下一项试验。

(38)程序自动试验“3.2.2.9(356 mm 制动缸)制动缸通路 0～350 kPa 时间”结束后,确认“试验结果”栏内的“结果”在 4.5～6.5 s 之内时,结论处显示“合格”;“试验结果”栏内的“结果”在 4.5～6.5 s 之外时,结论处显示“不合格”,系统自动进入下一项试验。

(39)程序自动试验“3.2.2.9 120-1 阀紧急后加缓风缸与副风缸通路”结束后,确认“试验结果”栏内的“结果”在 1.5～6 s 之内且加速缓解风缸压力在 550～500 kPa 之内时,结论处显示“合格”;“试验结果”栏内的“结果”在 1.5～6 s 之内且加速缓解风缸压力在 550～500 kPa 之外时,结论处显示“不合格”,系统自动进入下一项试验。

(40)程序自动试验“3.2.2.10 120-1 阀常用加速制动作用 20 s 内流量计最大值不大于 100 mL/min”结束后,确认“试验结果”栏内的“结果”不大于 100 mL/min 时,结论处显示“合格”;“试验结果”栏内的“结果”大于 100 mL/min 时,结论处显示“不合格”,系统自动进入下一项试验。

(41)程序自动试验“3.2.2.10 120-1 阀常用加速制动作用 20 s 内流量计最大值不小于 100 mL/min”结束后,确认“试验结果”栏内的“结果”不小于 100 mL/min 时,结论处显示“合格”;“试验结果”栏内的“结果”小于 100 mL/min 时,结论处显示“不合格”,系统自动进入下一项试验。

(42)程序自动试验“3.2.2.10 120-1 阀加速缓解风缸压力下降≤20 kPa”结束后,确认“试验结果”栏内的“结果”不大于 20 kPa 时,结论处显示“合格”;“试验结果”栏内的“结果”大于 20 kPa 时,结论处显示“不合格”,系统自动进入下一项试验。

(43)程序自动试验“3.2.3.1 制动缸开始缓解时间”结束后,确认“试验结果”栏内的“结果”小于 2 s 时,结论处显示“合格”;“试验结果”栏内的“结果”大于 2 s 时,结论处显示“不合格”,系统自动进入下一项试验。

(44)程序自动试验“3.2.3.1 制动缸降压时间”结束后,确认“试验结果”栏内的“结果”小于 4 s 时,结论处显示“合格”;“试验结果”栏内的“结果”大于 4 s 时,结论处显示“不合格”,系统自动进入下一项试验。

(45)程序自动试验“3.2.3.2 副风缸降压时间”结束后,确认“试验结果”栏内的“结果”小于 7 s 时,结论处显示“合格”;“试验结果”栏内的“结果”大于 7 s 时,结论处显示“不合格”,系统自动进入下一项试验。

(46)程序自动试验“3.2.3.2 加速缓解风缸压力不大于副风缸压力”结束后,确认“试验结果”栏内的结论处显示“合格”,则加速缓解风缸压力不大于副风缸压力。结论处显示“不合格”,则加速缓解风缸压力大于副风缸压力。系统自动进入下一项试验。

(47)程序自动试验“3.2.3.3 解锁压力”结束后,确认“试验结果”栏内的“结果”在 10~40 kPa 之内时,结论处显示“合格”;“试验结果”栏内的“结果”在 10~40 kPa 之外时,结论处显示“不合格”,试验完毕。

(48)试验完毕后,检查各项试验数据是否符合试验标准。

(49)打印 120/120-1 型货车空气控制阀主阀(检修)试验记录。

6. 规定时间内如主阀试验结果不合格,可再进行研磨。

三、配分及评分标准

项目配分	考核内容		评分标准	扣分	得分
操作程序及质量 75分	准备 3分	1. 准备工具、材料、量具、样板等。 2. 检查量具、样板校验不过期、基准点定位准确	1. 工、卡、量具及材料准备不全每件扣 1 分。 2. 量具、样本、设备未确认合格每项扣 2 分		
	分解 3分	1. 按顺序分解主阀作用部、减速部。 2. 取出阀内各活塞、滑阀、滑阀弹簧、节制阀、节制阀弹簧等	未按作业标准分解配件每处扣 1 分		
	检测 10分	1. 滑阀厚度不小于 16 mm。 2. 滑阀缓解槽深度不小于 2.2 mm。 3. 节制阀厚度不小于 5 mm。 4. 滑阀座底面与顶面圆弧最高点处距离不大于 46.8 mm。 5. 研磨后需再次检测	1. 检测方法不正确每项扣 2 分。 2. 漏测每项扣 3 分。 3. 未口述或口述错误每项扣 2 分		
	研磨 35分	1. 研磨滑阀座、滑阀、节制阀座、节制阀。 2. 研磨力量应均匀适当,要求研至滑阀面无划痕,光泽一致。 3. 规定时间内试验不合格,可再进行研磨	1. 未达到研磨要求扣 5 分。 2. 人为研偏、研伤提出更换配件每项扣 10 分。 3. 研磨中污染其他无关配件或部位每项扣 5 分		
	组装 4分	1. 膜板完全入槽、主活塞动作灵活阻力适当。 2. 阀盖紧固螺栓需对角均匀紧固。 3. 活塞滑动面需涂抹适量硅油	1. 未按标准作业每项扣 2 分。 2. 未口述每项扣 1 分		
	试验 20分	试验合格检查数据。 规定时间内如试验不合格,可进行二次试验	1. 试验不合格每项扣 5 分。 2. 因漏泄超标等自动中断试验时扣 10 分		
工具设备使用与维护 5分	1. 正确使用工、卡、量具。 2. 作业完毕未进行工、卡、量具维护保养,放置到指定位置。 3. 作业完毕未清洁场地		1. 工、卡、量具使用不当每项扣 2 分。 2. 工、卡、量具损坏每项扣 3 分。 3. 工、卡、量具等脱落每处扣 2 分。 4. 作业完毕未进行工、卡、量具维护保养和放置不当,每项扣 1 分。 5. 作业完毕未清洁场地扣 2 分		

续上表

项目配分	考核内容	评分标准	扣分	得分
安全及其他 10分	正确穿戴、使用劳保防护用品	1. 未按规定穿戴劳保用品扣3分。 2. 轻微受伤时扣5分。 3. 其他不安全因素每次扣3分		
时间 10分	正式操作时间60 min	每超72 s扣1分(不足72 s不扣分)		
合计	100分			
否决项目	1. 设备损坏时失格。 2. 受伤不能继续作业时失格。 3. 超过规定时间的20%时失格。 4. 研磨后未检测配件时失格			

第三节　制动软管检修及试验

一、准备通知单

(一)材料准备

序号	名　称	规　格	数量	备　注
1	制动软管	715 mm/795 mm/980 mm	任意规格2根	另备1根用于涂打标记
2	软管防护垫		2套	
3	毛刷		1把	
4	钢丝刷		1把	

(二)设备、工具准备

序号	名　称	规　格	数量	备　注
1	风水压试验台		1台	设备
2	编织制动软管检测量规		1把	量具
3	软管堵头		2个	
4	风枪		1把	
5	钢丝钳		1把	
6	钢锯条		若干	
7	剪刀		1把	

(三)其他准备

1. 安装了制动软管试验台的空气制动配件检修场地。

2. 考试人员需按规定穿戴好劳动防护用品。检查制动软管连接器、软管接头防护垫加装良好。

3. 检查确认风水压试验台技术状态良好。检查确认工具、样板量具齐全、技术状态良好，样板量具校验不过期。

二、技能操作试题

(一)考核项目:制动软管检修及试验

(二)分值:100 分

(三)考核时间

1. 准备时间:1 min。
2. 作业时间:12 min。
3. 在规定时间外每超时 36 s 扣 1 分(不足 36 s 不扣分),超过规定时间的 50%失格。

(四)操作要求或技术标准

1. 将外部清洗机清洗完毕的制动软管输送到制动软管检修台位上。

2. 制动软管外观检查:编织制动软管总成的使用寿命为 6 年,寿命到期时报废,检查软管使用寿命(图 3-3-1)。检查软管体无老化、破损、脱层(图 3-3-2);检查连接器体须无裂纹、变形,连接部分状态良好,连接平面无毛刺,连接轮廓符合样板要求;检查连接器及接头表面应无气孔、砂眼、毛刺、裂纹;980 mm 制动软管须检查外护簧无断裂、锈蚀。清除螺纹部位的聚四氟乙烯薄膜(图 3-3-3),连接器的吊孔上缠有铁丝等异物时,将其去除。

3. 制动软管垫须更换为新品(图 3-3-4)。

图 3-3-1　检查制动软管使用寿命

图 3-3-2　检查软管体

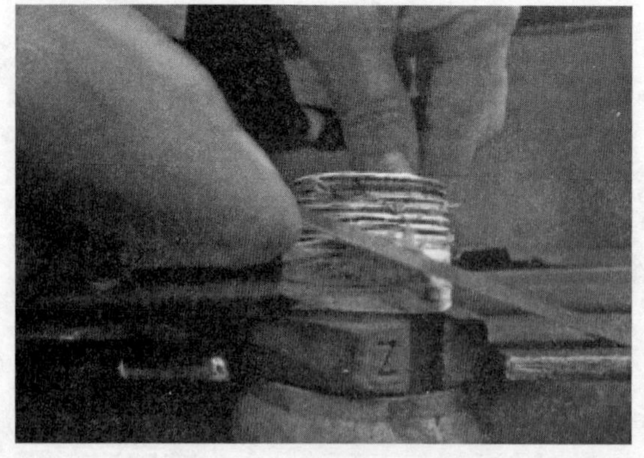

图 3-3-3　清除螺纹部异物

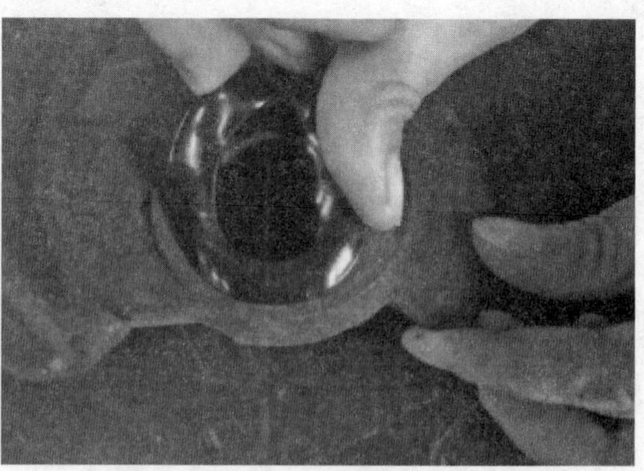

图 3-3-4　更换新品软管垫

4. 风压试验:在注满水的水槽内安装制动软管,并拧紧堵头(图 3-3-5)。将编织制动软管总成置于水槽内,通以压缩空气达到 650～700 kPa 后保压 5 min;编织制动软管总成须无漏泄、破裂;软管发生气泡在 10 min 内逐渐减少并消失者可使用。

5. 水压试验:以 1 000 kPa 的水压进行强度试验,保压 2 min 须无破损、外径无局部凸起;软管膨胀后直径不大于 ϕ57 mm。膨胀度测量如图 3-3-6 所示。

图 3-3-5　安装堵头

图 3-3-6　测量膨胀度

6. 吹干制动软管内外水分,对制动软管两端做好防护。防护安装如图 3-3-7、图 3-3-8 所示。

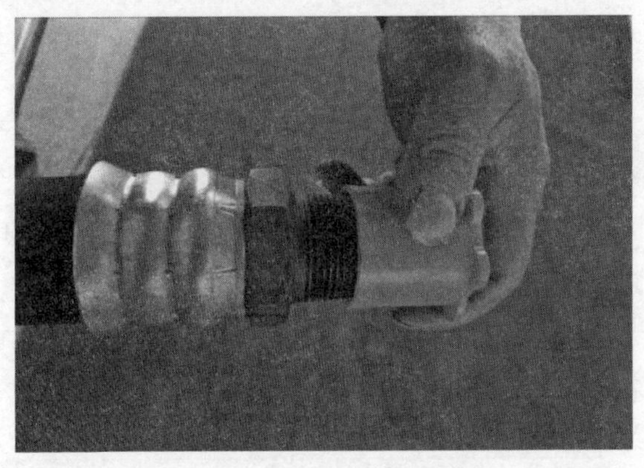

图 3-3-7　安装防护(1)

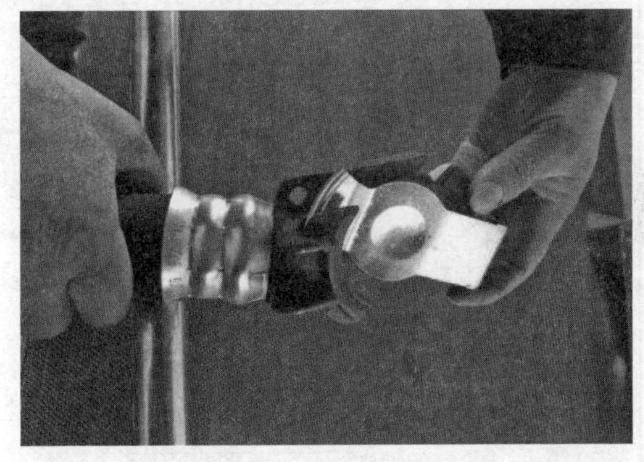

图 3-3-8　安装防护(2)

7. 在软管表面用白色油漆涂打检修单位简称及检修时间标记,汉字字号为 20 号,日期字号为 15 号,标记须完整清晰。

三、配分及评分标准

序号	项目	配分	考核内容	评分标准	扣分	得分
一	准备	10分	准备工、卡、量具及材料等;检查量具、样板校验不过期	1. 工、卡、量具及材料准备不全每件扣 2 分。 2. 未检查确认量具状态扣 5 分		

续上表

序号	项目	配分	考 核 内 容	评 分 标 准	扣分	得分
二	作业程序及要求	60分	作业顺序:外观检查→软管检修→风压试验→水压试验→清除水分→防尘→涂打标记	作业顺序颠倒或漏项一项扣5分		
			外观检查(以下项目需口述): 1. 编织制动软管总成的使用寿命为6年,超过寿命时间报废。 2. 检查制动软管管体无老化、破损、脱层。 3. 检查连接器体,须无裂纹、变形,连接部分状态良好,连接平面无毛刺。 4. 检查制动软管螺纹磨耗不超限、无损坏。 5. 检查980 mm制动软管总成外护簧无断裂、锈蚀	1. 未确认软管使用寿命扣5分。 2. 未检查制动管管体扣5分。 3. 未检查连接器扣5分。 4. 未检查管螺纹扣5分。 5. 未检查外护簧扣5分。 6. 口述错误每项扣3分		
			制动软管检修要求: 1. 去除连接器铁丝及杂物,清除接头处杂物。 2. 更换软管垫。 3. 口述旧橡胶垫剪切破坏处理	1. 未清除杂物扣5分。 2. 未更换软管垫扣10分。 3. 未口述剪切旧橡胶垫扣5分		
			制动软管试验要求: 1. 确定风压达到工作要求后,将制动软管总成连接到试验台上,加装软管堵头。 2. 操作试验台将制动软管总成落入水槽内。 3. 通入600～700 kPa压力空气进行气密性试验,保压5 min。口述制动软管总成须无漏泄、破裂,软管发生气泡在10 min内逐渐减少并消失者可使用。 4. 试验完毕后,排出软管内压力空气,通入1 000 kPa水压进行膨胀试验,保压2 min,在试验过程中用量规检测软管胶管外径膨胀后不大于57 mm。 5. 试验完毕后吹尽残留水分。 6. 安装防护垫	1. 软管堵头加装后未确认紧固状态扣5分。 2. 未按作业标准检查,简化作业过程每次扣2分。试验步聚、操作方法错误每项扣2分。 3. 未使用量规测量扣10分。 4. 制动软管内水分未吹净扣2分。 5. 未口述标准每处扣5分。 6. 未安装防护垫扣5分		
			涂打标记: 在检修试验合格的制动软管中部外侧涂打段简称及年月标记(980 mm软管标记须涂打在距软管接头100 mm以上处),汉字字号为20号,日期字号为15号,标记须完整清晰(涂打标记应避开软管标记) (注:为方便考核,涂打标记可在其他软管上进行)	1. 涂打标记前未做防尘保护扣2分。 2. 检修标记涂打位置不正确扣3分,标记不清晰扣2分。 3. 未涂打检修标记扣10分		
三	工具设备使用与维护	10分	1. 正确使用工、卡、量具及设备。 2. 工、卡、量具及配件等不得脱落。 3. 作业完毕进行工、卡、量具维护保养并摆放整齐。 4. 作业完毕清洁场地	1. 工、卡、量具使用不当一次扣2分,损坏每件扣5分,脱落每件扣2分。 2. 作业完毕未进行工、卡、量具维护、放置不当,每件扣1分。 3. 作业完毕未清洁场地扣2分		

续上表

序号	项目	配分	考核内容	评分标准	扣分	得分
四	作业时间	10分	规定时间12 min	每超时36 s扣1分(不足36 s不扣分)		
五	安全注意事项	10分	正确穿戴、使用劳保用品	1. 未按规定穿戴劳保用品扣3分。 2. 轻微受伤时扣5分。 3. 其他不安全因素每次扣3分		
六	合计	100分				
否决项目		1. 碰破、出血、起泡、挤肿不能继续工作时失格。 2. 超过规定时间50%时失格。 3. 设备损坏时失格。 4. 软管堵头未拧紧就开始试验时失格				

第四节　KZW系列空重车自动调整装置配件检测及组装

一、准备通知单

(一)材料准备

序号	名　称	规　格	数量	备　注
1	棉白细布		若干	
2	排笔		若干	
3	扁油刷	25 mm	1把	
4	硅脂	GP-9	适量	
5	手电筒		1把	

(二)工具准备

序号	名　称	规　格	数量	备　注
1	组装工作台		1台	设备
2	穴用直口卡簧钳	175 mm	1把	
3	轴用直口卡簧钳	175 mm	1把	
4	U形扳手		1把	自制
5	风(电)动扳手		1把	
6	内六角扳手	M16	1把	
7	开口扳手	17-19 mm	1把	
8	管钳		1把	

(三)量具准备

序号	名　称	规　格	数量	备　注
1	传感阀活塞直径检测量规		1把	
2	传感阀活塞套直径检测量规		1把	
3	传感阀触杆外套直径检测量规		1把	

续上表

序号	名　称	规　格	数量	备　注
4	传感阀触杆直径塞规		1把	
5	游标卡尺		1把	
6	调整阀阀盖孔直径检测量规		1把	
7	调整阀活塞直径检测量规		1把	
8	调整阀推杆组成短轴直径检测量规		1把	
9	调整阀活塞套直径片形塞规		1把	
10	调整阀中间体铜套孔直径塞规		1把	
11	显示活塞杆直径检测量规		1把	
12	显示活塞直径检测量规		1把	

(四)其他准备

1. 考试人员需按规定穿戴好劳动防护用品。

2. 检查确认工具齐全、技术状态良好。

3. 空重车阀分为传感阀和调整阀两个工位单独检修。由考评员准备已分解和超声波清洗完毕传感阀(弹簧已检测)配件和KZW系列调整阀(弹簧已检测)配件放置在指定位置。

二、技能操作试题

(一)考核项目:KZW系列空重车自动调整装置配件检测及组装

(二)分值:100分

(三)考核时间

1. 准备时间:1 min。

2. 正式操作时间:10 min。

3. 每超时30 s扣2分(不足30 s不扣分),超过规定时间50%失格。

(四)操作要求或技术标准

1. 传感阀检测及组装

(1)将分解完毕的传感阀(KZW-A系列)放置在检修台位上。

(2)各配件清洗干净。擦拭后阀体内无浮尘、浮砂、浮锈及污渍,用手触摸无颗粒物存在。

(3)外观检查阀体及零配件状态良好。

(4)用量具检测传感阀阀体及零配件:

①传感阀活塞直径检测:使用游标卡尺对传感阀活塞进行检测(图3-4-1),测量数据须符合$\phi 46_{-0.20}^{-0.08}$ mm。若使用传感阀活塞直径检测量规检测(图3-4-2),则分别将量规46Z端、46T端贴靠活塞进行检测,若传感阀活塞在量规46Z端卡住,并能通过46T端则符合限度要求。

②传感阀活塞套直径检测:使用传感阀活塞套直径检测量规对传感阀活塞套直径进行检测(图3-4-3),分别将量规46Z端、46T端塞入传感阀活塞套内进行检测,若在量规46Z端卡住,并能通过46T端,则传感阀活塞套符合$\phi 46_{0}^{+0.08}$ mm限度要求。

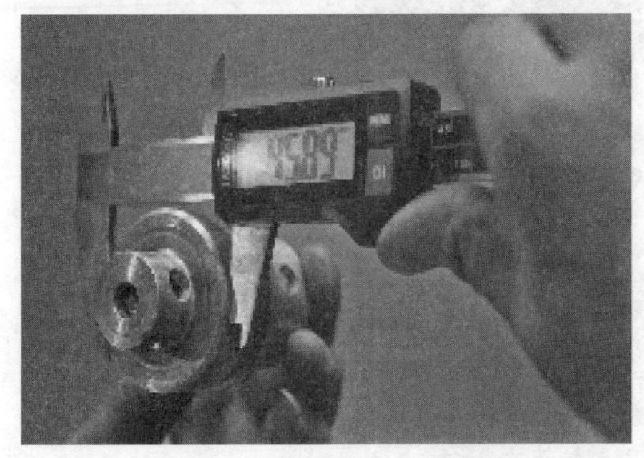
图 3-4-1　使用游标卡尺检测

图 3-4-2　使用传感阀活塞直径检测量规检测

③传感阀触杆直径检测:使用游标卡尺对传感阀触杆直径进行检测(图 3-4-4),测量数据须符合 $\phi 18^{-0.2}_{-0.4}$ mm,超出限度报废处理;若使用传感阀触杆直径检测量规检测(图 3-4-4),则分别将量规 18Z 端、18T 端贴靠活塞进行检测,若传感阀触杆直径在量规 18Z 端卡住,并能通过 18T 端则符合限度要求。

图 3-4-3　检测传感阀活塞套直径

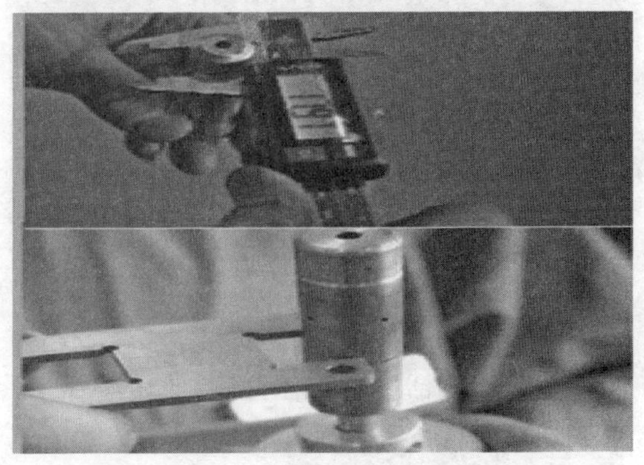
图 3-4-4　检测传感阀触杆直径

④传感阀触杆外套直径检测:使用传感阀触杆外套直径塞规对传感阀触杆外套直径进行检测(图 3-4-5),分别将塞规 18Z 端、18T 端塞入传感阀触杆外套内进行检测,若在塞规 18Z 端卡住,并能通过 18T 端,则传感阀触杆外套直径符合 $\phi 18^{+0.15}_{-0.032}$ mm 限度要求。

(5)安装橡胶件时,硅脂涂抹均匀,安装 Y 形密封圈、阀盖密封圈、活塞夹心阀以及弹簧和压盖,最后安装活塞和后盖。

2. 调整阀检测及组装

(1)将分解完毕的调整阀放置在检修台位上。

(2)各配件清洗干净。擦拭后阀体内无浮尘、浮砂、浮锈及污渍,用手触摸无颗粒物存在。

(3)外观检查阀体及零配件状态良好。

(4)用量具检测调整阀阀体及零配件:

①调整阀活塞直径检测:使用游标卡尺对调整阀活塞进行检测(图 3-4-6),测量数据须符合 $\phi 56^{-0.1}_{-0.28}$ mm;若使用调整阀活塞直径检测量规检测(图 3-4-7),则分别将量规 56Z 端、56T

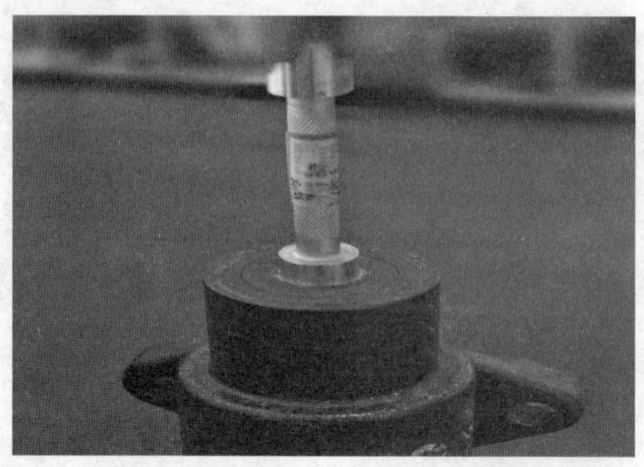

图 3-4-5　检测传感阀触杆外套直径

端贴靠活塞进行检测，若调整阀活塞在量规 56Z 端卡住，并能通过 56T 端则符合限度要求。

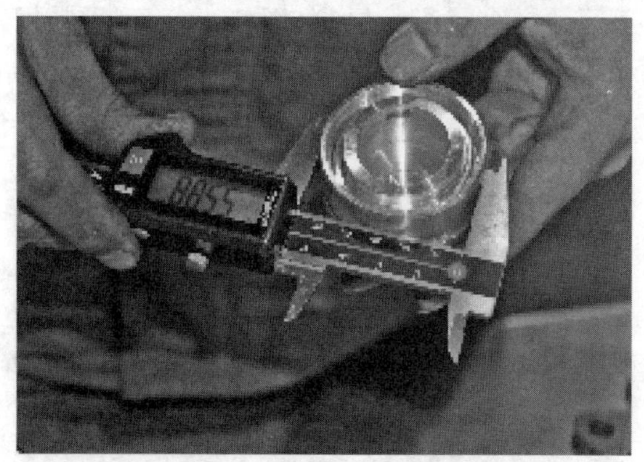

图 3-4-6　游标卡尺检测调整阀活塞直径

图 3-4-7　调整阀活塞直径检测量规检测

②调整阀活塞套直径检测：使用游标卡尺对限压阀活塞套直径进行检测(图 3-4-8)，测量数据须符合 $\phi\ 56^{+0.08}_{0}$ mm；若使用调整阀活塞套直径片形塞规检测(图 3-4-9)，须先将调整阀阀体活塞套朝上平放于工作台上，分别将塞规 56Z 端、56T 端垂直塞入活塞套进行检测，若调整阀活塞套在塞规 56Z 端卡住，并能通过 56T 端则符合限度要求。

图 3-4-8　游标卡尺检测调整阀活塞套直径

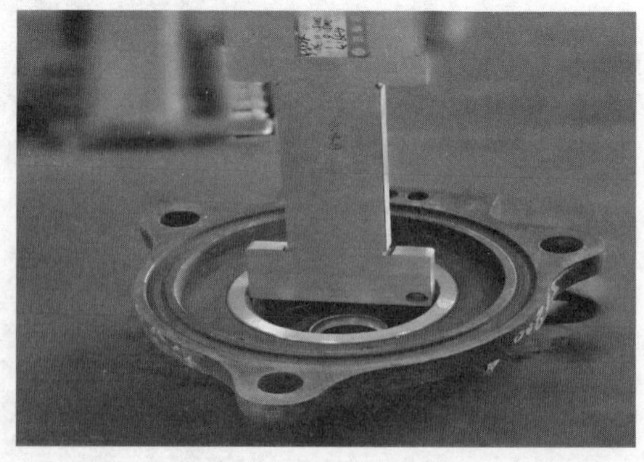

图 3-4-9　调整阀活塞套直径片形塞规检测

③调整阀推杆组成短轴直径检测：使用游标卡尺对调整阀推杆组成短轴直径进行检测(图 3-4-10)，测量数据须符合 $\phi\ 14^{-0.05}_{-0.1}$ mm；若使用调整阀推杆组成短轴直径检测量规检测(图 3-4-11)，则分别将卡规 14Z 端、14T 端紧贴靠推杆组成短轴直径进行检测，若推杆组成短轴直径在量规 14Z 端卡住，并能通过 14T 端则符合限度要求。

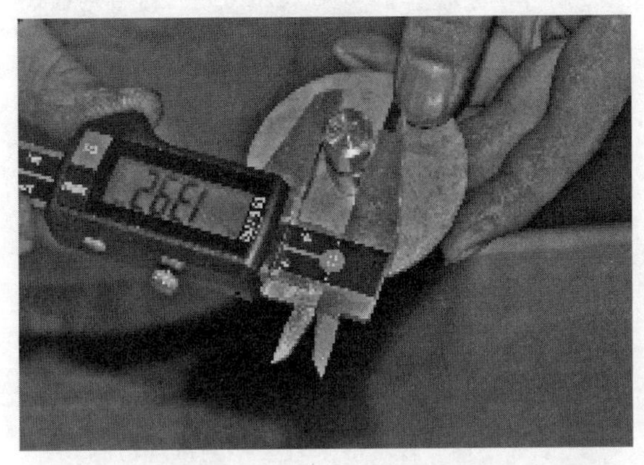

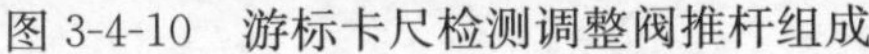

图 3-4-10　游标卡尺检测调整阀推杆组成

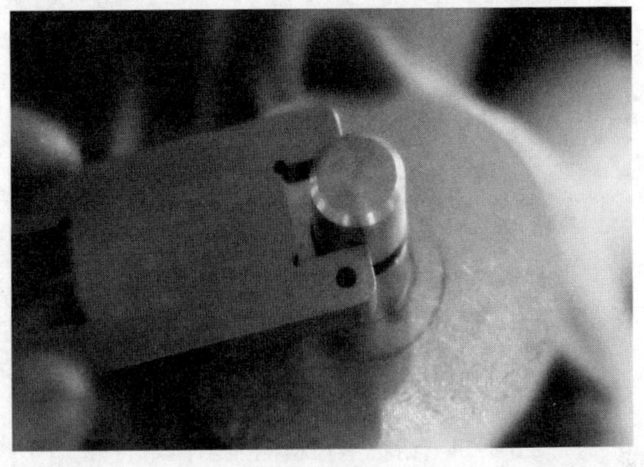

图 3-4-11　调整阀推杆组成短轴直径检测量规检测

④调整阀中间体组成铜套直径检测：使用游标卡尺对调整阀中间体组成铜套直径进行检测(图 3-4-12)，测量数据须符合 $\phi\ 14^{+0.18}_{0}$ mm；若使用中间体组成铜套直径检测量规检测(图 3-4-13)，将量规止端 14Z 垂直插入磨耗最深处无法进入，再将通端 14T 垂直插入磨耗最深处可进入则符合限度要求。

图 3-4-12　游标卡尺检测调整阀中间体组成铜套直径

图 3-4-13　中间体组成铜套直径检测量规检测

⑤调整阀显示活塞直径检测：使用游标卡尺对限压阀显示活塞直径进行检测(图 3-4-14)，测量数据须符合 $\phi\ 20^{-0.065}_{-0.20}$ mm；若使用显示活塞直径检测量规检测(图 3-4-15)，将止端 19Z 水平插入显示活塞磨耗最深处无法进入，再将通端 19T 插入，可以进入则符合限度要求。

⑥调整阀显示活塞杆直径检测：使用游标卡尺对调整阀显示活塞直径进行检测(图 3-4-16)，测量数据须符合 $\phi 8^{-0.04}_{-0.10}$ mm；若使用显示活塞杆检测量规检测，将止端 7Z 水平插入显示活塞磨耗最深处无法进入，再将通端 7T 插入，可以进入则符合限度要求。

⑦调整阀阀盖孔直径检测:使用调整阀阀盖孔直径塞规检测(图 3-4-17),将塞规 20Z 端、20T 端塞入阀盖孔,若调整阀活塞套在塞规 20Z 端卡住,并能通过 20T 端,则调整阀阀盖孔直径符合 $\phi 20^{+0.1}_{0}$ mm 限度要求,阀盖铜套孔直径符合 $\phi 8^{+0.18}_{0}$ 限度要求。

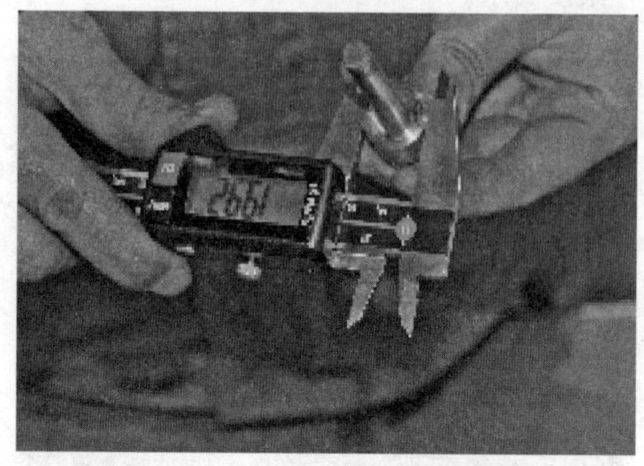

图 3-4-14　游标卡尺检测显示活塞直径

图 3-4-15　显示活塞直径检测量规检测

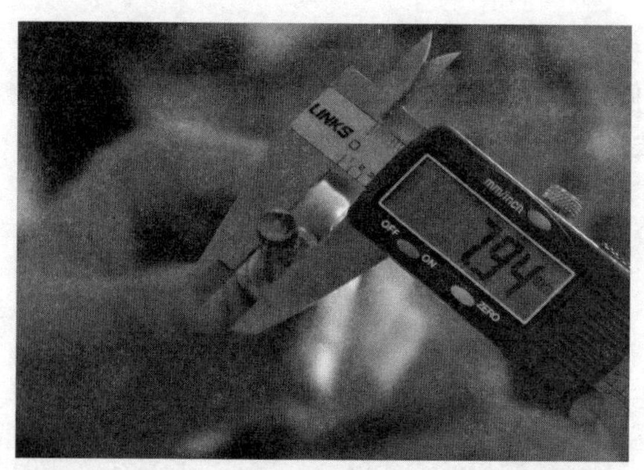

图 3-4-16　游标卡尺检测显示活塞杆直径

图 3-4-17　检测调整阀阀盖孔直径

⑧组装调整阀活塞、调整阀中间体、推杆组成、显示活塞、上盖。

⑨转动部位橡胶密封圈需涂适量 GP-9 硅脂。

3. 传感阀检修限度见表 3-4-1,调整阀检修限度见表 3-4-2。

表 3-4-1　传感阀检修限度　　单位:mm

序号	名　称	限　度	适用类型
1	活塞直径	$\phi 46^{-0.08}_{-0.20}$	各型
2	活塞套直径	$\phi 46^{+0.08}_{0}$	各型
3	触杆直径	$\phi 18^{-0.2}_{-0.4}$	KZW 系列
4	触杆外套直径	$\phi 18^{+0.15}_{-0.032}$	各型

表 3-4-2　调整阀检修限度　　　　单位:mm

序号	名　称	限　度		
		KZW-4GAB(CD)	KZW-A	KZW-4G、KZW-4
1	活塞直径	$\phi 56_{-0.28}^{-0.1}$		
2	活塞套直径	$\phi 56_{0}^{+0.08}$		
3	推杆组成的短轴直径	—	$\phi 8_{-0.10}^{+0.04}$	$\phi 14_{-0.1}^{-0.05}$
4	中间体组成的铜套直径	—	$\phi 8_{0}^{+0.18}$	$\phi 14_{0}^{+0.18}$
5	显示活塞直径	$\phi 25_{-0.20}^{-0.065}$		$\phi 20_{-0.20}^{-0.065}$
6	显示活塞杆直径	$\phi 8_{-0.10}^{-0.04}$		$\phi 8_{-0.10}^{-0.04}$
7	阀盖孔直径	$\phi 25_{0}^{+0.1}$		$\phi 20_{0}^{+0.1}$
8	阀盖铜套孔直径	$\phi 8_{0}^{+0.18}$		$\phi 8_{0}^{+0.18}$

三、配分及评分标准

序号	项目	配分	考 核 内 容	评 分 标 准	扣分	得分
一	准备	5 分	1. 工、卡、量具准备齐全。 2. 检查量具认定日期	1. 工、卡、量具准备不全每项扣 1 分。 2. 未检查量具认定日期每件扣 2 分		
二	传感阀作业程序及要求	25 分	1. 传感阀外观检查要求: 外观检查阀体及零配件状态良好,配件无裂纹、缺损。 2. 传感阀配件检测限度: (1)活塞直径 $\phi 46_{-0.20}^{-0.08}$ mm。 (2)活塞套直径 $\phi 46_{0}^{+0.08}$ mm。 (3)触杆直径 $\phi 18_{-0.40}^{-0.20}$ mm。 (4)触杆外套直径 $\phi 18_{-0.032}^{+0.15}$ mm。 3. 组装要求: (1)组装过程中适量涂抹硅脂,夹心阀安装正位。 (2)弹簧安装正位。 (3)阀盖拧紧	1. 未检查阀体扣 1 分。 2. 未检查零部件扣 2 分。 3. 未检测每项扣 5 分。 4. 检测方法错误每项扣 1 分。 5. 口述限度错误每项扣 1 分,未口述每项扣 2 分。 6. 组装后活塞卡滞每处扣 2 分。 7. 铜套划伤扣 5 分。 8. 橡胶件不正位每处扣 1 分,漏装每处扣 2 分。 9. 密封圈转动部位未涂抹硅脂扣 1 分。 10. 橡胶件人为造成破损影响继续使用每件扣 3 分。 11. 安装顺序错误每项扣 2 分。 12. 阀盖未拧紧扣 3 分		
三	调整阀作业程序及要求	30 分	1. 调整阀外观检查要求: 外观检查阀体及零配件状态良好,配件无裂纹、缺损。 2. 调整阀配件检测限度: (1)活塞直径 $\phi 56_{-0.28}^{-0.1}$ mm。 (2)活塞套直径 $\phi 56_{0}^{+0.08}$ mm。 (3)推杆组成的短轴直径 $\phi 14_{-0.1}^{-0.05}$ mm。 (4)中间体组成的铜套直径 $\phi 14_{0}^{+0.18}$ mm。 (5)显示活塞直径 $\phi 20_{-0.20}^{-0.065}$ mm。 (6)显示活塞杆直径 $\phi 8_{-0.10}^{-0.04}$ mm。	1. 未检查阀体扣 1 分。 2. 未检查零部件扣 2 分。 3. 检测方法错误每项扣 12 分。 4. 未检测每项扣 3 分。 5. 口述限度错误每项扣 1 分,未口述每项扣 12 分。 6. 组装后活塞卡滞每处扣 2 分。 7. 橡胶件不正位每处扣 1 分,漏装每处扣 2 分。 8. 密封圈转动部位未涂抹硅脂扣 1 分。 9. 橡胶件人为造成破损影响继续使用每件扣 3 分。		

续上表

序号	项目	配分	考 核 内 容	评 分 标 准	扣分	得分
			(7)阀盖孔直径 $\phi 20^{+0.1}_{0}$ mm。 (8)阀盖铜套孔直径 $\phi 8^{+0.18}_{0}$ mm。 3. 调整阀组装要求: (1)组装过程中适量涂抹硅脂,夹心阀安装正位。 (2)弹簧安装正位。 (3)显示活塞不得划伤。 (4)螺栓紧固到位	10. 铜套划伤扣5分。 11. 安装顺序错误每项扣2分。 12. 螺栓松动或螺纹未露出两扣以上扣1分		
三	工具使用与维护	10分	1. 正确使用工、卡、量具;不得损坏工、卡、量具及设备。 2. 作业完毕进行工、卡、量具维护保养并摆放整齐。 3. 作业完毕清洁场地	1. 工、卡、量具使用不当一次扣2分,损坏一件扣5分,脱落每处扣2分。 2. 作业完毕未进行工、卡、量具维护保养和放置不当,每件扣1分。 3. 作业完毕未清洁场地扣2分		
四	作业时间	20分	规定时间10 min	每超时30 s扣1分(不足30 s不扣分)		
五	安全注意事项	10分	正确穿戴、使用劳保用品	1. 未按规定穿戴劳保用品扣3分。 2. 轻微受伤时扣5分。 3. 其他不安全因素每次扣3分		
六	合计	100分				
否决项目		1. 碰破、出血、起泡、挤肿不能继续工作时失格。 2. 超过规定时间50%时失格。 3. 阀体落地全项失格				

第二部分

铁路车辆制动钳工初、中、高级工操作技能(外制动)

第四章　铁路车辆制动钳工初级工操作技能(外制动)

第一节　主管吹尘及过球试验

一、准备通知单

(一)设备准备

序号	名　称	规　格	数量	备　注
1	单车试验器		1台	

(二)工具准备

序号	名　称	规　格	数量	备　注
1	尼龙球网状回收器		1个	
2	尼龙球	ϕ25 mm	1个	
3	橡胶锤(软木锤)	5磅	1把	
4	红旗		1面	

(三)量具准备

序号	名　称	规　格	数量	备　注
1	尼龙球检测量规		1把	

二、考核内容及要求

(一)考核项目:主管吹尘及过球试验

(二)分值:100分

(三)考核时间

1. 准备时间:1 min。

2. 正式操作时间:4 min。

3. 规定时间内全部完成。每超时6 s扣1分(不足6 s不扣分),超过规定时间的50%失格。

(四)操作要求或技术标准

1. 确认安全防护信号(插旗)插设好后,关闭截断塞门,将塞门手把旋转到与截断塞门体成90°角的位置。向外拉动缓解阀拉杆排尽副风缸余风。

2. 用尼龙球专用检测量规检测尼龙球直径不小于25 mm(图4-1-1),标记清晰、作用良好方可使用。

3. 将单车试验器连接于车辆一端,关闭截断塞门和非单车端的折角塞门,向主管内充风,达到定压 500 kPa 后停止充风,使用 0.5kg 橡胶锤(软木锤)对主管及法兰连接处进行敲打,每处不低于 3 次。

4. 主管及连接法兰敲打检查完毕后,工作者须站在非单车端软管侧面,一手抓稳制动软管连接器,确认安全后,另一手快速开闭此端折角塞门三次,对主管进行吹尘。

5. 开放车辆两端折角塞门,将尼龙球回收器安装于远离单车试验器一端的编织制动软管总成连接器上(图 4-1-2)。将试验用球放在车辆接单车一端的连接器中(图 4-1-3),然后将单车试验器与之连接。

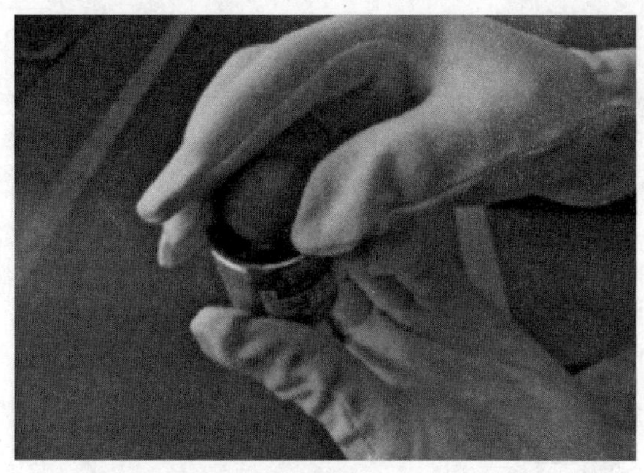

图 4-1-1　检测尼龙球

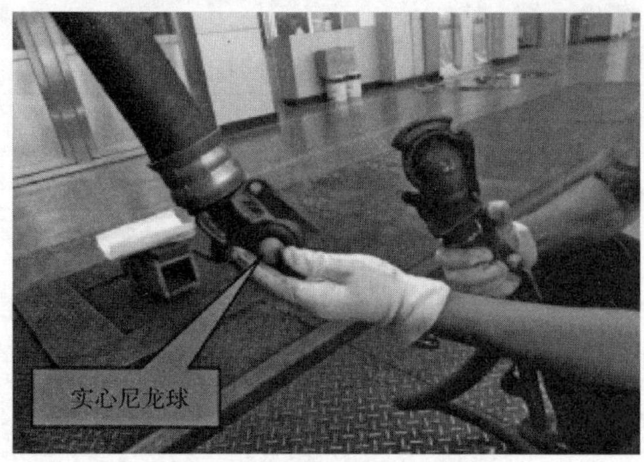

图 4-1-2　安装网状回收器

6. 单车试验器置 1 位充风,试验用球须通过制动主管进入回收器(图 4-1-4)。试验完成后应对试验用球完整性进行确认,确保制动管系内无遗留物。

图 4-1-3　放入尼龙球

图 4-1-4　尼龙球进去回收器

7. 摘下单车试验器,打开截断塞门,将截断塞门手把旋转至与截断塞门平行位置,使截断塞门处于全开位状态。

8. 清洁场地,工具材料摆放整齐,撤下防护信号(红旗)。

三、配分及评分标准

项目及配分		作业标准	评分标准	扣分	得分
操作程序及质量 60分	准备工作 5分	1. 检查工、卡、量具准备齐全,作用良好,量具校验不过期。 2. 检查尼龙球符合要求。 3. 检查试验设备机能合格	1. 工、卡、量具准备不全,每件扣1分。 2. 未检查确认量具状态每件扣2分。 3. 未确认试验设备机能扣2分。 4. 尼龙球未检测扣2分		
	主管吹尘 30分	1. 关闭截断塞门,风压充至定压500 kPa后停止充风。 2. 使用橡胶锤(软木锤)对主管及法兰连接处进行敲打,每处不少于3次。 3. 快速开闭远离单车端折角塞门3次,进行吹尘	1. 未对主管法兰敲打除尘每处扣5分,敲打次数不足每处扣2分。 2. 塞门开闭不足三次扣5分。 3. 作业标准需口述,未口述每处扣2分,口述错误每处扣1分		
	过球试验 20分	1. 开放车辆制动主管两端折角塞门,将尼龙球回收器安装于远离单车试验器一端的编织制动软管总成连接器上。 2. 将试验用球放在车辆接单车一端的连接器中,然后将单车试验器与之连接。 3. 单车试验器置1位充风,试验用球须通过制动主管进入回收器。试验完成后应对试验用球完整性进行确认,确保制动管系内无遗留物	1. 作业标准需口述,未口述每处扣5分,口述错误每处扣3分。 2. 未按标准作业每处扣5分。 3. 未做每处扣10分。 4. 过球完成后未检查尼龙球扣5分		
	作业完毕 5分	1. 摘下单车试验器,放到指定位置。 2. 将截断塞门手把旋转至与截断塞门平行位置,使截断塞门处于全开位状态	1. 未按标准作业每处扣2分。 2. 截断塞门未开放扣5分,未开放至全开位扣3分		
工具设备使用维护 10分		1. 正确使用工、卡、量具。 2. 工、卡、量具及配件、材料等不得坠落。 3. 作业完毕进行工、卡、量具维护保养,摆放整齐	1. 工、卡、量具使用不正确每次扣3分。 2. 工、卡、量具及配件、材料等坠落每次扣2分。 3. 作业完毕未进行工卡量具维护保养和放置不当每件扣1分		
安全及其他 10分		1. 正确穿戴、使用劳保防护用品。 2. 作业完毕清扫场地	1. 未按规定穿戴劳保用品扣3分。 2. 轻微受伤时扣5分。 3. 其他不安全因素每次扣3分。 4. 作业完毕未清扫场地扣2分		
作业时间 20分		正式操作时间:4 min	每超过6 s扣1分(不足6 s不扣分)		
合计		100分			
否决项目		1. 未设置防护红旗开始作业时失格。 2. 未关闭截断塞门时失格。 3. 设备损坏全项失格。 4. 超过规定时间50%时失格。 5. 受伤不能继续作业时失格			

第二节 基础制动装置检测

一、准备通知单

(一)配件准备

序号	名　　称	规　　格	数量	备　注
1	上拉杆		1件	
2	制动缸前杠杆		1件	
3	制动缸后杠杆		1件	
4	手制动杠杆		1件	
5	控制杠杆		1件	
6	扁孔圆销	36×65	1个	
7	扁孔圆销	28×65	1个	
8	扁孔圆销	20×58	1个	
9	制动拉杆链		1条	
10	链蹄环		1个	

(二)工、卡、量具准备

序号	名　　称	规　　格	数量	备　注
1	圆销检测量规		1把	
2	圆销孔检测量规		1把	
3	制动综合检测量规		1把	
4	游标卡尺		1把	
5	圆销与圆销间隙塞尺		1把	
6	钢丝刷		1把	

二、考核内容及要求

(一)考核项目:基础制动装置检测

(二)分值:100 分

(三)考核时间

1. 准备时间:1 min。

2. 正式操作时间:4 min。

3. 规定时间内全部完成。每超时 6 s 扣 1 分(不足 6 s 不扣分),超过规定时间的 50%失格。

(四)操作要求或技术标准

待检测配件放置指定位置,用钢丝刷清除各配件油渍污垢后进行检查检测。

1. 上拉杆检测。拉杆磨耗不大于 3 mm。测量方法:游标卡尺外测量爪卡住拉杆腐蚀磨耗部位,推动副尺与测量部件紧贴时用紧固螺钉锁定(图 4-2-1),读取游标卡尺数值与未磨耗部位相比大于 3 mm 为超限。圆销孔磨耗不大于 2 mm。测量方法:使用圆销孔检测量规 38Z 端分别卡住圆销孔或衬套磨耗最深处测量,通过时超限。

图 4-2-1　检测上拉杆

2. 制动缸前杠杆检测。腐蚀、磨耗不大于 3 mm,测量方法:使用圆销孔检测量规检测腐蚀部位,将量规 22Z 端插入腐蚀最大处,通过时超限;量规 3Z 端落入磨耗最深处,工作面与未磨耗的部位接触时超限。圆销孔磨耗不大于 2 mm,测量方法:使用圆销孔检测量规 30Z、38Z 端分别卡住圆销孔或衬套磨耗最深处测量。

3. 制动缸后杠杆检测。腐蚀、磨耗不大于 3 mm,测量方法:使用圆销孔检测量规检测腐蚀部位:将量规 22Z 端插入腐蚀最大处,通过时超限;量规 3Z 端落入磨耗最深处(图 4-2-2),工作面与未磨耗的部位接触时超限。圆销孔磨耗不大于 2 mm,测量方法:使用圆销孔检测量规 30Z、38Z 端分别卡住圆销孔或衬套磨耗最深处测量(图 4-2-3)。

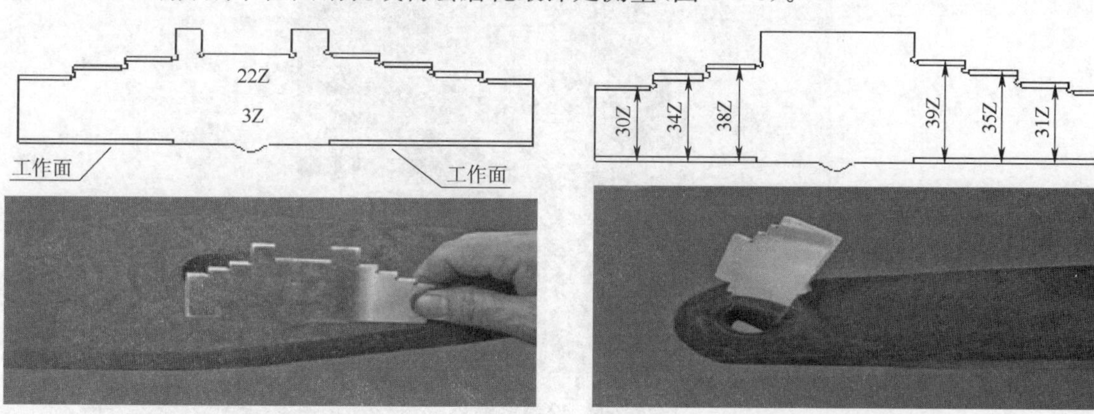

图 4-2-2　检测杠杆磨耗处　　　　图 4-2-3　检测圆销孔

4. 控制杠杆检测。腐蚀、磨耗不大于 3 mm,测量方法:使用圆销孔检测量规检测腐蚀部位:将量规 22Z 端插入腐蚀最大处,通过时超限;量规 3Z 端落入磨耗最深处,工作面与未磨耗的部位接触时超限。圆销孔磨耗不大于 2 mm,测量方法:使用圆销孔检测量规 30Z、38Z 端分别卡住圆销孔或衬套磨耗最深处测量。

5. 手制动杠杆检测。腐蚀、磨耗不大于 3 mm,测量方法:使用圆销孔检测量规检测腐蚀部位:将量规 22Z 端插入腐蚀最大处,通过时超限;量规 3Z 端落入磨耗最深处,工作面与未磨耗的部位接触时超限。圆销孔磨耗不大于 2 mm,测量方法:使用圆销孔检测量规 22Z 端卡住圆销孔或衬套磨耗最深处测量。

6. 圆销检测。圆销与圆销孔磨耗不大于 2 mm,测量方法:使用圆销检测量规 18Z、26Z、34Z 端分别卡住各圆销磨耗最深处(图 4-2-4)。扁孔圆销、圆销有制造单位代号、材质、制造年份(年号末两位)标识,各型通用货车制动圆销材质为 40Cr,表面进行发黑处理。

7. 制动拉杆链检测。检查链式结构链环磨耗不大于 3 mm,测量方法:采用制动综合检测量规 9Z 处插入链环磨耗部位(图 4-2-5)。

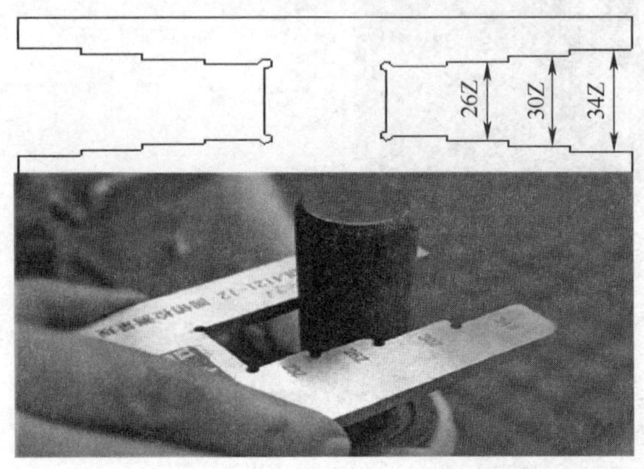

图 4-2-4　检测圆销

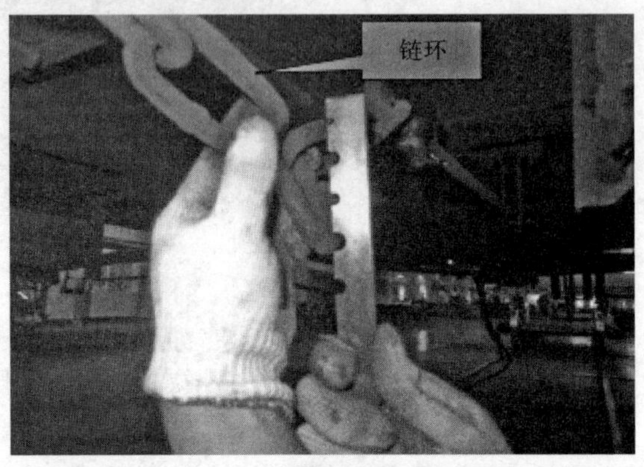

图 4-2-5　检测制动拉杆链

8. 链蹄环检测。链蹄环径向磨耗不大于 2 mm,测量方法:采用制动综合检测量规 10Z 处卡入链环磨耗部位,止不住时超限(图 4-2-6)。

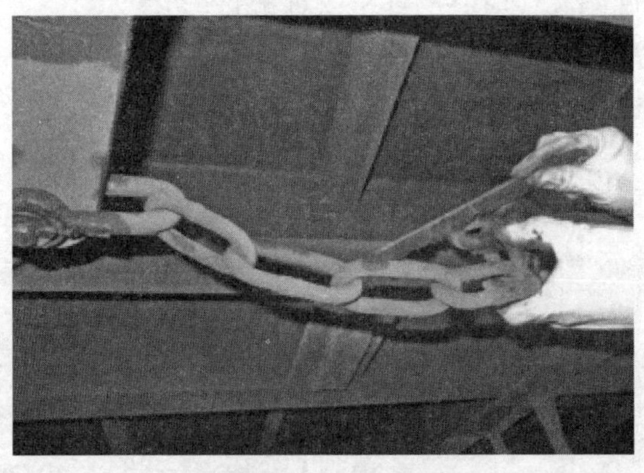

图 4-2-6　检测链蹄环

三、配分及评分标准

项目及配分		作业标准	评分标准	扣分	得分
操作程序及质量 60 分	准备工作 5 分	工具、量具、配件准备齐全,作用良好,量具校验不过期	1. 准备不全每少一件扣 1 分。 2. 未检查量具检定日期每件扣 2 分		

续上表

项目及配分		作业标准	评分标准	扣分	得分
操作程序及质量60分	配件检测55分	1. 检测前清除污垢、油渍。 2. 上拉杆:磨耗不大于3 mm,圆销孔原形28 mm磨耗不大于2 mm。 3. 制动缸前杠杆:腐蚀、磨耗不大于3 mm,圆销孔原形28 mm、36 mm磨耗不大于2 mm。 4. 制动缸后杠杆:腐蚀、磨耗不大于3 mm,圆销孔原形28 mm、36 mm磨耗不大于2 mm。 5. 控制杠杆:腐蚀、磨耗不大于3 mm,圆销孔原形28 mm、36 mm磨耗不大于2 mm。 6. 手制动杠杆:腐蚀、磨耗不大于3 mm,圆销孔原形22 mm磨耗不大于2 mm。 7. 圆销:原形20 mm、28 mm、36 mm磨耗不大于2 mm。 8. 制动拉杆链:链环原形12 mm磨耗不大于3 mm。 9. 链蹄环:径向磨耗不大于2 mm。 10. 上述配件检查无裂纹、缺损,腐蚀、磨耗不超限,量具使用标准、正确	1. 污垢、油渍未清除每处扣2分。 2. 配件未检测每处扣10分。 3. 量具使用错误每件扣5分。 4. 各部限度及作业标准须口述,未口述或口述错误每处扣2分		
工具设备使用维护10分		1. 正确使用工、卡、量具。 2. 工、卡、量具等不得坠落。 3. 作业完毕进行工、卡、量具维护保养、摆放整齐	1. 工、卡、量具使用不正确每处扣2分。脱落每次扣2分。 2. 作业完毕未进行工、卡、量具维护保养和放置不当每件扣1分		
安全及其他10分		1. 正确穿戴、使用劳保护用品。 2. 作业完毕清扫场地	1. 未按规定穿戴劳保用品扣3分。 2. 轻微受伤时扣5分。 3. 其他不安全因素每次扣3分。 4. 作业完毕未清扫场地扣2分		
作业时间20分		正式操作时间:4 min	每超过6 s扣1分(不足6 s不扣分)		
合计		100分			
否决项目		1. 超过规定时间50%时失格。 2. 受伤不能继续作业时失格			

第三节　集尘器检修及螺堵检查

一、准备通知单

(一)材料准备

序号	名　称	规　格	数量	备　注
1	组合式集尘器		1套	
2	橡胶密封垫圈		1套	
3	聚四氟乙烯薄膜		1卷	

(二)工具准备

序号	名　称	规　格	数量	备　注
1	扳手(电动扳手、活口扳手、开口扳手、棘轮扳手均可)	19 mm	2把	
2	套筒	19 mm	1个	
3	毛刷		1把	
4	红旗		1面	
5	棉白细布		1块	
6	钢丝刷		1把	

二、考核内容及要求

(一)考核项目:集尘器检修及螺堵检查

(二)分值:100 分

(三)考核时间

1. 准备时间:1 min。

2. 正式操作时间:5 min。

3. 规定时间内全部完成。每超时 7.5 s 扣 1 分(不足 7.5 s 不扣分),节约时间不加分,超过规定时间的 50%失格。

(四)操作要求或技术标准

1. 确认安全防护信号(插旗)插设好后,关闭截断塞门,将塞门手把旋转到与截断塞门体成 90°角的位置。

2. 向外拉动缓解阀拉杆排尽副风缸余风。

3. 作业人员使用两把 19 mm 扳手逆时针方向拆除集尘器螺栓和螺母,将集尘盒与集尘器分开,外观检查确认状态并用清洁毛刷清扫集尘盒内部污垢、尘砂。止尘伞擦拭干净后组装。

4. 组装时止尘伞安装须正位,密封橡胶垫圈更换新品,储存期不超过 6 个月,密封线向上,螺栓由下向上穿入并均匀紧固。

5. 分解副风缸、降压风缸、加速缓解风缸螺堵,使用钢丝刷清理螺堵上聚四氟乙烯薄膜和锈层。检查状态无裂纹缺损。

6. 组装时须缠三圈以上聚四氟乙烯薄膜,螺堵悬入部分为四扣以上。

7. 打开截断塞门,将截断塞门手把旋转至与截断塞门平行位置,使截断塞门处于全开位状态。

8. 打扫场地,工具材料摆放整齐,撤下防护信号(红旗)。

三、配分及评分标准

项目及配分		作 业 标 准	评 分 标 准	扣分	得分
操作程序及质量60分	准备工作5分	工具、材料、配件准备齐全,作用良好	1. 准备不全每少一件扣 1 分。 2. 未检查每件扣 2 分		

续上表

项目及配分		作业标准	评分标准	扣分	得分
操作程序及质量60分	分解检查30分	1. 关闭截断塞门并排风,将集尘盒与集尘器体分开,螺栓螺母放入存放盒,检查螺栓螺母状态良好,用毛刷清扫集尘盒内部污垢、尘砂。止尘伞擦拭干净。 2. 检查集尘盒外观无裂纹缺损。 3. 检查止尘伞无变形、缺损。 4. 检查密封垫圈作用良好,储存期不超过6个月。 5. 分解、检查螺堵无裂纹、缺损	1. 未按作业标准每处扣2分,未做每处扣5分。 2. 未检查确认配件状态、橡胶件使用期限每处扣5分。 3. 作业标准需口述,未口述每处扣2分,口述错误每处扣1分		
	组装20分	1. 组装集尘器时止尘伞须正位,橡胶密封圈密封线向上,螺栓由下向上穿入并均匀紧固。 2. 组装螺堵时须缠三圈以上聚四氟乙烯薄膜,螺堵悬入部分为四扣以上	1. 作业标准需口述,未口述每处扣2分,口述错误每处扣1分。 2. 未按标准作业每处扣2分,未做每处扣5分。 3. 配件漏装每处扣5分		
	作业完毕5分	打开截断塞门,将截断塞门手把旋转至与截断塞门平行位置,使截断塞门处于全开位状态	1. 截断塞门未开放扣5分。 2. 未开放至全开位扣2分		
工具设备使用维护10分		1. 正确使用工、卡、量具。 2. 工、卡,量具,配件、材料等不得坠落。 3. 作业完毕进行工、卡、量具维护保养、摆放整齐	1. 工、卡、量具使用不正确每次扣2分,坠落每次扣2分。 2. 作业完毕未进行工、卡、量具维护保养和放置不当每件扣1分		
安全及其他10分		1. 正确穿戴、使用劳保用品。 2. 作业完毕清扫场地	1. 未按规定穿戴劳保用品扣3分。 2. 轻微受伤时扣5分。 3. 其他不安全因素每次扣3分。 4. 作业完毕未清扫场地扣2分		
时间20分		正式操作时间:5 min	每超过7.5 s扣1分(不足7.5 s不扣分)		
合计		100分			
否决项目		1. 未设置防护红旗开始作业时失格。 2. 未关闭截断塞门,排净余风时失格。 3. 超过规定时间50%时失格。 4. 受伤不能继续作业失格			

第四节　单车检查(Z1修)

一、准备通知单

(一)材料准备

序号	名　称	规　格	数量	备　注
1	通用敞车	C_{64}型或C_{70}型	1辆	

(二)工具准备

序号	名　称	规　格	数量	备　注
1	防护红旗	360 mm×500 mm	1面	
2	检车锤		1把	
3	千斤顶	20T	1套	
4	活口扳手	300 mm	1把	
5	管钳	450 mm	2把	
6	手锤	1.35 kg	1把	

二、技能操作试题

(一)考核项目:单车检查(Z1修)

(二)分值:100分

(三)考核时间

1. 准备时间:1 min。

2. 正式操作时间:5 min。

3. 规定时间内完成不扣分。每超过规定时间7.5 s扣1分(不足7.5 s不扣分),作业时间超过总时间50%全项失格,节约时间不加分。

(四)操作要求或技术标准

1. 作业流程

由2位端经一位侧到1位端检查,如图4-4-1、图4-4-2所示。

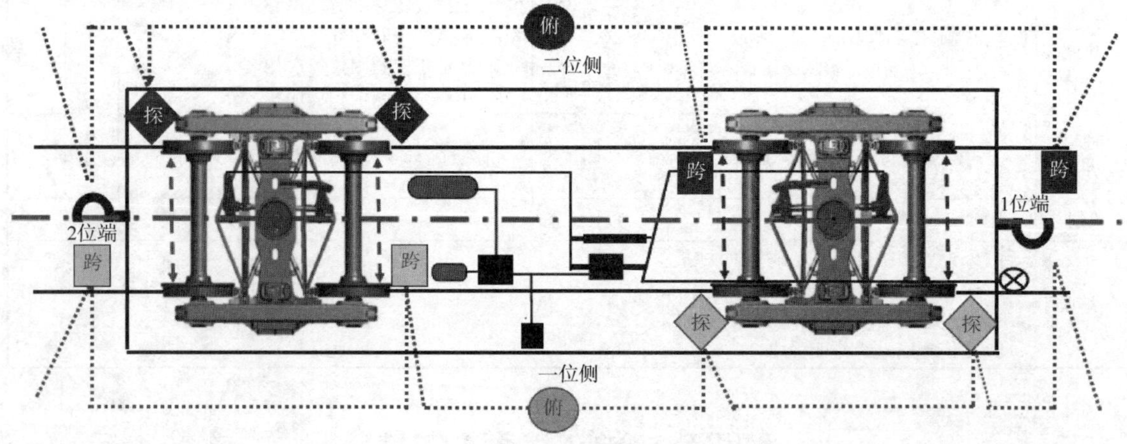

图4-4-1　“两跨、一俯、两探”作业

2. 作业程序及技术标准

(1)车体端部及车钩

①身体动作:左脚跨进钢轨,目视检查。

②检查顺序:角柱→上端梁→横带→端墙板→端梁→绳栓→冲击座→钩体。

③质量标准:角柱无裂损,敞车上端梁、端梁无折断;空车墙板破损或腐蚀穿孔空车不超

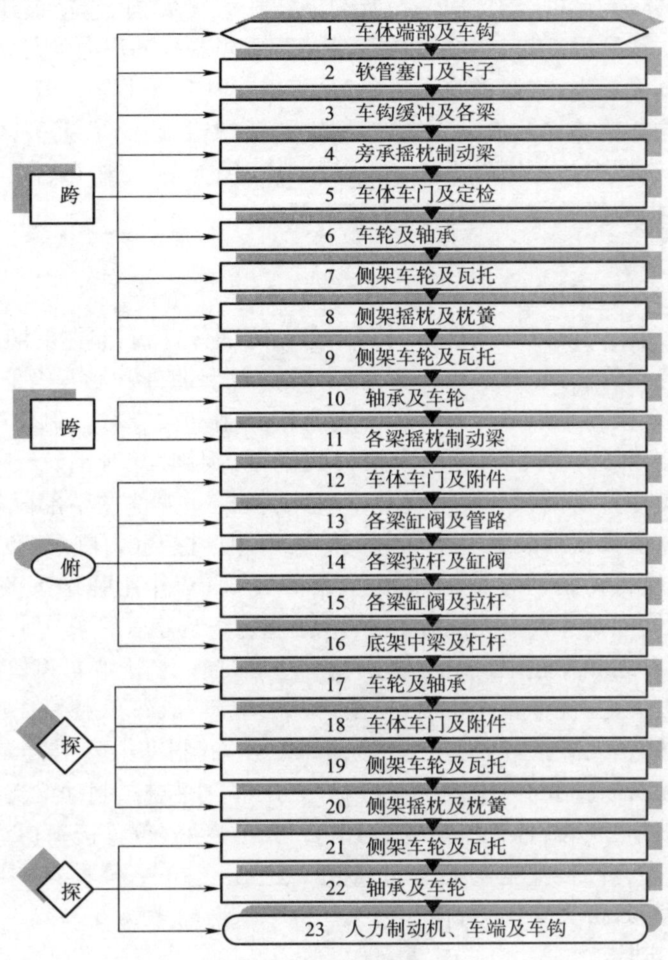

图 4-4-2　作业流程

限；车体外胀不超限；冲击座无破损、冲击座铆钉无折断、丢失；钩体无裂损，互钩差不超限。

(2)软管塞门及卡子

①身体动作：俯身，目视检查。

②检查顺序：折角塞门卡子→折角塞门→制动软管。

③质量标准：折角塞门卡子螺母无松动、丢失；折角塞门无破损，手把位置正确、无丢失；编织制动软管总成(简称：制动软管)无破损、丢失。

(3)车钩缓冲及各梁

①身体动作：探身，目视检查。

②检查顺序：钩体下部→车钩下锁销组成→钩体支撑座含油尼龙磨耗板→支撑弹簧→一体式冲击座→钩体支撑座止挡铁拉铆销及套→钩身→钩尾销托梁→钩尾销托梁含油尼龙磨耗板→钩尾销托梁螺栓→前从板座→从板→缓冲器→钩尾框→安全托板→安全托板螺栓→钩尾框→缓冲器→钩尾框托板→钩尾框托板含油尼龙磨耗板→钩尾框托板螺栓→钩尾框→后从板座→中梁牵引部分→后从板座铆钉→前从板座铆钉→(锁紧螺帽)→(主管)→端梁→侧梁→枕梁→横梁→地板。

③质量标准:钩体、钩尾框、钩尾扁销托及钩尾销托梁无裂损,钩锁锁腿无折断;车钩托梁无裂损,钩体支撑座、钩尾框托板、钩尾销托梁、从板、缓冲器含油尼龙磨耗板无丢失,钩体支撑座止挡铁拉铆销及套无丢失,支撑弹簧无折断;从板、从板座、缓冲器、冲击座无破损,从板座铆钉无折断、丢失;车钩托梁螺栓及母无丢失,钩尾销托梁螺母无松动、丢失;钩尾扁销插托及安全吊架、安全托板及钩尾框托板螺母无松动、丢失,开口销无丢失;中梁、侧梁、端梁、枕梁、横梁无折断,空车地板破损或腐蚀穿孔不超限;主管无漏泄。

(4)旁承摇枕制动梁

①身体动作:探身,目视检查。

②检查顺序:转向架内部以移动杠杆斜度分左右两部分,由右向左的顺序目视检查,(脱轨自动制动装置)→(连接管法兰及螺栓)→旁承→ 摇枕右半部分→心盘及心盘铆钉→枕簧(内侧)→侧架内侧→制动梁右半部分→安全链→安全索→制动梁支柱→制动梁支柱夹扣及螺栓→ 交叉支撑装置右半部分→移动杠杆→上拉杆圆销帽(圆销、开口销)→中拉杆拉铆销帽(圆销、套环)→制动梁支柱拉铆销帽(圆销、套环)→移动杠杆→摇枕左半部分→制动梁左半部分→安全链→安全索→交叉支撑装置左半部分→侧架内侧→枕簧(内侧)→旁承。

③质量标准:脱轨自动制动装置配件齐全,位置正确;双作用弹性等旁承配件齐全、无破损,上旁承与下旁承体尼龙磨耗板无间隙,旁承滚子或 JC-1 旁承尼龙支承板与上旁承不得接触,间隙旁承游间左右之和不超限;摇枕、侧架、心盘无裂损;上、下心盘铆钉(拉铆钉)及螺栓无折断,螺母无松动、丢失;摇枕弹簧无折断、窜出、丢失;制动梁梁架、撑杆、支柱无裂损,支柱夹扣螺母无丢失,支柱圆销无破损,闸瓦托铆钉无折断、丢失;制动梁安全链无折断、脱落、丢失,制动梁安全链卡子无折断;制动梁安装位置正确;上拉杆、中拉杆、制动梁支柱圆销(拉铆销)无折断、丢失,吊架无破损、脱落,各开口销(拉铆销套)齐全良好、位置正确;交叉支撑装置盖板及交叉杆体无变形、裂损、折断,安全索无折断、脱落、丢失;下拉杆下垂不超限;转 K4、转 K5 型转向架弹簧托板无裂损,折头螺栓无折断、丢失。

(5)车体车门及定检

①身体动作:站立,目视检查。

②检查顺序:上侧梁→侧墙板→侧柱→下侧门→下侧门折页、圆销及座→下侧门扣铁及座→绳栓→定检→角柱→侧梁。

③质量标准:敞车上侧梁无折断;侧柱无裂损;车体倾斜或外胀不超限;车门无脱落及丢失;车门锁闭装置配件齐全、无破损,绳栓无破损、丢失;空车定检不过期;空车墙板、门板破损、或腐蚀穿孔不超限;车门折页及座无折断,圆销、开口销无丢失;侧梁无折断、下垂不超限。

(6)车轮及轴承

①身体动作:蹲身,目视检查。

②检查顺序:车轮顶部由上向下至轮轨结合处之间车轮部分→侧架内侧→承载鞍内侧→轴承内侧→侧架外侧→侧架导框弯角处→轴箱橡胶垫→承载鞍外侧→轴承→轴承挡键。

③质量标准:车轮轮缘厚度符合规定,轮缘垂直磨耗、内侧缺损不超限;踏面擦伤、剥离、凹下、缺损、圆周磨耗不超限;轮辋厚度符合规定;侧架无裂损;轴箱橡胶垫中间橡胶与上、下层板无错位;承载鞍无裂损、错位;转 K2 型转向架侧架导框纵向与滚动轴承外圈无接触,承载鞍顶面无金属碾出;消除热轴故障;滚动轴承无甩油,外圈、前盖无裂损,密封罩及轴端螺栓无脱出;轴承挡键无丢失,螺母无松动、丢失。

(7)侧架车轮及瓦托

①身体动作:俯身,目视检查。

②检查顺序:车轮→闸瓦及瓦托铆钉→闸瓦插销及环→侧架→侧架三角孔内外侧面的弯角处→制动梁支柱及夹扣、螺栓→中拉杆拉铆销→侧架立柱磨耗板折头螺栓→交叉杆支撑座→交叉杆端部螺栓及防松垫止耳→车轮。

③质量标准:车轮轮缘垂直磨耗、内侧缺损不超限,车轮轮缘厚度、轮辋厚度符合规定;踏面擦伤、剥离、凹下、缺损、圆周磨耗不超限;闸瓦及闸瓦插销无折断、丢失,闸瓦磨耗不超限,闸瓦插销正位,闸瓦插销环无丢失;制动梁安装位置正确;闸瓦托铆钉无折断、丢失;侧架无裂损;侧架立柱磨耗板折头螺栓无折断、丢失;支撑座无破损,交叉杆端部螺栓无松动、丢失,防松垫止耳无折断。

(8)侧架摇枕及枕簧

①身体动作:站立、俯身,目视检查。

②检查顺序:侧柱、车门→旁承→侧架上弦梁→侧架立柱磨耗板→斜楔及主摩擦板→摇枕斜楔摩擦面磨耗板→摇枕端部→枕簧及减振弹簧→侧架立柱磨耗板→斜楔及主摩擦板→摇枕斜楔摩擦面磨耗板→侧架弹簧承台各弯角→侧架外侧及下平面。

③质量标准:侧架、摇枕无裂损;侧架立柱磨耗板、斜楔及主摩擦板无破损、窜出、丢失,侧架立柱磨耗板折头螺栓、铆钉无折断、丢失,摇枕斜楔摩擦面磨耗板无窜出;摇枕及减振弹簧无折断、窜出、丢失;转 K4、转 K5 型转向架弹簧托板无裂损、折头螺栓无折断、丢失;垂下品与轨面水平线垂直距离不超限。

(9)侧架车轮及瓦托

①身体动作:俯身,目视检查。

②检查顺序:车轮→闸瓦及瓦托铆钉→闸瓦插销及环→ 侧架→侧架三角孔内外侧面的弯角处→(横跨梁及安装螺栓)→制动梁支柱及夹扣、螺栓→中拉杆拉铆销→侧架立柱磨耗板折头螺栓→交叉杆支撑座→交叉杆端部螺栓及防松垫止耳→车轮。

③质量标准:车轮轮缘垂直磨耗、内侧缺损不超限,车轮轮缘厚度、轮辋厚度符合规定;踏面擦伤、剥离、凹下、缺损、圆周磨耗不超限;闸瓦及闸瓦插销无折断、丢失,闸瓦磨耗不超限,闸瓦插销正位,闸瓦插销环无丢失;制动梁安装位置正确;闸瓦托铆钉无折断、丢失;侧架无裂损;侧架立柱磨耗板折头螺栓无折断、丢失;支撑座无破损,交叉杆端部螺栓无松动、丢失,防松垫止耳无折断。

(10)轴承及车轮

①身体动作:蹲身,目视检查。

②检查顺序:侧架外侧→侧架导框弯角处→轴箱橡胶垫→承载鞍外侧→轴承→轴承挡键→侧架内侧→承载鞍内侧→轴承内侧→车轮顶部由上向下至轮轨结合处之间车轮部分。

③质量标准:侧架无裂损;轴箱橡胶垫中间橡胶与上、下层板无错位;承载鞍无裂损、错位;转 K2 型转向架侧架导框纵向与滚动轴承外圈无接触,承载鞍顶面无金属碾出;消除热轴故障;滚动轴承无甩油,外圈、前盖无裂损,密封罩及轴端螺栓无脱出;轴承挡键无丢失,螺母无松动、丢失;车轮轮缘厚度符合规定,轮缘垂直磨耗、内侧缺损不超限;踏面擦伤、剥离、凹下、缺损、圆周磨耗不超限;轮辋厚度符合规定。

(11)各梁摇枕制动梁

①身体动作:右脚跨进钢轨,探身,目视检查。

②检查顺序:转向架内部以固定杠杆斜度分左右两部分,由右向左的顺序目视检查旁承→摇枕右半部→心盘及心盘铆钉→(上拉杆托架滚轴及开口销)→(横跨梁右半部分及座)→内侧枕簧→侧架内侧→制动梁右半部分→安全链→安全索→制动梁支柱、夹扣及螺栓→交叉支撑装置右半部→固定杠杆→制动梁支柱拉铆销帽(拉铆销及套环)→中拉杆拉铆销帽(拉铆销及套环)→固定杠杆圆销帽(圆销、开口销)→链蹄环拉铆销及套→固定杠杆支点座拉铆销帽(拉铆销及套环)→心盘及心盘铆钉→摇枕左半部分→传感阀→(横跨梁左半部分及座)→制动梁左半部分→安全链→安全索→交叉支撑装置左半部→侧架内侧→枕簧(内侧)→旁承→侧梁内侧→横梁→中梁→枕梁→地板→(脱轨自动制动装置)→(主管法兰及螺栓、卡子及螺栓)→(连接管法兰及螺栓、卡子及螺栓)→球阀。

③质量标准:中梁、侧梁、枕梁、横梁无折断;地板破损或腐蚀穿孔不超限;摇枕、侧架、心盘无裂损;中、侧梁下垂不超限;上、下心盘铆钉(拉铆钉)及螺栓无折断,螺母无松动、丢失;间隙旁承、双作用弹性等旁承配件齐全、无破损,上旁承与下旁承体尼龙磨耗板无间隙,旁承滚子或JC-1旁承尼龙支承板与上旁承不得接触,间隙旁承游间左右之和不超限;横跨梁及座无折断、螺母及开口销无丢失,传感阀无破损;脱轨自动制动装置配件齐全,位置正确;摇枕弹簧无折断、窜出、丢失;交叉支撑装置盖板及交叉杆体无变形、裂损、折断,安全索无折断、脱落、丢失;转K4、转K5型转向架弹簧托板无裂损,折头螺栓无折断、丢失;制动梁梁架、撑杆、支柱无裂损,支柱夹扣螺母无丢失,支柱圆销无破损,闸瓦托铆钉无折断、丢失;制动梁安全链无折断、脱落、丢失,制动梁安全链卡子无折断;制动梁安装位置正确;中拉杆、制动梁支柱、固定杠杆各圆销(拉铆销)无折断、丢失,吊架无破损、脱落,开口销(拉铆销套)齐全良好、位置正确;下拉杆下垂不超限。

(12)车体车门及附件

①身体动作:站立,目视检查。

②检查顺序:上侧梁→侧墙板→下侧门→下侧门折页、圆销及座→下侧门扣铁及座→绳栓→侧梁→侧柱。

③质量标准:敞车上侧梁无折断;侧柱无裂损;车体倾斜或外胀不超限;车门无脱落及丢失;空车墙板、门板破损、或腐蚀穿孔不超限;车门折页及座无折断,圆销、开口销无丢失;车门锁闭装置配件齐全、无破损,绳栓无破损、丢失;侧梁无折断、下垂不超限。

(13)各梁缸阀及管路

①身体动作:俯身,目视检查。

②检查顺序:

车辆一位侧检查顺序:中梁→侧梁→横梁→地板→双室风缸及吊架螺栓→连接管法兰及螺栓→连接管卡子及螺栓→组合式集尘器→截断塞门手把→120型控制阀及吊架、连接管法兰及螺栓→半自动缓解阀拉杆、开口销及吊架。

车辆二位侧检查顺序:侧梁→横梁→中梁→地板→主管、法兰及螺栓→主管卡子及螺母→上拉杆及吊架→车号自动识别标签及座。

③质量标准:中梁、侧梁、横梁无折断;中、侧梁下垂不超限;地板破损或腐蚀穿孔不超限;空气制动机作用良好,加速缓解风缸、容积风缸等缸体及吊架无裂损、脱落,吊架螺母无丢失;制动阀吊架螺母无松动、丢失;制动主管、支管、连接管无漏泄,卡子及螺母、法兰螺母无丢失;截断塞门等塞门无破损,塞门手把无丢失;组合式集尘器、缓解阀无破损、丢失;缓解阀拉杆及吊架无破损、脱落;上拉杆圆销(拉铆销)无折断、丢失,吊架无破损、脱落,开口销(拉铆销套)齐

全良好、位置正确;铁路货车车号自动识别标签无失效(无 AEI 复示终端的列检作业场除外)、丢失;闸调器无破损。

(14)各梁拉杆及缸阀

①身体动作:俯身,目视检查。

②检查顺序:

车辆一位侧检查顺序:中门→中门折页、圆销及座→中门锁闭装置→绳栓→侧柱→侧墙板→下侧门→下侧门折页、圆销及座→下侧门扣铁及座→绳栓→侧梁→横梁→中梁→纵向梁→地板→限压阀→限压阀连接管、法兰及螺栓→制动缸后杠杆支点吊架→制动缸后杠杆、拉铆销及套→制动缸连接管、法兰及螺栓→制动缸连接管卡子及螺母→闸调器、拉铆销及套、吊架

车辆二位侧检查顺序:中门→中门折页、圆销及座→中门锁闭装置→绳栓→侧柱→侧墙板→下侧门→下侧门折页、圆销及座→下侧门扣铁及座→绳栓→侧梁→横梁→中梁→纵向梁→地板→主管、卡子→制动缸前杠杆吊架→制动缸前杠杆→控制杆拉铆销及套→闸调器→闸调器前拉杆拉铆销及套→上拉杆拉铆销及套→闸调器吊架→制动缸后杠杆吊架→制动缸后杠杆→闸调器后推杆拉铆销及套→上拉杆拉铆销及套

③质量标准:中梁、侧梁、横梁、纵向梁无折断;中、侧梁下垂不超限;地板破损或腐蚀穿孔不超限;制动主管、支管、连接管无漏泄,卡子及螺母、法兰螺母无丢失;空重车自动调整装置限压阀、调整阀、传感阀等无破损;制动阀吊架螺母无松动、丢失;制动缸无脱落,吊架无裂损,螺母无松动、丢失;空气制动机作用良好,制动缸活塞行程符合规定;闸调器无破损;上拉杆圆销(拉铆销)无折断、丢失,吊架无破损、脱落,开口销(拉铆销套)齐全良好、位置正确。

(15)各梁缸阀及拉杆

①身体动作:俯身,目视检查。

②检查顺序:

车辆一位侧检查顺序:车门、侧柱→侧梁→横梁→中梁→地板→制动缸→制动缸吊架螺栓→制动缸前杠杆吊架→制动缸前杠杆→控制杠杆→制动缸活塞推杆圆销、开口销→人力制动机拉链、圆销及开口销→人力制动机拉杆、吊架、圆销及开口销。

车辆二位侧检查顺序:车门、侧柱→侧梁→横梁→中梁→地板→半自动缓解阀拉杆及吊架→主、支管及法兰螺栓→截断塞门手把→副风缸连接管及法兰螺栓→副风缸吊架螺栓→副风缸→上拉杆吊架。

③质量标准:中梁、侧梁、横梁无折断;中、侧梁下垂不超限;空车地板破损或腐蚀穿孔不超限;制动缸无脱落,吊架无裂损,螺母无松动、丢失;制动阀吊架螺母无松动、丢失;制动主管、支管、连接管无漏泄,卡子及螺母、法兰螺母无丢失;副风缸等缸体及吊架无裂损、脱落,吊架螺母无丢失;制动缸推杆、控制杠杆、制动缸前杠杆、人力制动拉杆、缓解阀拉杆、上拉杆圆销(拉铆销)无折断、丢失,吊架无破损、脱落,各开口销(拉铆销套)齐全良好、位置正确;截断塞门无破损,手把无丢失;铁路货车车号自动识别标签无失效(无 AEI 复示终端的列检作业场除外)、丢失;人力制动机配件齐全,无破损、脱落。

(16)底架中梁及杠杆

①身体动作:探身,目视检查。

②检查顺序:中梁→枕梁→侧梁→横梁→地板→(人力制动机拉杆及吊架)→连接管及法兰、卡子、螺栓→(脱轨自动制动装置)→固定杠杆支点座拉铆销帽→链蹄环拉铆销及套环→固定杠杆圆销帽(圆销、开口销)→中拉杆拉铆销帽(拉铆销及套)→制动梁支柱拉铆销帽(拉铆销及套)。

③质量标准:中梁、枕梁、侧梁、横梁无折断;中、侧梁下垂不超限;地板破损或腐蚀穿孔不超限;人力制动机配件齐全,无破损、脱落;脱轨自动制动装置配件齐全,位置正确;上拉杆、固定杠杆支点座、固定杠杆、制动梁支柱圆销(拉铆销)无折断、丢失,吊架无破损、脱落,开口销(拉铆销套)齐全良好、位置正确;制动主管、连接管无漏泄,卡子及螺母、法兰螺母无丢失。

(17)车轮及轴承

①身体动作:蹲身,目视检查。

②检查顺序:车轮顶部由上向下至轮轨结合处之间车轮部分→侧架内侧→承载鞍内侧→轴承内侧→侧架外侧→侧架导框弯角处→轴箱橡胶垫→承载鞍外侧→轴承→轴承挡键。

③质量标准:车轮轮缘厚度符合规定,轮缘垂直磨耗、内侧缺损不超限;踏面擦伤、剥离、凹下、缺损、圆周磨耗不超限;轮辋厚度符合规定;侧架无裂损;轴箱橡胶垫中间橡胶与上、下层板无错位;承载鞍无裂损、错位;转 K2 型转向架侧架导框纵向与滚动轴承外圈无接触,承载鞍顶面无金属碾出;消除热轴故障;滚动轴承无甩油,轴承外圈、前盖无裂损,密封罩及轴端螺栓无脱出;侧架无裂损;轴承挡键无丢失,螺母无松动、丢失。

(18)车体车门及附件

①身体动作:站立,目视检查。

②检查顺序:上侧梁→侧柱→侧墙板→下侧门→下侧门折页、圆销及座→下侧门扣铁及座→绳栓→侧柱→侧墙板→下侧门→下侧门折页、圆销及座→下侧门扣铁及座→绳栓。

③质量标准:敞车上侧梁无折断;侧柱、角柱无裂损;车体倾斜或外胀不超限;侧梁无折断、下垂不超限;车门无脱落及丢失;空车墙板、门板破损、或腐蚀穿孔不超限;车门折页及座无折断,圆销、开口销无丢失;车门锁闭装置配件齐全、无破损,绳栓无破损、丢失。

(19)侧架车轮及瓦托

①身体动作:俯身,目视检查。

②检查顺序:车轮→闸瓦及瓦托铆钉→闸瓦插销及环→侧架→侧架三角孔内外侧面的弯角处→侧架立柱磨耗板折头螺栓→交叉杆支撑座→交叉杆端部螺栓及防松垫止耳→车轮。

③质量标准:车轮轮缘垂直磨耗、内侧缺损不超限,车轮轮缘厚度、轮辋厚度符合规定;踏面擦伤、剥离、凹下、缺损、圆周磨耗不超限;闸瓦及闸瓦插销无折断、丢失,闸瓦磨耗不超限,闸瓦插销正位,闸瓦插销环无丢失;制动梁安装位置正确;闸瓦托铆钉无折断、丢失;侧架无裂损;侧架立柱磨耗板折头螺栓无折断、丢失;支撑座无破损,交叉杆端部螺栓无松动、丢失,防松垫止耳无折断。

(20)侧架摇枕及枕簧

①身体动作:俯身,目视检查。

②检查顺序:侧柱、旁承、车门→侧架上弦梁→侧架立柱磨耗板→斜楔及主摩擦板→摇枕斜楔摩擦面磨耗板→摇枕端部→枕簧及减振弹簧→侧架立柱磨耗板→斜楔及主摩擦板→摇枕斜楔摩擦面磨耗板→侧架弹簧承台各弯角→侧架外侧及下平面。

③质量标准:侧架、摇枕无裂损;侧架立柱磨耗板、斜楔及主磨擦板无破损、窜出、丢失,侧架立柱磨耗板折头螺栓、铆钉无折断、丢失;摇枕斜楔摩擦面磨耗板无窜出;摇枕及减振弹簧无折断、窜出、丢失;转 K4、转 K5 型转向架弹簧托板无裂损、折头螺栓无折断、丢失;各垂下品与轨面水平线垂直距离不超限。

(21)侧架车轮及瓦托

①身体动作:俯身,目视检查。

②检查顺序:车轮→闸瓦及瓦托铆钉→闸瓦插销及环→侧架→侧架三角孔内外侧面的弯角处→侧架立柱磨耗板折头螺栓→交叉杆支撑座→交叉杆端部螺栓及防松垫止耳→车轮。

③质量标准:车轮轮缘垂直磨耗、内侧缺损不超限,车轮轮缘厚度、轮辋厚度符合规定;踏面擦伤、剥离、凹下、缺损、圆周磨耗不超限;闸瓦及闸瓦插销无折断、丢失,闸瓦磨耗不超限,闸瓦插销正位,闸瓦插销环无丢失;闸瓦托铆钉无折断、丢失;侧架无裂损;侧架立柱磨耗板折头螺栓无折断、丢失;支撑座无破损,交叉杆端部螺栓无松动、丢失,防松垫止耳无折断。

(22)轴承及车轮

①身体动作:蹲身,目视检查。

②检查顺序:侧架外侧→侧架导框弯角处→轴箱橡胶垫→承载鞍外侧→轴承→轴承挡键→侧架内侧→承载鞍内侧→轴承内侧→车轮顶部由上向下至轮轨结合处之间车轮部分→角柱→侧梁→车梯扶手→脚蹬。

③质量标准:侧架无裂损;轴箱橡胶垫中间橡胶与上、下层板无错位;承载鞍无裂损、错位;转 K2 型转向架侧架导框纵向与滚动轴承外圈无接触,承载鞍顶面无金属碾出;消除热轴故障;滚动轴承无甩油,外圈、前盖无裂损,密封罩及轴端螺栓无脱出;轴承挡键无丢失,螺母无松动、丢失;车轮轮缘厚度符合规定,轮缘垂直磨耗、内侧缺损不超限;踏面擦伤、剥离、凹下、缺损、圆周磨耗不超限;轮辋厚度符合规定。脚蹬、车梯扶手无破损,弯曲不超过车辆限界。

(23)人力制动机、车端及车钩

①身体动作:探身、站立,目视检查。

②检查顺序:中梁牵引部分→后从板座铆钉→钩尾框托板螺栓→安全托板螺栓→前从板座铆钉→枕梁→侧梁→端梁→横梁→地板→上拉杆圆销帽(拉铆销及套环)→中拉杆拉铆销帽(拉铆销及套环)→制动梁支柱拉铆销帽(拉铆销及套环)→(脱轨自动制动装置)→(人力制动机吊架)→(人力制动机拉杆及拉链)→(动、定滑轮拉铆销及套)→(人力制动机组成)→(脚踏板)→绳栓→钩提杆及座→钩提杆复位弹簧→钩体支撑座止挡铁拉铆销及套→一体式冲击座→支撑弹簧→钩体→车钩下锁销组成→车钩防跳插销及链→钩舌销及开口销→钩舌→角柱→上端梁→横带→墙板→首尾部试验车钩三态作用。

③质量标准:枕梁、侧梁、端梁、横梁、中梁牵引部无折断、角柱无裂损;空车墙板、地板破损或腐蚀穿孔不超限;从板座铆钉无折断、丢失;上拉杆、中拉杆、制动梁支柱圆销(拉铆销)无折断、丢失,吊架无破损、脱落,开口销(拉铆销套)齐全良好、位置正确;连接管无漏泄,卡子及螺母、法兰螺母无丢失;脱轨自动制动装置配件齐全,位置正确;钩提杆及座配件齐全、无折断,钩提杆座无裂损,钩提杆复位弹簧无折断、丢失,钩提杆链松余量符合规定;钩体支撑座止挡铁拉铆销及套无丢失,支撑弹簧无折断;车钩防跳插销及吊链无丢失,插设良好;钩锁锁腿无折断,下锁销组成配件齐全,位置正确;冲击座无破损,冲击座铆钉无折断、丢失;安全托板及钩尾框托板螺母无松动、丢失,开口销无丢失;钩体、钩舌无裂损,钩舌销无折断、丢失,开口销无丢失;互钩差不超限;人力制动机配件齐全,无破损、脱落;车体外胀不超限;敞车上端梁无折断;车列首位端部车钩三态作用试验良好。

三、配分及评分标准

<table>
<tr><th>项目</th><th>要求</th><th>考核内容及评分标准(各项分值扣完为止)</th><th>扣分</th><th>得分</th></tr>
<tr><td>时间
20分</td><td>在5 min内完成</td><td>每超过规定时间7.5 s扣1分(不足7.5 s不扣分),节约时间不加分</td><td></td><td></td></tr>
<tr><td>安全
10分</td><td>按照安全作业操作规程作业</td><td>1. 不按规定穿戴防护用品扣5分。
2. 作业中轻微受伤扣5分。
3. 信号未展开(卷起一圈即为未展开)、落地扣2分,忘撤信号扣10分</td><td></td><td></td></tr>
<tr><td>程序
10分</td><td>按照规定程序作业</td><td>1. 按规定插设防护信号。
2. 两端车钩应按规定检查车钩开锁、闭锁和全开三态作用。
3. 按标准报出发现故障名称。
4. 作业完毕,撤除防护信号。
5. 顺序错、漏一步扣5分。
6. 检查步伐不熟练扣3分。
7. 未收拾工具每件扣2分</td><td></td><td></td></tr>
<tr><td>质量
60分</td><td>符合运用车辆质量标准</td><td>1. 风管水压、定检未报每次扣2分。
2. 钩托梁、缓冲托板、钩尾扁销螺栓,闸瓦插销等该敲的部位每漏敲一处扣2分。
3. 未确认定检日期每侧扣2分,在车端检查未目测车体是否倾斜每次扣2分。
4. 各阀体、集尘器、轴承外圈及前盖螺栓、闸调器外体等不该敲的地方每敲一次扣2分。
5. 两端车钩未试三态作用每态扣2分;未口述车钩运用限度每处扣3分。
6. 漏看一个台车扣10分。
7. 共设故障10件,少发现一件故障扣6分,回头发现故障不算,发现故障名称表述不正确扣3分
故障发现情况:
<table>
<tr><td>故障处所</td><td>1</td><td>2</td><td>3</td><td>4</td><td>5</td><td>6</td><td>7</td><td>8</td><td>9</td><td>10</td></tr>
<tr><td>表述正确</td><td></td><td></td><td></td><td></td><td></td><td></td><td></td><td></td><td></td><td></td></tr>
<tr><td>表述不正确</td><td></td><td></td><td></td><td></td><td></td><td></td><td></td><td></td><td></td><td></td></tr>
</table>
</td><td></td><td></td></tr>
<tr><td>合计</td><td colspan="2">100分</td><td></td><td></td></tr>
<tr><td>否决项目</td><td colspan="4">1. 作业开始时未插设防护信号全项失格(包括作业中信号落地,并在作业结束前未重新插设)。
2. 发现故障不足60%全项失格。
3. 超过规定时间50%全项失格。
4. 作业中出现碰破、出血、起泡、挤肿等,不能正常作业全项失格</td></tr>
</table>

第五节　更换闸瓦(Z1修)

一、准备通知单

(一)材料准备

序号	名　　称	规　　格	数量	备　注
1	闸瓦		4块	

续上表

序号	名　称	规　格	数量	备 注
2	闸瓦插销环		若干	

(二)工具准备

序号	名　称	规　格	数量	备 注
1	撬棍	1 000 mm	1根	
2	闸调器调整器		1把	
3	检查锤		1把	
4	防护红旗	360 mm×500 mm	1面	

二、技能操作试题

(一)考核项目:更换闸瓦(Z1修)

(二)分值:100分

(三)考核时间

1. 准备时间:1 min。

2. 正式操作时间:3 min。

3. 规定时间内完成不扣分。每超时4.5 s扣1分(不足4.5 s不计算),作业时间超过总时间50%全项失格,节约时间不加分。

(四)操作要求及技术标准

1. 在车辆端部设置防护信号。

2. 关闭截断塞门。

3. 拉动缓解阀拉杆排尽副风缸余风,把排风装置卡于缓解阀拉杆与缓解阀拉杆吊架间,安装牢固,确保副风缸内无压力空气进入。

4. 松动闸调器,以增大闸瓦与车轮踏面间隙。

(1)在更换闸瓦时,如闸瓦与车轮踏面之间的间隙不足时,须使用闸调器调整器套入闸调器前盖,旋转闸调器使螺杆伸长,增大闸瓦与车轮踏面之间的间隙。若无闸调器调整器时,ST2-250型闸调器,检车员需用扳手进行松动调整;ST1-600型闸调器,检车员需用手抓住外体手柄进行松动调整。

(2)调整要求:一般在更换一块闸瓦时,可不需调整闸调器,当换二块闸瓦时,转动不大于两圈,换三块闸瓦时不大于四圈,以此类推。如转动太多,换完闸瓦后,须倒转回来。

5. 卸下旧闸瓦。

(1)卸下闸瓦插销环,用检查锤钩下闸瓦插销环,并放置在钢轨外侧方便回收的位置。

(2)拔出闸瓦插销。检车员将闸瓦插销拔出,闸瓦插销底部弯曲时,用扳手将其扳至接近于正常或标准状态后拔出。若仍不能拔出,则用检查锤头部用力向上撬打闸瓦插销头部或底部,直到拔出为止。拔出闸瓦插销,放在侧架上方。

(3)卸下过限闸瓦。

用撬棍活动闸瓦托,使闸瓦与踏面出现间隙,将撬棍伸入闸瓦与车轮踏面间,以踏面为支点向闸瓦托一侧用力撬开闸瓦,使闸瓦与车轮踏面间撬开足够安装新闸瓦的间隙。卸闸瓦时,将检查锤头部伸入闸瓦下部向钢轨外侧勾拉闸瓦。使闸瓦脱离闸瓦托,闸瓦靠自身重力顺车轮踏面滑下到钢轨外侧,然后取出旧闸瓦,放置在钢轨外侧两线安全地点。

6. 安装合格闸瓦。

(1)新闸瓦安装前,确认瓦背上的闸瓦型号及生产厂家代码,标记端安装在制动梁闸瓦托的上端。

(2)安装时,更换人员将闸瓦从交叉杆与车轮踏面间塞入,使闸瓦摩擦面贴于车辆踏面,一手托住闸瓦底部,由下向上沿车轮踏面将闸瓦送入闸瓦托,使闸瓦鼻坐入闸瓦托鼻槽内。

7. 安装闸瓦插销。

一手托住闸瓦底部,使瓦背与闸瓦托四爪紧贴,另一手抓住闸瓦插销上部,沿闸瓦托上部插销孔由上向下顺势插入,闸瓦插销穿入闸瓦托与闸瓦的插销孔内正位、入底,闸瓦插销底部环眼孔漏出闸瓦托底部。

8. 安装闸瓦插销环。

更换人员先将闸瓦插销环一端掰开 3～5 mm 间隙;再将闸瓦插销环穿入闸瓦插销底部环眼孔后旋转,直到闸瓦插销环另一端重新闭合;拨动闸瓦插销环不脱落,用手将闸瓦插销环掰开处捏紧。闸瓦环安装后须确认闸瓦插销环距轨面不小于 25 mm。

9. 闸瓦更换完毕后,须将闸调器倒转以恢复位置。

使用闸调器调整器套入闸调器前盖,旋转闸调器使螺杆收缩,减小闸瓦与车轮踏面之间的间隙。若无闸调器调整器时,ST2-250 型闸调器检车员用扳手调整恢复,ST1-600 型闸调器检车员用手抓住外体手柄进行调整恢复。

10. 卸下排风装置,放置在两线安全地点,使缓解阀复位。

11. 开通截断塞门。应将手把旋转至与组合式集尘器制动支管平行的位置,使截断塞门处于全开位状态。

12. 收拾工具,材料至规定位置。

13. 撤除防护信号。

三、配分及评分标准

项目	要求	考核内容及评分标准(各项分值扣完为止)	扣分	得分
时间 20分	在 3 min 内完成	正式操作时间 3 min。每超时 4.5 s 扣 1 分(不足 4.5 s 不计算),节约时间不加分		
安全 10分	按照安全 作业操作 规程作业	1. 不按规定穿戴防护用品扣 5 分。 2. 作业中受轻伤扣 5 分。 3. 忘撤信号扣 10 分,信号未展开(卷起一圈即为未展开)、落地扣 2 分		
程序 20分	按照规定 程序作业	1. 未按下列规定顺序作业,顺序颠倒一次扣 5 分。 (1)插旗、关门、排风。 (2)松闸调器。 (3)卸下闸瓦插销环。 (4)取出闸瓦插销与门瓦。 (5)安装新闸瓦与门瓦插销。 (6)安装闸瓦插销环。 (7)恢复闸调器原位。 (8)恢复缓解阀、开门。 (9)撤旗,收拾工具、材料		

续上表

项目	要求	考核内容及评分标准(各项分值扣完为止)	扣分	得分
程序 20分	按照规定程序作业	2. 完工后工具、材料未放回指定地点一件扣2分		
		3. 违章使用工具一件扣5分		
质量 50分	符合运用车辆质量标准	1. 未安装闸瓦插销环每个扣5分。 2. 未按规定更换闸瓦每块扣10分。 3. 未恢复闸调器到位扣5分。 4. 闸瓦钎未露头每根扣5分。 5. 未检查新闸瓦(口述)制造日期、同一制动梁两端闸瓦厚度差不大于20 mm,闸瓦插销距轨面不小于25 mm,每处扣3分。 6. 闸瓦插销未入槽每根扣20分。 7. 闸瓦生产标记端安装错扣5分		
合计		100分		
否决项目	1. 未插防护信号开始作业全项失格(包括作业中信号落地,并在作业结束前未重新插设)。 2. 未关门、排风开始作业全项失格。 3. 超过规定时间的50%全项失格。 4. 更换闸瓦时将手伸入闸瓦与轮对踏面间全项失格。 5. 作业中出现碰破、出血、起泡、挤肿等,不能正常作业全项失格			

第五章　铁路车辆制动钳工中级工操作技能(外制动)

第一节　更换球芯折角塞门及软管

一、准备通知单

(一)材料准备

序号	名　称	规　格	数量	备　注
1	球芯折角塞门		1套	
2	编织制动软管总成	715 mm	1根	
3	聚四氟乙烯薄膜		1卷	

(二)工具准备

序号	名　称	规　格	数量	备　注
1	管钳	18寸	2把	
2	钢丝刷		1把	
3	红旗		1面	

二、技能操作试题

(一)考核项目:更换球芯折角塞门及软管(C_{64K}型)

(二)分值:100分

(三)考核时间

1. 准备时间:1 min。

2. 正式操作时间:5 min。

3. 规定时间内全部完成。每超时7.5 s扣1分(不足7.5 s不扣分),节约时间不加分,超过规定时间的50%失格。

(四)操作要求或技术标准

1. 确认安全防护信号(插旗)插设好后,关闭截断塞门,将塞门手把旋转到与截断塞门体成90°角的位置。

2. 向外拉动缓解阀拉杆排尽副风缸余风。左手握紧软管连接器,右手缓缓打开折角塞门,将折角塞门手把旋转到与折角塞门体平行位置排净制动主管内余风。

3. 用管钳卡着软管六角接头逆时针方向将制动软管卸下,将锁紧螺帽与折角塞门外螺纹分离,一只管钳卡住端接管,用另一只管钳沿逆时针方向将折角塞门卸下检查锁紧螺母、开口环、平垫圈、密封垫圈。

4. 组装更换折角塞门时,塞门体一端弯曲,一端平直,平直一端与制动主管连接,弯曲一端与制动软管连接,折角塞门组装前,在露出车辆端部的端接管按顺序套上锁紧螺母、开口环、平垫圈、密封垫圈,端接管螺纹处缠绕聚四氟乙烯薄膜(三圈以上)不得遮挡管口,折角塞门螺纹口与端接管螺纹相连。

5. 用管钳卡住折角塞门体顺时针旋转使之紧固,保证组装折角塞门中心线与主管垂直中心夹角为30°。

6. 将套在端接管上的锁紧螺母,使用管钳顺时针方向紧固锁紧螺母。

7. 制动软管组装时须在螺纹口缠绕聚四氟乙烯薄膜(三圈以上)不得遮挡管口,将软管螺纹口连接于折角塞门口内,将管钳开口卡住制动软管六角接头,顺时针旋转制动软管,软管螺纹必须旋入折角塞门4扣以上,制动软管组装后连接器平面与钢轨平面呈垂直角度。

8. 组装后用手检查塞门与制动软管不得松动。

9. 打开截断塞门,将截断塞门手把旋转至与截断塞门平行位置,使截断塞门处于全开位状态。

10. 清洁场地,工具材料摆放整齐,撤下防护信号(红旗)。

三、配分及评分标准

<table>
<tr><th colspan="2">项目及配分</th><th>作业标准</th><th>评分标准</th><th>扣分</th><th>得分</th></tr>
<tr><td rowspan="5">操作程序及质量60分</td><td>准备工作5分</td><td>工具、材料、配件准备齐全,作用良好</td><td>准备不全每少一件扣1分</td><td></td><td></td></tr>
<tr><td>分解10分</td><td>1. 关闭截断塞门并排风,排净主管余风。
2. 将锁紧螺帽与折角塞门外螺纹分离。
3. 分解制动软管。
4. 分解折角塞门及附属配件,用一管钳卡住端接管,用另一管钳分解折角塞门</td><td>1. 未排净主管余风扣5分,未口述扣3分。
2. 未按作业标准每处扣2分,未做每处扣5分。
3. 顺序错扣2分。
4. 端接管被分解扣5分</td><td></td><td></td></tr>
<tr><td>检查20分</td><td>1. 检查软管使用寿命不过期,定检标记涂打正确,外观无破损、划伤,连接螺纹良好,连接器体无裂纹、缺损。
2. 检查锁紧螺母、开口环、平垫圈、密封垫圈作用良好。
3. 检查折角塞门外观无裂纹缺损,手把作用灵活。
4. 检查端接管螺纹无划扣变形</td><td>1. 未检查各配件、材料状态、制动软管标记、制造日期,每处扣5分。
2. 未按作业标准扣2分。
3. 标准需口述,未口述扣2分</td><td></td><td></td></tr>
<tr><td>组装20分</td><td>1. 软管螺纹、端接管聚四氟乙烯薄膜须缠绕3圈以上,不得遮挡管口。
2. 软管螺纹旋入折角塞门体4扣以上。
3. 折角塞门中心线与主管垂直中心夹角30°,连接器平面与钢轨平面垂直</td><td>1. 未按作业标准每处扣2分。
2. 未做每处扣5分。
3. 软管螺纹旋入折角塞门体不足4扣时扣5分。
4. 配件漏装每处扣5分</td><td></td><td></td></tr>
<tr><td>作业完毕5分</td><td>打开截断塞门,将截断塞门手把旋转至与截断塞门平行位置,使截断塞门处于全开位状态</td><td>1. 截断塞门未开放扣5分。
2. 未开放至全开位扣2分</td><td></td><td></td></tr>
<tr><td>工具设备使用维护10分</td><td colspan="2">1. 正确使用工、卡、量具。
2. 工、卡、量具,配件,材料等不得坠落。
3. 作业完毕进行工,卡,量具维护保养、摆放整齐</td><td>1. 工、卡、量具使用不正确每次扣2分,坠落每次扣2分。
2. 作业完毕未进行工、卡、量具维护保养和放置不当每件扣1分</td><td></td><td></td></tr>
</table>

续上表

项目及配分	作业标准	评分标准	扣分	得分
安全及其他10分	1. 正确穿戴、使用劳保用品。 2. 作业完毕清扫场地	1. 未按规定穿戴劳保用品扣3分。 2. 轻微受伤时扣5分。 3. 其他不安全因素每次扣3分。 4. 作业完毕未清扫场地扣2分		
时间20分	正式操作时间:5 min	每超过7.5 s扣1分(不足7.5 s不扣分)		
合计	100分			
否决项目	1. 未设置防护红旗开始作业时失格。 2. 未关闭截断塞门开始作业时失格。 3. 超过规定时间50%时失格。 4. 受伤不能继续作业时失格			

第二节　更换120/120-1型控制阀主阀、紧急阀

一、准备通知单

(一)材料、配件准备

序号	名　称	规　格	数量	备　注
1	主阀、紧急阀	120/120-1型	1套	
2	主阀、紧急阀密封垫		1套	
3	开口销	8×80 mm	1个	

(二)工具准备

序号	名　称	规　格	数量	备　注
1	开口扳手	22-24 mm	1把	
2	开口扳手	17-19 mm	1把	
3	活口扳手		1把	
4	手锤		1把	
5	拔销器		1把	
6	红旗		1面	
7	剪刀		1把	
8	配件存放盒(垫)		1个	

二、技能操作试题

(一)考核项目:更换120/120-1型控制阀主阀、紧急阀

(二)分值:100分

(三)考核时间

1. 准备时间:1 min。
2. 正式操作时间:6 min。

3. 每超时 9 s 扣 1 分(不足 9 s 不扣分),超过规定时间的 50%失格。

(四)操作要求或技术标准

1. 确认安全防护信号(插旗)插设好后,关闭截断塞门,将塞门手把旋转到与截断塞门体成 90°角的位置,向外拉动缓解阀拉杆排尽副风缸余风。

2. 使用开口器将缓解阀和缓解阀拉杆连接的开口销还原成"一"字状态,抽出开口销使缓解阀手柄与缓解阀拉杆分离。

3. 使用 17-19 mm 开口板手 19 mm 开口、22-24 mm 开口板手 24 mm 开口分别卡入控制阀安装座盖型螺母上逆时针旋转拆下盖型螺母。卸下主阀加装防尘盖版放置于配件存放盒(垫)。

4. 使用 22-24 mm 开口板手 24 mm 开口卡入紧急阀安装座盖型螺母上,逆时针旋转拆除盖型螺母,卸下紧急阀取出滤尘网,将盖型螺母放置于配件存放盒(垫),紧急阀安装面加装防尘盖板放置于回收箱内。

5. 取出滤尘网,进行外观检查,取下主阀、紧急阀旧橡胶垫剪切破坏处理。

6. 检查确认待组装上车的 120/120-1 型控制阀主阀及紧急阀技术状态合格,防护良好,标记清晰,型号符合要求。制动阀安装面须安装防护件,无防护件时更换制动阀。确认制动阀型号是否与现车匹配。356 mm 制动缸须与配 356 mm 制动缸的 120 型控制阀配套使用,254 mm 制动缸和 305 mm 制动缸须与配 254 mm 制动缸的 120/120-1 型控制阀配套使用,不匹配须更换。检查防误装销钉状态良好。

7. 组装主阀、紧急阀橡胶垫的气密线朝外。安装主阀,防误装销钉须对应入槽。组装盖形螺母须对角紧固须用力均匀,紧固后用扳手逐条复核确认紧固状态良好。

8. 组装缓解阀拉杆与缓解阀手柄,开口销方向由左向右穿入,角度不小于 60°。

9. 打开截断塞门,将截断塞门手把旋转至与截断塞门平行位置,使截断塞门处于全开位状态。

10. 打扫场地,工具材料摆放整齐,撤下防护信号(红旗)。

三、配分及评分标准

项目及配分		作 业 标 准	评 分 标 准	扣分	得分
操作程序及质量 60 分	准备工作 5 分	工具、材料、配件准备齐全,作用良好	准备不全每少一件扣 1 分		
	分解 5 分	1. 关闭截断塞门并排风,分解 120/120-1 型主阀、紧急阀,拆下盖型螺母。 2. 卸下主阀、紧急阀,加装防尘盖板放置于回收箱内。 3. 取下主阀、紧急阀旧橡胶垫	1. 未按作业标准每处扣 2 分。 2. 未加装防尘盖板每处扣 2 分。 3. 分解下的配件未放置在存放盒(垫)内,每件扣 2 分		
	检查 20 分	1. 检查滤尘网无破损,新品橡胶密封垫作用良好、储存期不超过 6 个月。 2. 检查主阀、紧急阀定检标记清晰,阀型与制动缸型号相符,阀体无裂纹,排风部良好,储存不过期。 3. 检查缓解阀拉杆无裂纹、缺损。 4. 检查中间体安装面良好,防误装销钉良好	1. 未检查各配件、材料状态,橡胶件日期,储存日期每处扣 5 分。 2. 未确认阀型与制动缸型号是否相符扣 5 分。 3. 滤尘网落地扣 2 分。 4. 未按作业标准作业扣 2 分。 5. 标准需口述,未口述扣 2 分		

续上表

项目及配分		作业标准	评分标准	扣分	得分
操作程序及质量60分	组装20分	1. 橡胶垫气密线朝外,防误装销钉入槽。 2. 组装盖形螺母须对角紧固,用力均匀;紧固后用扳手逐条复核确认紧固状态良好。 3. 组装缓解阀拉杆与缓解阀手柄,开口销角度不小于60°	1. 未按作业标准每处扣2分,未做每处扣5分。 2. 开口销角度小于60°扣5分。 3. 配件漏装每处减5分。 4. 螺母松动每个扣10分		
	作业完毕10分	1. 打开截断塞门,将截断塞门手把旋转至与截断塞门平行位置,使截断塞门处于全开位状态。 2. 橡胶件剪切破坏处理	1. 截断塞门未开放扣5分。 2. 未开放至全开位扣2分。 3. 橡胶垫未剪切每处扣2分		
工具设备使用维护10分		1. 正确使用工、卡、量具。 2. 工、卡、量具,配件,材料等不得坠落。 3. 作业完毕进行工、卡、量具维护保养、摆放整齐	1. 工、卡、量具使用不正确每次扣2分,坠落每次扣2分。 2. 作业完毕未进行工卡量具维护保养和放置不当每件扣1分		
安全及其他10分		1. 正确穿戴、使用劳保用品。 2. 作业完毕清扫场地	1. 未按规定穿戴劳保用品扣3分。作业完毕未清扫场地扣2分。 2. 轻微受伤时扣5分。 3. 其他不安全因素每次扣3分		
时间20分		正式操作时间:6 min	每超过9 s扣1分(不足9 s不扣分)		
合计		100分			
否决项目		1. 未设置防护红旗开始作业时失格。 2. 未关闭截断塞门,排井余风时失格。 3. 漏换一项时失格。 4. 超过规定时间的50%时失格。 5. 受伤不能继续作业时失格			

第三节 更换KZW系列调整阀、传感阀

一、准备通知单

(一)材料准备

序号	名称	规格	数量	备注
1	调整阀		1套	
2	传感阀		1套	
3	止动垫圈		2个	
4	密封垫圈		1套	
5	滤尘网		2个	

(二)工具准备

序号	名称	规格	数量	备注
1	防护信号旗		1面	
2	扳手(活口扳手、电动扳手、棘轮扳手均可)		1把	

续上表

序号	名　　称	规　　格	数量	备　注
3	开口扳手	17-19 mm	1把	
4	套筒头	M19	1个	
5	配件存放垫(盒)		1个	

二、技能操作试题

(一)考核项目:更换 KZW 系列调整阀、传感阀

(二)分值:100 分

(三)考核时间

1. 准备时间:1 min。

2. 正式操作时间:6 min。

3. 规定时间内全部完成。每超时 9 s 扣 1 分(不足 9 s 不扣分),超过规定时间的 50% 失格。

(四)操作要求或技术标准

1. 作业前准备:工作者须按规定穿戴好劳动保护用品。工具、配件整齐摆放到指定位置,检查各工具技术状态良好。

2. 插设防护信号:确认安全防护信号插设好后,方可进行作业。

3. 关门排风:关闭截断塞门,将塞门手把旋转到与折角塞门成 90°角的位置。向外拉动缓解阀拉杆排尽副风缸余风。

4. 分解:

(1)调整阀:待熔接工割除调整阀组装螺栓后焊点后,使用扳手逆时针方向转动卸下两条螺栓取下调整阀,安装防护垫后放入回收箱内。取下调整阀安装座上的旧胶垫进行破坏处理后,放入废料箱。

(2)传感阀:用扳手逆时针转动分解传感阀安装螺母取下传感阀,安装防护垫后放入回收箱内。

5. 检查:检查调整阀、传感阀安装座无裂纹缺损。确认检查安装调整阀、传感阀型号是否与现车匹配,不匹配须更换;传感阀调整行程装用转 K6 型转向架者为 27 mm、装用转 K2 型转向架者为 21 mm。检查阀体无裂纹缺损,传感阀、调整阀须安装防护件,无防护件时更换;检修标记须清晰,储存期不超过 3 个月;传感阀防尘罩安装正位,安装垫、密封垫圈须更换新品状态良好,储存期不超过 6 个月;滤尘网无缺损,确认符合装车要求。

6. 组装:

(1)调整阀:安装菱形密封垫,密封垫的气密线朝外。依次安装调整阀、防护架、止动垫圈、安装螺母,使用扳手顺时针方向均匀紧固,装用状态良好。

(2)传感阀:取下传感阀防护件,在传感阀座孔内安装滤尘网、密封垫圈。依次安装传感阀、弹垫、螺母,使用扳手顺时针方向均匀紧固。

7. 打开截断塞门:将手把旋转至与组合式集尘器制动支管平行的位置,使截断塞门处于全开位状态。

8. 收拾工具,做到工完料净场地清。

三、配分及评分标准

<table>
<tr><th colspan="2">项目及配分</th><th>作业标准</th><th>评分标准</th><th>扣分</th><th>得分</th></tr>
<tr><td rowspan="5">操作程序及质量60分</td><td>准备工作5分</td><td>工具、材料、配件准备齐全,作用良好</td><td>准备不全每少一件扣1分</td><td></td><td></td></tr>
<tr><td>分解10分</td><td>1. 关闭截断塞门并排风,分解调整阀:分解安装螺栓、防护架、调整阀、橡胶密封垫。
2. 分解传感阀:分解安装螺栓、传感阀、密封垫、滤尘网。
3. 橡胶密封垫须破坏处理</td><td>1. 未按作业标准每处扣2分。
2. 未排净余风扣5分。
3. 橡胶件未破坏每处扣2分</td><td></td><td></td></tr>
<tr><td>检查20分</td><td>1. 检查调整阀、传感阀安装座无裂纹缺损,检查传感阀型号与现车匹配(60 t级为C-21型,70 t级以上为C-27型)。
2. 检查阀体无裂纹缺损,阀体标记清晰,配件齐全,储存期不超过3个月。
3. 检查新品橡胶件作用良好,保质期不超过6个月。
4. 检查滤尘网良好无破损</td><td>1. 未检查各配件、材料状态、橡胶件保质期、阀类储存日期每处扣5分。
2. 未确认阀型、车型相符扣5分。
3. 未按标准作业扣2分。
4. 标准需口述,未口述每处扣2分</td><td></td><td></td></tr>
<tr><td>组装20分</td><td>1. 组装调整阀:组装密封垫气密线向外,依次组装调整阀、防护架、止动垫圈(安装正位)、安装螺母,安装螺母需均匀紧固。
2. 组装传感阀:传感阀座孔内安装滤尘网、密封垫圈,依次组装调整阀、弹簧垫圈、安装螺母,安装螺母需均匀紧固</td><td>1. 未按标准作业每处扣2分。
2. 螺母未均匀紧固一处扣5分。
3. 配件漏装每处扣5分。
4. 螺母松动每个扣10分</td><td></td><td></td></tr>
<tr><td>作业完毕5分</td><td>打开截断塞门,将截断塞门手把旋转至与截断塞门平行位置,使截断塞门处于全开位状态</td><td>1. 截断塞门未开放扣5分。
2. 未开放至全开位扣2分</td><td></td><td></td></tr>
<tr><td colspan="2">工具设备使用维护10分</td><td>1. 正确使用工、卡、量具。
2. 工、卡、量具,配件,材料等不得坠落。
3. 作业完毕进行工、卡、量具维护保养、摆放整齐</td><td>1. 工、卡、量具使用不正确每次扣2分,坠落每次扣2分。
2. 作业完毕未进行工、卡、量具维护保养和放置不当每件扣1分</td><td></td><td></td></tr>
<tr><td colspan="2">安全及其他10分</td><td>1. 正确穿戴、使用劳保用品。
2. 作业完毕清扫场地</td><td>1. 未按规定穿戴劳保用品扣3分。
2. 轻微受伤时扣5分。
3. 其他不安全因素每次扣3分。
4. 作业完毕未清扫场地扣2分</td><td></td><td></td></tr>
<tr><td colspan="2">时间20分</td><td>正式操作时间:6 min</td><td>每超过9 s扣1分(不足9 s不扣分)</td><td></td><td></td></tr>
<tr><td colspan="2">合计</td><td colspan="2">100分</td><td></td><td></td></tr>
<tr><td colspan="2">否决项目</td><td colspan="4">1. 未设置防护红旗开始作业时失格。
2. 带风作业时失格。
3. 超过规定时间的50%时失格。
4. 受伤不能继续作业时失格</td></tr>
</table>

第四节　脱轨自动制动装置检修及组装

一、准备通知单

(一)考场准备

车辆制动机的检修场地或工位(有车辆停留线);1 辆装备有脱轨自动制动装置的货车(拉环已分解);工作场地整洁,采光良好,有风源;隔离措施良好,无安全隐患。

(二)工具、量具准备

序号	名　称	规　格	数量	备　注
1	装备有脱轨自动制动装置的货车		1 辆	拉环已分解
2	游标卡尺		1 把	
3	针规(塞尺)	1 mm	1 套	
4	手电		1 把	
5	脱轨自动制动装置量规		1 把	
6	抽芯铆钉枪		1 把	
7	抽芯铆钉	3×14;3×10	若干	
8	卷尺		1 把	
9	扁销	KMP01B-00-03	若干	
10	圆销	KMP01B-00-04	若干	
11	红旗		1 面	

(三)技术准备

装备有脱轨自动制动装置的货车 1 辆,拉环已分解。

(四)其他准备工作

1. 工作者必须佩戴好劳保用品。
2. 全面检查所用工具、量具齐全良好。

二、技能操作试题

(一)考核项目:脱轨自动制动装置检修及组装

(二)考评分值:100 分

(三)考核时间

1. 准备时间:1 min。
2. 正式操作时间:5 min。
3. 每超过 7.5 s 扣 1 分,不足 7.5 s 不扣分,超过规定时间 50%全项失格。

(四)对已分解拉环的脱轨自动制动装置进行现车检修,使用量具进行限度检查,规范组装拉环

(五)检修、组装程序、内容及操作方法正确、规范

(六)安全文明操作,正确使用、维护工、卡、量具

(七)操作要求及技术标准

1. 现车脱轨自动制动装置外观检查及检测

(1)脱轨制动阀体裂纹时更换。脱轨制动阀调节杆变形时调修或更换,裂损时更换。

(2)脱轨制动阀杆漏泄、破损时更换,球阀漏泄时更换。

(3)检测制动阀杆端头与作用杆孔上、下间隙(图 5-4-1),单边不小于 1 mm。

(4)脱轨制动阀调节杆与作用杆螺纹损坏更换。阀盖丢失时补装。

(5)脱轨制动阀安装螺栓松动时紧固,丢失时补装。

(6)用游标卡尺检测脱轨装置顶梁体剩余厚度(图 5-4-2),小于原形 1.5 mm 时更换。

图 5-4-1　检测制动阀杆端头与作用杆孔上、下间隙

图 5-4-2　检测脱轨装置顶梁体剩余厚度

2. 脱轨装置拉环检查及检测

(1)脱轨装置拉环变形时调修,无法调修、裂损时更换。

(2)脱轨装置拉环腐蚀严重时,用游标卡尺检测剩余厚度(图 5-4-3),小于 1.5 mm 时更换。

(3)用卷尺测量拉环销孔与底部钢管内侧高度(图 5-4-4),Ⅱ型拉环销孔距底部钢管内侧高度 366 mm;尺寸不符时更换。

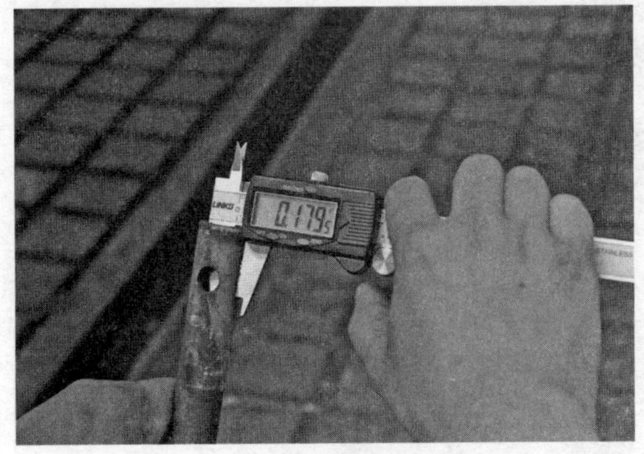

图 5-4-3　检测脱轨拉环厚度

图 5-4-4　检测拉环销孔与底部钢管内侧高度

3. 脱轨阀拉环组装

(1)规定组装脱轨自动制动装置拉环;配属车全部装用Ⅱ型黄色拉环,限位筒圆销孔方向为横向。

(2)用脱轨装置综合检测样板进行检测,车轴上边缘与顶梁下平面的距离 ΔY_2,向上或向下旋转顶梁,调节车轴上边缘与顶梁下平面的距离 ΔY_2 至规定值(表 5-4-1),插入扁销,扁销应符合表 5-4-2 中的规定。

表 5-4-1　ΔX、ΔY_1、ΔY_2 取值范围　单位:mm

轴重	21 t		25 t
转向架型号	转 8 系列、转 K2 型	转 K4 型	转 K5、转 K6 型
ΔX	80±10	50±10	75±10
ΔY_2	85±2	105±2	100±2
ΔY_1	40^{+3}_{-5}	45^{+3}_{-5}	40^{+3}_{-5}

表 5-4-2　连接销及抽芯铆钉的代号及材料

名　称	代　号	材　料
圆销	KMP01B-00-04	45 钢
扁销	KMP01B-00-03	45 钢
抽芯铆钉 3×10	GB/T 12617.4	51 级
抽芯铆钉 3×14	GB/T 12617.4	51 级

(3)将拉环两端插入顶梁限位孔中,插入圆销,圆销规格应符合表 5-4-2 中的规定。

(4)用样板检测车轴下边缘至拉环的距离 ΔY_1 及车轴左右边缘与拉环的距离 ΔX,距离须符合表 5-4-1 中的规定。

(5)用样板检测车轴上边缘与顶梁下平面的距离 ΔY_2、车轴下边缘至拉环的距离 ΔY_1 及车轴左右边缘与拉环的距离 ΔX 均符合规定后,用抽芯铆钉铆接扁销、圆销,扁销、圆销、抽芯铆钉规格见表 5-4-2。

4. 抽芯铆钉组装

(1)抽芯铆钉使用拉铆枪铆固,与顶梁组成的圆销用抽芯铆钉 3×14 mm 铆接,连接螺母、作用杆与调节杆的扁销需用抽芯铆钉 3×10 mm 铆接。

(2)铆接时须使用抽芯铆钉枪沿铆钉轴向拉断,不得使铆钉产生弯曲;铆接过程中要保持钉体直径最大的挡边部分与被铆接件接触,防止二者之间产生间隙导致

钉芯拉断后使钉帽在孔内胀开;铆接后须检查铆接质量,铆钉弯曲、成型不良、孔内胀开或松动时更换。

三、配分及评分标准

项目		配分	考 核 内 容	评 分 标 准	扣分	得分
操作程序及质量	准备	5 分	1. 工、卡、量具准备齐全。 2. 检查量具认定标签不过期,作用良好	1. 工、卡、量具准备不全每件扣 1 分。 2. 未检查、确认量具检定日期每件扣 2 分		

续上表

项目		配分	考核内容	评分标准	扣分	得分
操作程序及质量	脱轨自动制动装置外观检查、检测	30分	1. 做好防护措施,关闭截断塞门、排净车辆余风。 2. 外观检查脱轨阀阀体、调节杆、作用杆是否良好,安装螺栓是否松动。 3. 样板、量具检测: (1)端头与作用杆单边间隙不小于1 mm。 (2)顶梁体腐蚀、裂损不小于1.5 mm。 (2)脱轨阀拉环检测不小于1.5 mm。 (3)Ⅱ型拉环销孔距底部钢管内侧高度366 mm	1. 未进行外观检查扣5分。 2. 未检查安装螺栓扣5分。 3. 未检测间隙限度扣5分。 4. 未检测脱轨阀拉环磨耗扣5分。 5. 未检测拉环长度扣3分。 6. 使用量具不正确每项扣3分		
	脱轨自动制动装置拉环组装	20分	按照规范作业程序组装拉环,并进行样板检测: 1. 车轴下边缘至拉环的距离 ΔY_1 为 40^{+3}_{-5} mm。 2. 车轴左右边缘与拉环的距离 ΔX 为(75±10) mm。 3. 车轴上边缘与顶梁下平面的距离 ΔY_2 为(100±2) mm	1. 未检测每项扣10分。 2. 量具使用不正确每处扣5分		
	抽芯铆钉组装	10分	1. 顶梁组成的圆销用抽芯铆钉3×14 mm铆接。 2. 连接螺母、作用杆与调节杆的扁销需用抽芯铆钉3×10 mm铆接	1. 未沿抽芯铆钉轴向,拉断铆钉扣10分。 2. 铆接后须检查铆接质量,铆钉弯曲、成型不良、孔内胀开或松动时,每项扣5分		
	时间	20分	规定时间5 mm	每超7.5 s扣1分(不足7.5 s不扣分)		
工具设备使用		5分	1. 正确使用工、卡、量具;不得损坏工、卡、量具及设备。 2. 工、卡、量具,配件,材料等不得脱落。 3. 作业完毕进行工、卡、量具维护保养并摆放整齐	1. 工、卡、量具使用不当一次扣2分。 2. 工、卡、量具损坏一件扣5分。 3. 工、卡、量具,配件,材料等脱落每处扣2分。 4. 作业完毕未进行工、卡、量具维护保养,每件扣1分		
安全及其他		10分	1. 正确穿戴、使用劳保防护用品。 2. 作业完毕做到工完料净场地清。 3. 不得发生其他不安全因素	1. 不按规定穿戴、使用劳保防护用品扣2分。 2. 作业碰伤出血扣3分。 3. 作业完毕未清理场地扣3分。 4. 其他不安全因素每处扣3分		
合计		100分				
失格项目		1. 未设置防护红旗开始作业时失格。 2. 未关闭截断塞门排净余风作业时失格。 3. 超过规定时间50%时失格。 4. 受伤不能继续作业时失格				

第五节　脚踏式人力制动机检查、检测及性能试验

一、准备通知单

(一)工具、材料准备

序号	名　称	规　格	数量	备　注
1	钢丝刷		1把	
2	强光手电		1把	
3	检点锤		1把	
4	二硫化钼		适量	

(二)量具准备

序号	名　称	规　格	数量	备　注
1	人力制动机检测量规		1把	
2	现车制动综合检测量规		1把	
3	游标卡尺		1把	

(三)其他准备

1. 工作者必须佩戴好劳保用品。
2. 全面检查所用工具、量具齐全良好,计量器具检定不过期。

二、技能操作试题

(一)考核项目:脚踏式人力制动机检查、检测及性能试验

(二)分值:100 分

(三)考核时间

1. 准备时间:1 min。
2. 正式操作时间:5 min。
3. 每超时 7.5 s 扣 1 分,超过规定时间 50%时失格。

(四)操作要求或技术标准

1. 作业人员根据脚踏式制动机上标记车型信息,填写脚踏式制动机检修记录。
2. 用检点锤敲击连接部位,检查各零件不得出现裂纹、破损,作用不良。
3. 检修试验合格后,各转动部位须涂干性二硫化钼润滑脂。
4. 脚踏式制动机改造链条组成钢丝绳不得断股、安全锁接头不得松动,脚制动机挂链螺杆不得松动,松动时紧固。
5. 支点座不得变形,焊缝开裂时清除原焊缝,消除裂纹后焊修。配重铁绕销轴转动须灵活,杠杆不得变形。
6. 使用人力制动机检测量规测量控制棘爪、绕链棘爪齿尖 R 值的磨损不大于 2.5 mm,绕

链棘轮棘齿的 K 值磨损不大于 1 mm。控制棘爪及绕链棘轮棘齿尺寸如图 5-5-1、图 5-5-2 所示。

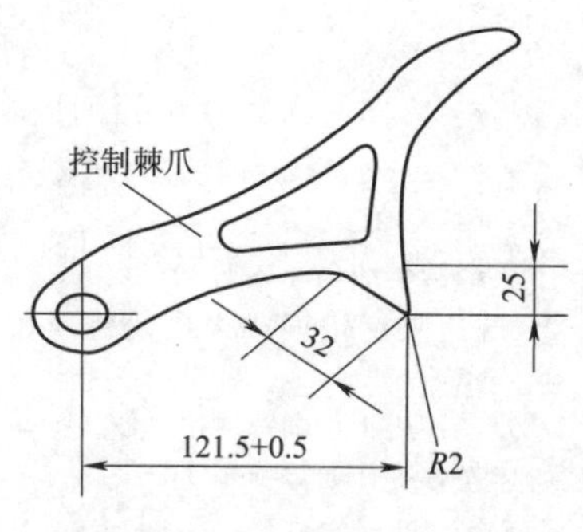

图 5-5-1　控制棘爪尺寸

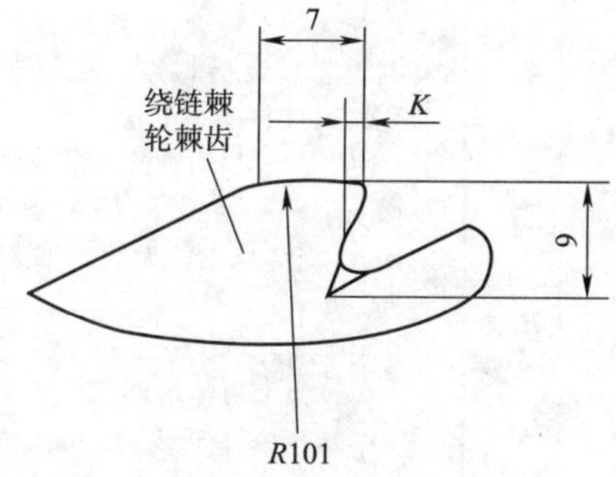

图 5-5-2　绕链棘轮棘齿尺寸

7. 圆销磨耗不大于 2 mm,圆锁不得变形。

测量方法:用游标卡尺外测量爪卡住圆销磨耗部位,推动副尺与测量部件紧贴时,紧固螺钉锁定,读取游标卡尺数值,与原形相比相差大于 2 mm 时超限。

8. 齿轮轴端直径磨耗不大于 1 mm。

测量方法:用游标卡尺外测量爪卡住销轴磨耗部位,推动副尺与测量部件紧贴时,紧固螺钉锁定,读取游标卡尺数值,与原形相比相差大于 1 mm 时超限。

9. 链蹄环螺杆原形 ϕ12 mm,磨耗不大于 3 mm。

测量方法:用游标卡尺外测量爪卡住螺杆磨耗部位,推动副尺与测量部件紧贴时,紧固螺钉锁定,读取游标卡尺数值,与原形相比大于 3 mm 时超限。

10. 分解制动机链时须测量螺栓孔,链蹄环螺栓孔原形一端 ϕ18 mm、另一端 ϕ13 mm,磨耗不大于 2 mm,超限时更换脚踏式制动机。

测量方法:用人力制动机检测量规 20Z、15Z 处卡住销孔磨耗最深处测量,插入时超限。

11. 性能试验:在外力作用下脚蹬应在(240±20) mm 行程范围内上下运动,各活动零件(脚踏杠杆、拉杆、绕链棘爪、重锤连块)须动作灵活,不得互相干扰;控制杠杆置于制动位(左位),脚蹬在外力作用下重复(240±20) mm 的全行程 4 次,每次须过 2 齿;控制杠杆置于缓解位(右位),绕链棘爪能自由转动而脚踏杠杆上下踏动为无效运动。

三、配分及评分标准

项目及配分			考核内容	评分标准	扣分	得分
操作程序及质量	10 分	准备	1. 准备工具、材料、量具、样板等。 2. 检查量具、样板校验不过期。 3. 拉力试验机技能校验合格	1. 工、卡、量具准备不全每件扣 1 分。 2. 未检查量具定检日期扣 2 分。 3. 未确认机能校验扣 2 分		
	40 分	检查检测	1. 作业人员根据脚踏式制动机上标记车型信息,填写脚踏式制动机检修记录。 2. 用检点锤敲击检查连接部位,目视检查各零件不得出现裂纹、破损,作用不良。 3. 脚踏式制动机改造链条组成,检查钢丝绳不得断股、安全锁接头不得松动,脚制动机挂链螺杆不得松动,松动时紧固			

续上表

<table>
<tr><th colspan="2">项目及配分</th><th colspan="2">考 核 内 容</th><th>评 分 标 准</th><th>扣分</th><th>得分</th></tr>
<tr><td rowspan="2">操作程序及质量</td><td>40分</td><td>检查检测</td><td>4. 支点座不得变形，焊缝开裂时清除原焊缝，消除裂纹后焊修。配重铁绕销轴转动须灵活，杠杆不得变形。
5. 使用人力制动机检测量规测量控制棘爪、绕链棘爪齿尖 R 值的磨损不大于 2.5 mm，绕链棘轮棘齿的 K 值磨损不大于 1 mm。
6. 圆销磨耗不大于 2 mm 和变形。
7. 齿轮轴端直径磨耗不大于 1 mm。
8. 链蹄环螺杆原形 ϕ12 mm，磨耗不大于 3 mm。
9. 分解制动机链时须测量螺栓孔，链蹄环螺栓孔原形一端 ϕ18 mm、另一端 ϕ13 mm，磨耗不大于 2 mm。
10. 以上步骤须口述</td><td>1. 未检测每项扣 5 分。
2. 口述限度错误或未口述每项扣 5 分。
3. 量具使用不正确每项扣 2 分。
4. 未按标准作业每项扣 5 分</td><td></td><td></td></tr>
<tr><td>20分</td><td>试验</td><td>1. 在外力作用下脚蹬应在(240±20) mm 行程范围内上下运动，各活动零件(脚踏杠杆、拉杆、绕链棘爪、重锤连块)须动作灵活，不得互相干扰。
2. 控制杠杆置于制动位(左位)，脚蹬在外力作用下重复(240±20) mm 的全行程 4 次，每次须过 2 齿。
3. 控制杠杆置于缓解位(右位)，绕链棘爪能自由转动而脚踏杠杆上下踏动为无效运动。
4. 检修试验合格后，各转动部位须涂干性二硫化钼润滑脂。
5. 上述步骤须口述</td><td>1. 操作错误每项扣 5 分。
2. 口述限度错误或未口述每项扣 5 分。
3. 未按标准作业每项扣 5 分</td><td></td><td></td></tr>
<tr><td>工具设备使用与维护</td><td>10分</td><td colspan="2">1. 正确使用工、卡、量具；不得损坏工、卡、量具及设备。
2. 工、卡、量具，配件，材料等不得脱落。
3. 作业完毕进行工、卡、量具维护保养并摆放整齐</td><td>1. 工、卡、量具使用不当一次扣 2 分，损坏一件扣 5 分。
2. 工、卡、量具，配件，材料等脱落每处扣 2 分。
3. 作业完毕未进行工、卡、量具维护保养和放置不当，每件扣 1 分</td><td></td><td></td></tr>
<tr><td>安全及其他</td><td>10分</td><td colspan="2">1. 正确穿戴、使用劳保防护用品。
2. 作业完毕做到工完料净场地清。
3. 不得发生其他不安全因素</td><td>1. 不按规定穿戴、使用劳保防护用品扣 2 分，轻微受伤扣 3 分。
2. 作业完毕未清理场地扣 3 分。
3. 其他不安全因素每处扣 3 分</td><td></td><td></td></tr>
<tr><td>时间</td><td>10分</td><td colspan="2">规定时间 5 min</td><td>每超 7.5 s 扣 1 分(不足 7.5 s 不扣分)</td><td></td><td></td></tr>
<tr><td>合计</td><td colspan="4">100分</td><td></td><td></td></tr>
<tr><td>否决项目</td><td colspan="6">1. 破皮、出血不能继续作业时失格。
2. 超过规定时间 50%时时失格</td></tr>
</table>

第六节　现车NSW型手制动机性能检查、试验

一、准备通知单

(一)工具准备

序号	名　称	规　格	数量	备　注
1	防护红旗		1面	
2	强光手电		1把	
3	撬棍		1根	

(二)量具准备

序号	名　称	规　格	数量	备　注
1	人力制动机检测量规		1把	
2	间隙塞尺		1把	
3	现车制动综合检测量规		1把	
4	游标卡尺		1把	
5	钢卷尺		1个	

(三)其他准备

1. 工作者必须佩戴好劳保用品。

2. 全面检查所用工具、量具齐全良好,计量器具检定不过期。

二、技能操作试题

(一)考核项目:现车NSW型手制动机性能检查、试验

(二)分值:100分

(三)考核时间

1. 准备时间:1 min。

2. 正式操作时间:5 min。

3. 每超时7.5 s扣1分,超过规定时间50%时失格。

(四)操作要求或技术标准

1. 人力制动机附件检查测量

(1)手制动拉杆导架剩余厚度不小于3 mm,滚套剩余厚度不小于1 mm。测量方法:游标卡尺外测量爪卡住滚套或导架腐蚀磨耗部位,推动副尺与测量部件紧贴时用紧固螺钉锁定,读取游标卡尺数值磨耗剩余厚度。

(2)拉杆磨耗不大于3 mm。测量方法:游标卡尺外测量爪卡住拉杆腐蚀磨耗最深部位,推动副尺与测量部件紧贴时用紧固螺钉锁定,读取游标卡尺数值与未磨耗部位相比大于3 mm为超限。

(3)手制动机定滑轮、动滑轮组装时,圆销型号与原车一致。原采用螺栓或拉铆销组装且状态良好时,可保持原连接方式。

(4)人力制动机定滑轮圆销与垫片结构须为螺栓与螺母结构,螺栓由外向里(即车体纵向中心线方向)穿,螺母与螺栓须圆周满焊焊固,螺栓组装后须留有3～8 mm的纵向间隙。

2. NSW 型手制动机检查测量

(1)卷链轴齿轮凹槽深度磨耗不大于 14 mm。测量方法:使用人力制动机综合检测量规 14Z 出卡入卷链轴凹槽中,量具顶端能接触卷链轴凹槽,基准面不接触卷链轴合格。

(2)手制动机链环、拉杆链环直径磨耗不小于 ϕ9 mm。测量方法:使用人力制动机检测量规 9Z 处测量磨耗部位,通过时超限。

(3)车辆空车全缓解位时,卷尺测量前制动杠杆与手制动拉杆之间链条的松余量不小于 30 mm。

3. NSW 手制动机性能试验

(1)制动试验:在功能手柄置于常用位时,顺时针方向转动手轮,须产生并保持制动力。

(2)缓解试验:快速逆时针方向转动手轮约 40°时须缓解。

(3)调力试验:功能手柄置于常用位,顺时针转动手轮,当链条产生一定拉力时,给手轮施加顺时针方向扭矩的同时,将功能手柄拨向调力位,此时,链条拉力可随手轮的旋转增大或减小。

(4)人力制动机检查、试验,作用良好,制动时每个转向架用撬棍至少检查 1 处闸瓦须抱紧车轮,缓解时每个转向架用撬棍至少检查 1 处闸瓦须松开车轮。

三、配分及评分标准

项目及配分		考核内容		评分标准	扣分	得分
操作程序及质量	60 分	准备	1. 准备工具、材料、量具、样板等。 2. 检查量具、样板校验不过期、基准点定位准确	1. 工、卡、量具准备不全每件扣 1 分。 2. 未检查量具定检日期扣 2 分		
操作程序及质量	60 分	作业质量	检测: 1. 手制动拉杆导架剩余厚度不小于 3 mm,滚套剩余厚度不小于 1 mm。 2. 拉杆磨耗不大于 3 mm。 3. 人力制动机定滑轮圆销与垫片结构须为螺栓与螺母结构,螺栓组装后须留有 3~8 mm 的纵向间隙。 4. 卷链轴齿轮凹槽深度磨耗不大于 14 mm。 5. 手制动机链环、拉杆链环直径磨耗不小于 ϕ9 mm。 6. 车辆空车全缓解位时,卷尺测量前制动杠杆与手制动拉杆之间链条的松余量不小于 30 mm。 试验: 1. 制动试验:在功能手柄置于常用位时,顺时针方向转动手轮,须产生并保持制动力。 2. 缓解试验:快速逆时针方向转动手轮约 40°时须缓解。 3. 调力试验:功能手柄置于常用位,顺时针转动手轮,当链条产生一定拉力时,给手轮施加顺时针方向扭矩的同时,将功能手柄拨向调力位,此时,链条拉力可随手轮的旋转增大或减小。 4. 人力制动机检查、试验,作用良好,制动时每个转向架用撬棍至少检查 1 处,闸瓦须抱紧车轮,缓解时每个转向架用撬棍至少检查 1 处闸瓦须松开车轮	1. 漏测项扣 10 分。 2. 口述限度错误或未口述每项扣 5 分。 3. 功能手柄调节错误每次扣 5 分。 4. 作业顺序错误每项扣 5 分。 5. 量具使用不正确每项扣 2 分。 6. 制动和缓解时未检查闸瓦抱紧车轮每次扣 10 分。 7. 未按标准作业每项扣 5 分		

续上表

项目及配分		考 核 内 容	评 分 标 准	扣分	得分
工具设备使用与维护	10分	1. 正确使用工、卡、量具;不得损坏工、卡、量具及设备。 2. 工、卡、量具,配件,材料等不得脱落。 3. 作业完毕进行工、卡、量具维护保养并摆放整齐	1. 工、卡、量具使用不当一次扣2分,损坏一件扣5分。 2. 工、卡、量具,配件,材料等脱落每处扣2分。 3. 作业完毕未进行工、卡、量具维护保养和放置不当,每件扣1分		
安全及其他	10分	1. 正确穿戴、使用劳保防护用品。 2. 作业完毕做到工完料净场地清。 3. 不得发生其他不安全因素	1. 不按规定穿戴、使用劳保防护用品扣2分。 2. 轻微受伤扣3分。 3. 作业完毕未清理场地扣3分。 4. 其他不安全因素每处扣3分。 5. 踩踏车钩部位扣10分		
时间	20分	规定时间5 min	每超7.5 s扣1分(不足7.5 s不扣分)		
合计		100分			
否决项目		1. 破皮、出血不能继续作业失格。 2. 超过规定时间50%时失格。 3. 未插防护红旗开始作业时失格			

第七节　NSW型手制动机检修、拉力试验及性能试验[厂修(Z4修)]

一、准备通知单

(一)工具、材料、配件准备

序号	名　　称	规　　格	数量	备　注
1	钢丝刷		1把	
2	强光手电		1把	
3	手锤		1把	
4	定位销		1个	
5	注油孔塞		1个	
6	主动轴		1个	损坏时更换
7	键轮		1个	损坏时更换

(二)量具准备

序号	名　　称	规　　格	数量	备　注
1	人力制动机检测量规		1把	
2	现车制动综合检测量规		1把	
3	游标卡尺		1把	

(三)其他准备

1. 工作者必须佩戴好劳保用品。
2. 全面检查所用工具、量具齐全良好,计量器具检定不过期。

二、技能操作试题

(一)考核项目:NSW型手制动机检修、拉力试验及性能试验[厂修(Z4修)]

(二)分值:100 分

(三)考核时间

1. 准备时间:1 min。

2. 正式操作时间:25 min。

3. 每超时 37.5 s 扣 1 分,超过规定时间 50%时失格。

(四)操作要求或技术标准

1. 分解制动机箱内配件。取下主动轴、卷链轴,将装有锁闭机构的锁臂、锁臂弹簧、轴、轴架和锁臂凸轮拆除。

2. 手轮组成和箱壳组成零部件检修。

检测方法:作业人员将手轮和箱壳组成放置在检修平台上,目视检查各配件表面,不得出现裂纹或焊缝开裂。改进型 NSW 型手制动机,拉铆套环不得出现裂纹、主动轴拉铆旋槽不得损坏。

3. 箱壳组成中的注油孔塞须更换新品。

更换方法:作业人员使用铁钎撬动注油孔塞边缘,将注油孔塞取出。组装新品注油孔塞时,先将注油孔塞安装在注油孔内,再用铁钎挤压油孔塞边缘,使四周密封良好。

4. 棘轮、离合器、小齿轮不得损坏;键轮损坏时,主动轴和键轮须同时更换。

检测方法:作业人员将棘轮、离合器、小齿轮、键轮放置在检修平台上,目视检查配件表面,发现裂损时更换新品,发现键轮损坏时,主动轴和键轮须同时更换。

5. 卷链轴凹槽深度不大于 14 mm。

检测方法:使用人力制动机综合检测量规,14Z 端卡入卷链轴凹槽中,量具顶端能接触卷链轴凹槽,基准面不接触卷链轴合格。

6. 链环直径磨耗后不小于 9 mm。

检测方法:作业人员手持链环,将链环磨耗最深部位插入人力制动机检测量具的 9Z 端,能插入时即为磨耗超限,更换新品。

7. 检测结果填写 NSW 型手制动机检修记录。

8. 链环裂纹时须熔接焊修,并须进行 14.70 kN 的拉力试验。

检测方法:作业人员目视检查链环表面,发现裂纹时,做好标记转移至检修平台,进行熔接焊修作业。焊修后,应进行 14.70 kN 拉力试验。拉力试验前,先将卷链轴转运至 NSW 型手制动机检测流水线拉力试验工位。

9. 卷链轴拉力试验。

(1)作业人员将卷链轴垂直放入卡具凹槽内,在链环端头安装马蹄环,插入卡板内,调整角度将马蹄环与卡板螺栓孔同心,安装塞棒固定。

(2)启动拉力试验工位总开关,开启风阀,设置拉力试验基本参数,拉力数值应为 14.70 kN。启动拉力试验,保压 1 min 后,作业人员检查链环表面,无变形。拆下卷链轴放置到下道工序准备组装。

10. 手制动机组装。

(1)箱壳组成组装

作业人员将底座放置于组装平台上,在主动轴组成安装座槽内和卷链轴安装座槽内使用毛刷,涂抹 89D 制动缸润滑脂,然后双手各持检修合格的主动轴组成和卷链轴,同时平放入底座主动轴组成安装座槽和卷链轴安装座槽内,使主动轴组成小齿轮和卷链轴大齿轮啮合。使用毛刷在键轮与离合器之间、离合器与棘轮和小齿轮之间、小齿轮与主动轴之间和卷链轴组成的大齿轮涂抹 89D 制动缸润滑脂。

作业人员垂直安装箱壳组成，并在螺栓孔内安装定位销，然后转运至 NSW 型手制动机检修流水线箱壳组成铆接平台，进行铆接作业。

(2)箱壳组成铆接作业完毕后，作业人员对铆接质量进行目视检查：套环法兰面上的 3 个凸点，至少应有 1 个凸点产生明显的塑性变形，拆下定位销。将铆接完毕的箱壳组成转运至检修平台上，安装手轮。

(3)将组装完毕的 NSW 型手制动机放入专用托盘内，摆放整齐，转运至人力制动机性能试验台上，进行性能试验作业。

11. 性能试验，将手制动机安装在试验平台上，启动人力制动机电源总开关。

(1)制动试验：在功能手柄置于常用位时，顺时针方向转动手轮，须产生并保持制动力。

(2)缓解试验：快速逆时针方向转动手轮约 40°时须缓解。

(3)调力试验：功能手柄置于常用位，顺时针转动手轮，当链条产生一定拉力时，给手轮施加顺时针方向扭矩的同时，将功能手柄(功能手轮)拨向调力位，此时，链条拉力可随手轮的旋转增大或减小。

12. 手制动机性能试验结果填写 NSW 手制动机检修记录。

三、配分及评分标准

项目及配分			考核内容	评分标准	扣分	得分
操作程序及质量	10 分	准备	1. 准备工具、材料、量具、样板等。 2. 检查量具、样板校验不过期。 3. 拉力试验机技能效验合格	1. 工卡量具准备不全每件扣 1 分。 2. 未检查量具定检日期扣 2 分。 3. 未确认机能效验扣 2 分		
	20 分	分解检查检测	1. 分解制动机箱内配件。取下主动轴、卷链轴，将装有锁闭机构的锁臂、锁臂弹簧、轴、轴架和锁臂凸轮拆除。 2. 手轮组成和箱壳组成零部件检修： 目视检查各配件表面，不得出现裂纹或焊缝开裂。改进型 NSW 型手制动机，拉铆套环不得出现裂纹、主动轴拉铆旋槽不得损坏。 3. 箱壳组成中的注油孔塞须更换新品，使用铁钎撬动注油孔塞边缘，将注油孔塞取出。组装新品注油孔塞时，先将注油孔塞安装在注油孔内，再用铁钎挤压油孔塞边缘，使四周密封良好。 4. 检查棘轮、离合器、小齿轮不得损坏；键轮损坏时，主动轴和键轮须同时更换，检查棘轮、离合器、小齿轮、键轮无裂损，发现键轮损坏时，主动轴和键轮须同时更换。 5. 卷链轴凹槽深度不大于 14 mm，使用人力制动机综合检测量规，14Z 端卡入卷链轴凹槽中，量具顶端能接触卷链轴凹槽，基准面不接触卷链轴合格。 6. 链环直径磨耗后不小于 9 mm，将链环磨耗最深部位插入人力制动机检测量具的 9Z 端，能插入时即为磨耗超限。 7. 检测结果填写 NSW 手制动机检修记录。 8. 以上步骤须口述	1. 未检测每项扣 5 分。 2. 口述限度错误或未口述每项扣 5 分。 3. 量具使用不正确每项扣 2 分。 4. 未按标准作业每项扣 3 分		

续上表

项目及配分			考核内容	评分标准	扣分	得分
操作程序及质量	10分	拉力试验	1. 卷链轴拉力试验: (1)将卷链轴垂直放入卡具凹槽内,在链环端头安装马蹄环,插入卡板内,调整角度将马蹄环与卡板螺栓孔同心,安装塞棒固定。 (2)启动拉力试验开关,开启风阀,设置拉力试验基本参数,拉力数值为14.70 kN。启动拉力试验,保压1 min后,检查链环表面,无变形。 2. 上述步骤须口述	1. 操作错误每项扣2分。 2. 口述限度错误或未口述每项扣2分。 3. 拉力试验后未检查确认链及链环状态扣5分。 4. 未按标准作业每项扣2分		
	10分	组装	1. 箱壳组成组装:主动轴组成安装座槽内和卷链轴安装座槽内使用毛刷,涂抹89D制动缸润滑脂,将检修合格的主动轴组成和卷链轴,同时平放入底座主动轴组成安装座槽和卷链轴安装座槽内,使主动轴组成小齿轮和卷链轴大齿轮啮合。在键轮与离合器之间、离合器与棘轮和小齿轮之间、小齿轮与主动轴之间和卷链轴组成的大齿轮涂抹89D制动缸润滑脂。 2. 垂直安装箱壳组成,并在螺栓孔内安装定位销,然后转运至NSW型手制动机检修流水线箱壳组成铆接平台,进行铆接作业。 3. 箱壳组成铆接作业完毕后,作业人员对铆接质量进行目视检查:套环法兰面上的3个凸点,至少应有1个凸点产生明显的塑性变形,拆下定位销。将铆接完毕的箱壳组成转运至检修平台上,安装手轮。 4. 以上步骤须口述	1. 齿轮间未啮合扣5分。 2. 口述限度错误或未口述每项扣5分。 3. 未按标准作业每项扣3分		
	20分	性能试验	1. 制动试验:在功能手柄置于常用位时,顺时针方向转动手轮,确认产生并保持制动力。 2. 缓解试验:快速逆时针方向转动手轮约40°时须缓解。 3. 调力试验:功能手柄置于常用位,顺时针转动手轮,当链条产生一定拉力时,给手轮施加顺时针方向扭矩的同时,将功能手柄(功能手轮)拨向调力位,此时,链条拉力可随手轮的旋转增大或减小。 4. 以上步骤须口述	1. 未做性能试验每项扣5分。 2. 口述限度错误或未口述每项扣5分。 3. 未按标准作业每项扣3分		

续上表

项目及配分		考核内容	评分标准	扣分	得分
工具设备使用与维护	10分	1. 正确使用工、卡、量具;不得损坏工、卡、量具及设备。 2. 工、卡、量具,配件,材料等不得脱落。 3. 作业完毕进行工、卡、量具维护保养并摆放整齐	1. 工、卡、量具使用不当一次扣2分,损坏一件扣5分。 2. 工、卡、量具,配件,材料等脱落每处扣2分。 3. 作业完毕未进行工、卡、量具维护保养和放置不当,每件扣1分		
安全及其他	10分	1. 正确穿戴、使用劳保防护用品。 2. 作业完毕做到工完料净场地清。 3. 不得发生其他不安全因素	1. 不按规定穿戴、使用劳保防护用品扣2分。 2. 轻微受伤扣3分。 3. 作业完毕未清理场地扣3分。 4. 其他不安全因素每处扣3分		
时间	10分	规定时间25 min	每超37.5 s扣1分(不足37.5 s不扣分)		
合计		100分			
否决项目		1. 破皮、出血不能继续作业时失格。 2. 超过规定时间50%时失格			

第八节　链式手制动机检查、检测及拉力试验[厂修(Z4修)]

一、准备通知单

(一)工具准备

序号	名　　称	规　　格	数量	备　注
1	钢丝刷		1把	
2	强光手电		1把	
3	检点锤		1把	

(二)量具准备

序号	名　　称	规　　格	数量	备　注
1	人力制动机检测量规		1把	
2	现车制动综合检测量规		1把	
3	游标卡尺		1把	

(三)其他准备

1. 工作者必须佩戴好劳保用品。
2. 全面检查所用工具、量具齐全良好,计量器具检定不过期。

二、技能操作试题

(一)考核项目:链式手制动机检查、检测及拉力试验[厂修(Z4修)]

(二)分值:100 分

(三)考核时间

1. 准备时间:1 min。

2. 正式操作时间:8 min。

3. 每超时 12 s 扣 1 分,超过规定时间 50%时失格。

(四)操作要求或技术标准

1. 作业人员将手制动轴、手轮、操作手轮、棘轮、棘子、棘子托、棘子锤、轴键、链、链导板、转动支架、转动支架座、销链及滑轮等配件,分别放置在检修平台上。

2. 检查各型配件表面,发现裂损时报废更换处理。

3. 检查轴导架、轴托,发现弯曲、裂损时报废更换处理。

4. 检查手制动轴,发现弯曲时,将手制动轴转运至单柱校正压装液压机平台上,将弯曲部位垂直向上,启动液压泵将手制动轴调直;发现切伤现象,应使用电焊机进行焊修作业,再用角磨机将焊接表面打磨平整。

5. 固定链条式手制动轴直径原形 32 mm,磨耗不大于 2 mm。

检测方法:使用人力制动机检测量规的 30Z 处测量磨耗部位,插入时超限,手制动轴弯曲时调修,无法调修时更换。

6. 制动轴链直径磨耗不大于 2 mm。

检测方法:作业人员将现车制动综合检测量规的 8Z 端插入手制动轴链链环直径磨耗最大部位,插入时磨耗超。

7. 拉杆链直径磨耗不大于 2 mm。

检测方法:作业人员将现车制动综合检测量规的 10Z 端插入拉杆链链环直径磨耗最大部位,插入时磨耗超限,须更换处理。

8. 拉力试验。

(1)手制动轴链放置在制动拉杆链拉力试验机,进行拉力试验。启动电源总开关,在控制面板内设置拉力为 14.70 kN(图 5-8-1)。然后连接轴链两端羊眼螺栓与拉力试验工作位(图 5-8-2、图 5-8-3),启动拉力试验保持 1 min 后复位(图 5-8-4)。目视检查链环状态,不得裂损或产生永久变形。

图 5-8-1 设置拉力值

图 5-8-2 连接羊眼螺栓(1)

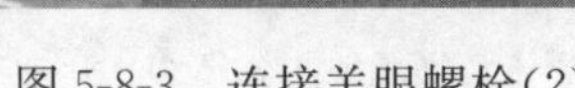

图 5-8-3　连接羊眼螺栓(2)

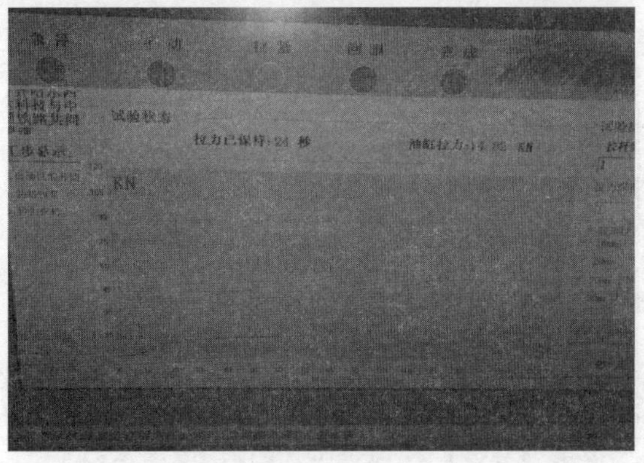

图 5-8-4　拉力试验保持 1 min

(2)手制动拉杆链环拉力试验。试验方法同制动轴链相同,试验拉力为 26.47 kN。

三、配分及评分标准

项目及配分		考核内容		评分标准	扣分	得分
操作程序及质量	10 分	准备	1. 准备工具、材料、量具、样板等。 2. 检查量具、样板校验不过期。 3. 拉力试验机技能校验合格	1. 工、卡、量具准备不全每件扣 1 分。 2. 未检查量具定检日期扣 2 分。 3. 未确认机能校验扣 2 分		
	30 分	检查检测	1. 将手制动轴、手轮、操作手轮、棘轮、棘子、棘子托、棘子锤、轴键、链、链导板、转动支架、转动支架座、销链及滑轮等配件,分别放置在检修平台上。 2. 检查各型配件表面,无裂纹、裂损、弯曲变形。 3. 检查轴导架、轴托,无弯曲、裂损。 4. 检查手制动轴,无弯曲。 5. 固定链条式手制动轴直径原形 32 mm,磨耗不大于 2 mm。 6. 制动轴链直径磨耗不大于 2 mm。 7. 拉杆链直径磨耗不大于 2 mm。 8. 以上步骤须口述	1. 未检测每项扣 5 分。 2. 口述限度错误或未口述每项扣 5 分。 3. 量具使用不正确每项扣 2 分。 4. 未按标准作业每项扣 5 分		
	30 分	拉力试验	1. 手制动轴链放置在制动拉杆链拉力试验机,进行拉力试验:启动电源总开关,在控制面板内设置拉力为 14.70 kN。然后连接轴链两端羊眼螺栓与拉力试验工作位,启动拉力试验保持 1 min 后复位,检查链环状态,不得裂损或产生永久变形。 2. 拉杆链环拉力试验:试验方法同制动轴链相同,试验拉力为 26.47 kN。 3. 上述步骤须口述	1. 操作错误每项扣 5 分。 2. 口述限度错误或未口述每项扣 5 分。 3. 拉力试验后未检查确认链及链环状态扣 10 分。 4. 未按标准作业每项扣 5 分		

续上表

项目及配分		考 核 内 容	评 分 标 准	扣分	得分
工具设备使用与维护	10 分	1. 正确使用工、卡、量具;不得损坏工、卡、量具及设备。 2. 工、卡、量具,配件,材料等不得脱落。 3. 作业完毕进行工、卡、量具维护保养并摆放整齐	1. 工、卡、量具使用不当一次扣 2 分,损坏一件扣 5 分。 2. 工、卡、量具,配件,材料等脱落每处扣 2 分。 3. 作业完毕未进行工、卡、量具维护保养和放置不当,每件扣 1 分		
安全及其他	10 分	1. 正确穿戴、使用劳保防护用品。 2. 作业完毕做到工完料净场地清。 3. 不得发生其他不安全因素	1. 不按规定穿戴、使用劳保防护用品扣 2 分。 2. 轻微受伤扣 3 分。 3. 作业完毕未清理场地扣 3 分。 4. 其他不安全因素每处扣 3 分		
时间	10 分	规定时间 8 min	每超 12 s 扣 1 分(不足 12 s 不扣分)		
合计		100 分			
否决项目		1. 破皮、出血不能继续作业时失格。 2. 超过规定时间 50%时失格			

第六章　铁路车辆制动钳工高级工操作技能(外制动)

第一节　单车试验

一、准备通知单

(一)设备准备

序号	名　称	规　格	数量	备　注
1	单车试验器		1台	

(二)工具准备

序号	名　称	规　格	数量	备　注
1	尼龙球回收器		1个	
2	尼龙球	ϕ25 mm	1个	
3	管钳		1把	
4	活口扳手		1把	
5	橡胶锤(软木锤)	5磅	1把	
6	软管堵		1个	
7	防锈检漏剂		1罐	
8	撬棍		1根	
9	红旗		1面	

(三)量具准备

序号	名　称	规　格	数量	备　注
1	闸调器试验垫板	340 mm×60 mm×16 mm R420 mm	1块	
2	空重车调整装置试验垫板		1块	
3	盒尺		1个	

二、技能操作试题

(一)考核项目:单车试验

(二)分值:100分

(三)考核时间

1. 准备时间:1 min。

2. 正式操作时间:60 min,每超时72 s扣1分(不足72 s不扣分)。超过规定时间的20%全项失格。

(四)操作要求或技术标准

1. 采用手动试验方式。

2. 确认安全防护信号(插旗)插设好后,关闭截断塞门排净余风,将塞门手把旋转到与截断塞门体成90°角的位置,向外拉动缓解阀拉杆排尽副风缸余风。

3. 制动缸后安装压力传感器。

4. 过球试验:开放车辆制动主管两端折角塞门,关闭截断塞门。将尼龙球回收器安装于远离单车试验器一端的制动软管上(图 6-1-1)。将尼龙球放在车辆接单车的软管连接器中(图 6-1-2),然后将单车试验器与之连挂。单车试验器置 1 位充风,尼龙球须通过制动主管进入回收器。试验完毕后,将回收器和尼龙球取下后安装软管堵。

图 6-1-1 安装回收器

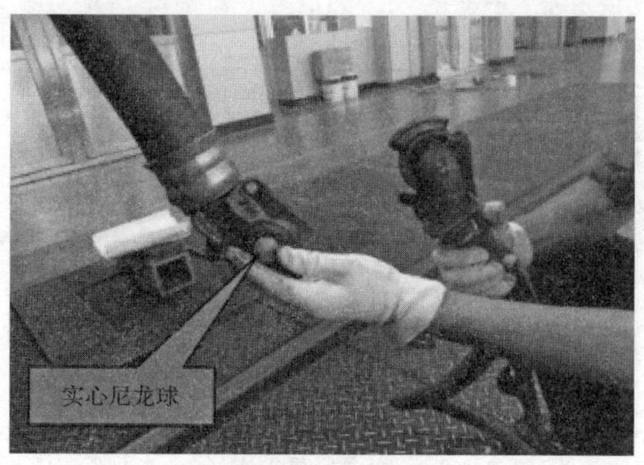

图 6-1-2 放入尼龙球

5. 制动管漏泄试验:

(1)单车试验器与车辆一端软管连接,关闭该端折角塞门,单车试验器置 1 位,制动管充置定压后(500 kPa),保压 1 min 不得漏泄。

(2)另一端软管加装软管堵,开放两端折角塞门,单车试验器置 1 位,制动管充至定压后保压 1 min,用防锈检漏剂检查主管管系各接头不得漏泄(图 6-1-3),制动管漏泄量不大于 5 kPa。

图 6-1-3 检查漏泄

(3)关闭另一端折角塞门,卸下软管堵(手抓牢制动软管),保压 1 min,漏泄量不大于 5 kPa(手拉动拉风线检查截断塞门球阀是否漏泄)。

6. 全车漏泄试验:开放截断塞门,单车试验器置 1 位充风,待副风缸充至定压后,用防锈检漏剂检查制动主支管及副风缸管系接头不得漏泄,保压 1 min,漏泄量不大于 5 kPa。

7. 制动、缓解感度试验:

(1)制动感度试验,单车试验器置 1 位充气,待副风缸充至定压后,将单车试验器移置 4 位。当制动管减压 40 kPa 时立即将单车试验器移置 3 位,制动机须在制动管减压 40 kPa 以前发生制动作用,其局部减压量:120/120-1 型不大于 40 kPa。局部减压作用终止后,保压 1 min,制动机不得发生自然缓解。

(2)缓解感度试验,将单车试验器移置 2 位充风,制动缸压力应在 45 s 内缓解至 30 kPa 以下。

8. 制动安定试验:单车试验器置 1 位充气,待副风缸充至定压后,置 3 位保压,开启专用安定试验位,制动管减压 200 kPa 前,制动机不得发生紧急制动作用。关闭专用安定试验位,保压 1 min,制动缸漏泄量不大于 5 kPa。保压时检查制动缸活塞行程(图 6-1-4),须符合表 6-1-1 的规定。

表 6-1-1　制动缸活塞行程

制动缸规格(mm)	制动缸行程(mm)
356×254	125±10
254×254	155±10

9. 紧急制动试验:单车试验器置 1 位充气,充至定压后,置 3 位保压,开启专用紧急试验位,制动管减压 100 kPa 前,制动机须发生紧急制动作用。

10. 120/120-1 型空气制动机加速缓解阀试验:单车试验器置 1 位充气,副风缸充至定压后,将单车试验器置 4 位减压 100 kPa,然后置 3 位保压,待压力稳定后,单车试验器置 2 位,制动缸开始缓解时,制动管压力应有明显跃升。

11. 120/120-1 型空气制动机半自动缓解阀试验:

(1)主阀缓解试验,单车试验器置 1 位充气,待副风缸充至定压后,将单车试验器置 4 位减压 50 kPa,然后置 3 位保压,拉缓解阀手柄至全开位 3~5 s 后松开(图 6-1-5),待制动缸压缩空气自动排完后,将单车试验器置 5 位,再减压约 50 kPa,制动机须发生制动作用。然后单车试验器置 1 位。

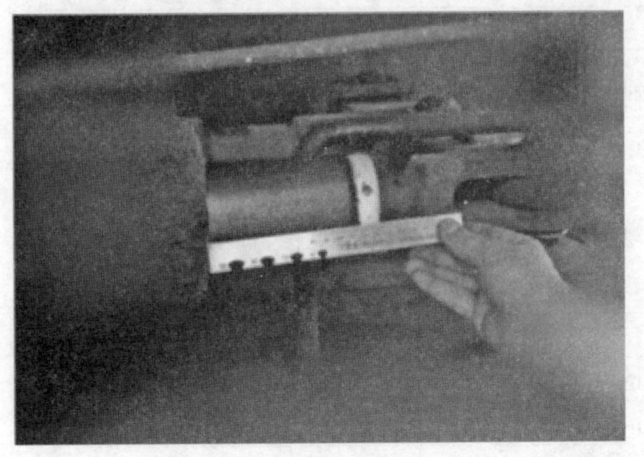

图 6-1-4　测量制动缸行程

图 6-1-5　拉缓解阀拉杆

(2)制动缸缓解试验,待副风缸充至定压后,单车试验器置3位,开启专用紧急试验位,施行紧急制动,制动管压缩空气排尽后,拉缓解阀手柄至全开位3～5 s后松开,制动缸压力应能下降到零。

12. 闸调器性能试验:

(1)闸瓦间隙减小试验,单车试验器置1位,待制动机缓解完毕后,将垫板放入任一闸瓦与车轮之间(图6-1-6),副风缸充至定压后,单车试验器置5位减压140 kPa,制动缸活塞行程须变短。反复制动、缓解3次后,测量制动缸活塞行程与初始行程(即未安装垫板时的行程)之差须不大于10 mm。

(2)闸瓦间隙增大试验,制动机缓解后,撤去闸瓦与车轮之间的垫板(图6-1-7),副风缸充至定压后,单车试验器置5位减压140 kPa,制动后制动缸活塞行程须变长。反复制动、缓解3次后,测量制动缸活塞行程与初始行程(即未安装垫板时的行程)之差不大于10 mm。

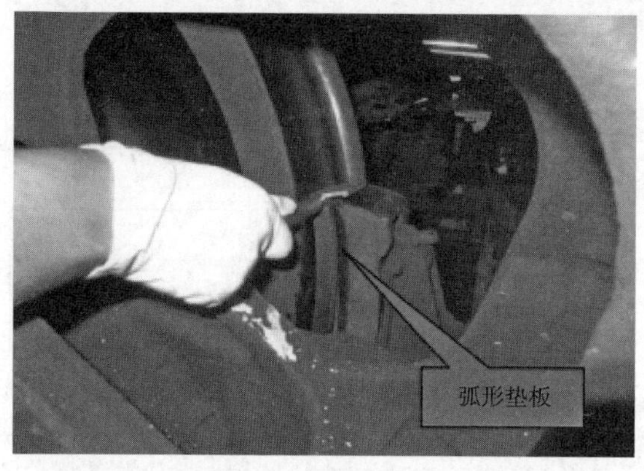

图6-1-6　安装弧形垫板

图6-1-7　撤去弧形垫板

13. 空重车自动调整装置性能试验:制动机处于缓解状态时,KZW系列空重车自动调整装置抑制盘下平面应坐落在支架导管的顶端,抑制盘触头与横跨梁触板的间隙应符合表6-1-2的规定,触头与抑制盘螺杆须用开口销锁定。

表6-1-2　触头与横跨梁触板间隙

KZW系列传感阀	
测重行程21	测重行程27
(3±1) mm	(6±1) mm

(1)重车位试验,将抑制盘上移,在触头与触板间插入表6-1-3规定的重车位试验垫板(图6-1-8)。单车试验器置1位充气,待副风缸充至定压后,置5位减压160 kPa,置3位保压,制动缸压力应符合表6-1-4的规定。此时空重车位显示牌应翻起(图6-1-9)。压力稳定后,保压1 min,制动缸压力下降不大于5 kPa;置1位缓解,制动缸压力须降至零,显示牌落下。

表6-1-3　KZW系列空重车自动调整装置试验垫板厚度

工　况	测重行程21	测重行程27
空车位	3 mm	6 mm
半重车位	13 mm	19 mm
重车位	25 mm	35 mm

表 6-1-4　KZW 系列空重车自动调整装置单车试验压力值

工　况	KZW-A 型
空车位	(140±20) kPa
半重车位	(230±40) kPa
重车位	不作要求

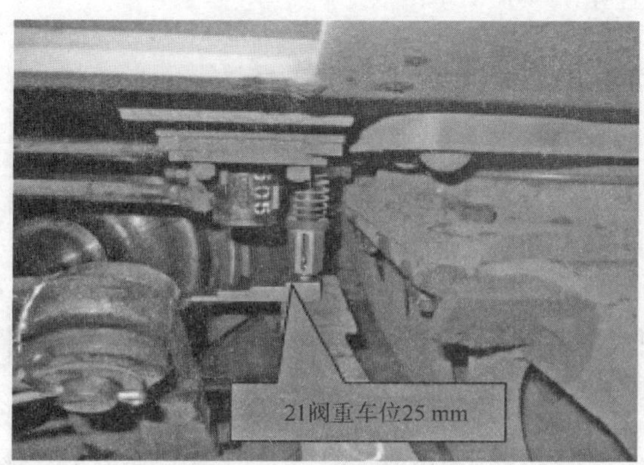

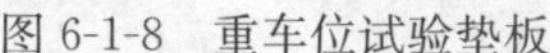
图 6-1-8　重车位试验垫板

图 6-1-9　显示重车位

(2)半重车位试验,将抑制盘上移,在触头与触板之间插入表 6-1-3 规定的半重车位试验垫板(图 6-1-10)。单车试验器置 1 位充气,待副风缸充至定压后,置 5 位减压 160 kPa,置 3 位保压,制动缸压力应符合表 6-1-4 中规定。压力稳定后,保压 1 min,制动缸压力下降不大于 5 kPa。置 1 位缓解,制动缸压力须降至零。

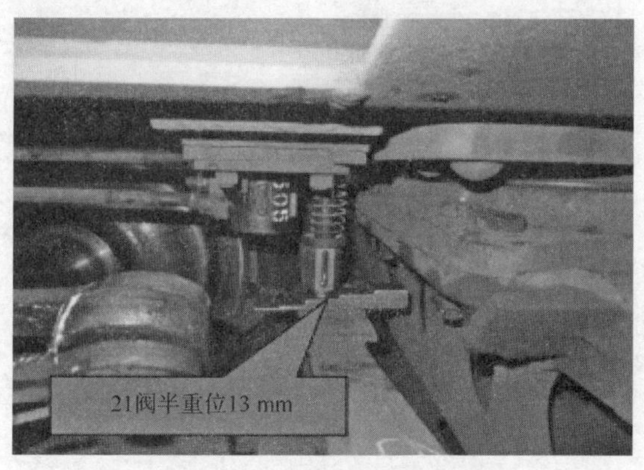

图 6-1-10　半重车试验垫板

(3)空车位试验,取下空中车试验垫板。将单车试验器置 1 位充气,待副风缸充至定压后,置 5 位减压 160 kPa,置 3 位保压,制动缸压力应符合表 6-1-4 中规定。压力稳定后,保压 1 min,制动缸压力下降不大于 5 kPa。此时空重车位显示牌不应翻起。置 1 位缓解,制动缸压力须降至零。

14. 关闭单车试验器端折角塞门,排除软管内压缩空气后,摘下单车试验器,排净车辆余风。

15. 手制动机试验:制动性能试验时闸瓦抱紧车轮,缓解性能试验时闸瓦须松开车轮。固定链式手制动机作用灵活,轴链卷入量为 0.5～2.5 圈。脚踏式制动机具有制动保压、加速缓解、阶段制动功能,卷入量为 0.5～2 圈。NSW 型手制动机具有制动、缓解、调力制动及锁闭功能。

16. 清洁场地,工具材料摆放整齐,撤下防护信号(红旗)。

17. 打印单车试验结果。

三、配分及评分标准

项目及配分		作业标准	评分标准	扣分	得分
操作程序及质量70分	作业准备5分	1. 工、卡、量具准备齐全,作用良好,量具校验不过期,试验设备机能合格。 2. 开机检查并确认单车试验器状态,自检合格,总风源风压不低于 600 kPa。 3. 录入试验参数,采用手动方式试验	1. 须有检查动作,未检查、确认每处扣1分。 2. 参数录入错误每处扣 2 分。 3. 作业标准需口述,未口述每处扣 2 分,口述错误每处扣 1 分		
	过球试验5分	1. 开放车辆主管两端折角塞门,关闭截断塞门。 2. 将尼龙球回收器装于远离单车试验器一端的软管上。 3. 将尼龙球放在车辆另一端的连接器中,然后将单车试验器与之连挂。 4. 单车试验器置 1 位充风,尼龙球须通过制动主管进入回收器。 5. 单车试验器置 3 位,将回收器和实心尼龙球取下后安装软管堵	1. 未按作业标准做每处扣 1 分。 2. 未装软管堵扣 2 分。 3. 未做扣 5 分。 4. 作业标准需口述,未口述每处扣 2 分,口述错误每处扣 1 分		
	制动管漏泄试验5分	1. 单车试验器与车辆一端软管连接,关闭该端折角塞门,单车试验器置 1 位,制动管充至定压后,移置 3 位保压 1 min,不得漏泄。 2. 另一端软管加软管堵,开放两端折角塞门,截断塞门处关闭位,单车试验器置 1 位,制动管充至定压后,移置 3 位保压 1 min,用防锈检漏剂检查,管系各接头不得漏泄,制动管漏泄量不大于 5 kPa。 3. 关闭另一端折角塞门,卸下软管堵,保压 1 min,制动管漏泄量不大于 5 kPa	1. 未按作业标准每处扣 1 分。 2. 未观察漏泄量每次扣 1 分。 3. 检漏剂少涂抹一处扣 1 分。 4. 作业标准需口述,未口述每处扣 2 分,口述错误每处扣 1 分		
	全车漏泄5分	开放截断塞门 1 位充风,用防锈检漏剂检查制动主支管及副风缸、加缓风缸管系接头,不得漏泄,保压 1 min,漏泄量不大于 5 kPa	1. 未观察漏泄量扣 1 分。 2. 检漏剂少涂抹一处扣 1 分。 3. 作业标准需口述,未口述扣 2 分,口述错误每处扣 1 分		
	制动缓解感度试验5分	1. 制动感度:连接传感器,4 位减压 40 kPa 保压,须在减压 40 kPa 以前发生制动作用,其局部减压量不大于 40 kPa。局部减压后保压 1 min,制动机不得发生自然缓解。 2. 缓解感度:置 2 位充气,制动缸压力应在 45 s 内缓解至 30 kPa 以下	1. 检漏剂少涂抹一处扣 1 分。 2. 未观察漏泄量扣 1 分。 3. 作业标准需口述,未口述每处扣 2 分,口述错误每处扣 1 分		
	制动安定试验5分	制动管减压 200 kPa 前,制动机不得发生紧急制动作用,保压 1 min,制动缸漏泄量不大于 5 kPa。测量活塞行程[356 制动缸(125±10) mm、254 制动缸(155±10) mm]	1. 未测量活塞行程扣 2 分。 2. 未观察漏泄量扣 1 分。 3. 作业标准需口述,未口述扣 2 分,口述错误每处扣 1 分		

续上表

项目及配分		作 业 标 准	评 分 标 准	扣分	得分
操作程序及质量70分	紧急制动试验5分	制动管减压100 kPa前,制动机须发生紧急制动作用	1. 未观察减压量扣2分。 2. 作业标准需口述,未口述扣2分,口述错误每处扣1分		
	加速缓解试验5分	4位减压100 kPa,然后置3位保压,待压力稳定后,单车试验器置2位,制动缸开始缓解时,制动管压力应有明显跃升	1. 未观察风压显示扣1分。 2. 作业标准需口述,未口述扣2分,口述错误每处扣1分		
	半自动缓解试验5分	1. 主阀缓解试验:4位减压50 kPa,然后置3位保压,拉缓解阀手柄至全开位3～5 s后松开,待制动缸压缩空气自动排完后,将单车试验器置5位,再减压约50 kPa,制动机须发生制动作用。 2. 制动缸缓解试验:3位开启专用紧急试验位,制动管压缩空气排尽后,拉缓解阀手柄至全开位3～5 s后松开,制动缸压力应能下降到零	1. 拉缓解阀不足3～5 s扣1分。 2. 未观察风压显示扣1分。 3. 作业标准需口述,未口述每处扣2分,口述错误每处扣1分		
	闸调器性能试验10分	1. 间隙减小试验:将垫板放入任一闸瓦与车轮之间,5位减压140 kPa,制动缸活塞行程须变短。反复制动、缓解3次后,测量制动缸活塞行程与初始行程(即未安装垫板时的行程)之差须不大于10 mm。 2. 间隙增大试验:撤去闸瓦与车轮之间的垫板,制动后制动缸活塞行程须变长。反复制动、缓解3次后,测量制动缸活塞行程与初始行程之差不大于10 mm	1. 未测量活塞行程每次扣5分。 2. 未按作业标准每次扣2分。 3. 作业标准需口述,未口述每处扣2分,口述错误每处扣1分		
	空重车自动调整装置性能试验10分	1. 缓解状态时,测量抑制盘触头与横跨梁触板的间隙为C-21型(3±1) mm,C-27型(6±1) mm。 2. 重车位试验:将抑制盘上移,在触头与触板间插入厚度C-21型25 mm,C-27型35 mm垫板。5位减压160 kPa,置3位保压。此时空重车位显示牌应翻起。压力稳定后,保压1 min,制动缸压力下降不大于5 kPa;置1位缓解,制动缸压力须降至零,显示牌落下。 3. 半重车位试验:将抑制盘上移,在触头与触板之间插入厚度C-21型13 mm,C-27型19 mm垫板,置5位减压160 kPa,置3位保压,制动缸压力为(230±40) kPa,压力稳定后,保压1 min,制动缸压力下降不大于5 kPa。置1位缓解,制动缸压力须降至零。 4. 空车位试验:取下空重车试验垫板,置5位减压160 kPa,3位保压,制动缸压力(140±20) kPa。保压1 min,制动缸压力下降不大于5 kPa。此时空重车位显示牌不应翻起。置1位缓解,制动缸压力须降至零	1. 触头间隙未检测扣3分。 2. 试验垫板放置错误扣5分。 3. 试验垫板未及时收回扣5分。 4. 未按作业标准每处扣2分,未做每处扣5分。 5. 作业标准需口述,未口述每处扣2分,口述错误每处扣1分		

续上表

<table>
<tr><th colspan="2">项目及配分</th><th>作 业 标 准</th><th>评 分 标 准</th><th>扣分</th><th>得分</th></tr>
<tr><td>操作程序及质量70分</td><td>人力制动机性能试验5分</td><td>1. 制动性能试验时检查全车闸瓦抱紧车轮，缓解性能试验时用撬棍检查全车闸瓦松开车轮。
2. 固定链式手制动机作用灵活，轴链卷入量为0.5～2.5圈。
3. 脚踏式制动机卷入量为0.5～2圈(全行程4次，每次须过2齿)。
4. NSW型手制动机具有制动、缓解(快速逆时针方向旋转手轮约40°时须缓解)、调力制动及锁闭功能</td><td>1. 卷入量不符合要求未调整扣2分。
2. 未按作业标准扣3分。
3. 作业标准需口述，未口述每处扣2分，口述错误每处扣1分</td><td></td><td></td></tr>
<tr><td colspan="2">工具设备使用维护10分</td><td>1. 正确使用工、卡、量具。
2. 工、卡、量具，配件，材料等不得坠落。
3. 作业完毕进行工、卡、量具维护保养、摆放整齐</td><td>1. 工、卡、量具使用不正确每次扣2分。
2. 工、卡、量具，配件，材料等坠落每次扣2分。
3. 作业完毕未进行工、卡、量具维护保养和放置不当每件扣1分</td><td></td><td></td></tr>
<tr><td colspan="2">安全及其他10分</td><td>1. 正确穿戴、使用劳保用品。
2. 作业完毕清扫场地</td><td>1. 未按规定穿戴劳保用品扣3分。
2. 轻微受伤时扣5分。
3. 其他不安全因素每次扣3分。
4. 作业完毕未清扫场地扣2分</td><td></td><td></td></tr>
<tr><td colspan="2">时间10分</td><td>正式操作时间:60 min</td><td>每超过72 s扣1分(不足72 s不扣分)</td><td></td><td></td></tr>
<tr><td colspan="2">合计</td><td colspan="2">100分</td><td></td><td></td></tr>
<tr><td colspan="2">否决项目</td><td colspan="4">1. 未插防护红旗开始作业时失格。
2. 过球试验前未关门排风时失格。
3. 超过规定时间的20%时失格。
4. 受伤不能继续作业时失格。
5. 尼龙球丢失5 min未找到时失格</td></tr>
</table>

第二节　更换ST2-250型闸瓦间隙自动调整装置

一、准备通知单

(一)材料准备

序号	名　称	规　格	数量	备 注
1	闸调器	ST2-250	1根	
2	扁开口销	A5	1个	
3	扁开口销	A6	1个	
4	开口销	8×80 mm	1个	

(二)工具准备

序号	名　称	规　格	数量	备 注
1	防护信号旗		1面	

续上表

序号	名　称	规　格	数量	备　注
2	手锤		1把	
3	拔销器		1把	
4	管钳		1把	
5	开口器		2个	自制
6	配件存放垫		1块	

二、技能操作试题

(一)考核项目:更换ST2-250型闸瓦间隙自动调整装置

(二)分值:100分

(三)考核时间

1. 准备时间:1 min。

2. 正式操作时间:12 min。

3. 每超时36 s扣1分(不足36 s不扣分),超过规定时间的50%失格。

(四)操作要求或技术标准

1. 作业前准备:工作者须按规定穿戴好劳动保护用品。工具、配件整齐摆放到指定位置,检查各工具技术状态良好。

2. 插设防护信号:确认安全防护信号插设好后,方可更换闸调器作业。

3. 排风:关闭截断塞门,将塞门手把旋转到与折角塞门成90°角的位置。向外拉动缓解阀拉杆排尽副风缸余风。

4. 卸除闸调器:用手锤、拔销器分解前制动杠杆与闸调器圆销、控制杠杆与闸调器控制杆圆销、后制动杠杆与闸调器圆销的扁开口销、圆销、垫片放置在钢轨外侧安全位置。分别推动制动缸前、后杠杆,使闸调器与制动缸前、后杠杆脱离,分解控制杆,将闸调器放置在安全地点。

5. 检查:检查新闸调器作用良好,外体无损伤。闸调器标记牌内检修日期、编号清晰,在质量保证期内,储存期不得超过6个月,确认符合装车要求。检查控制杆、挡铁等配件齐全,外观良好无变形、裂损。

6. 组装新闸调器:闸调器安装前,组装控制杆,调整闸调器工作杆长度,ST2-250型长度为200~240 mm。先将闸调器前拉杆头卡入制动缸后杠杆,使用拔销器插入螺杆头的圆销安装孔与制动缸后杠杆闸调器安装孔内拨动(不得用手探摸圆销孔),使两连接孔吻合,将制动圆销由上向下装入将其连接。再用同样方法分别安装控制杆与控制杠杆圆销和闸调器拉杆头与制动缸前杠杆圆销。安装垫片制动缸前杠杆加装8×80 mm开口销,劈开角度不小于60°,控制杠杆、控制杆、后杠杆安装扁开口销,将开口销须劈开卷起。

7. 打开截断塞门:将手把旋转至与组合式集尘器制动支管平行的位置,使截断塞门处于全开位状态。

8. 收拾工具,做到工完料净场地清。

三、配分及评分标准

项目及配分		作 业 标 准	评 分 标 准	扣分	得分
操作程序及质量70分	准备5分	工具、材料、配件准备齐全,作用良好	准备不全每少一件扣1分		
	分解10分	1. 关闭截断塞门、排风。分解前制动杠杆与闸调器圆销、控制杠杆与闸调器控制杆圆销、后制动杠杆与闸调器圆销的扁开口销。圆销、垫片放置在存放盒内。 2. 分别推动制动缸前、后杠杆,使闸调器与制动缸前、后杠杆脱离,将闸调器放置在安全地点。 3. 分解控制杆	1. 未按作业标准每处扣2分。 2. 未做每处扣5分。 3. 闸调器未放到指定地点扣2分。 4. 配件未放置存放垫每件扣1分		
	检查30分	1. 检查闸调器标志板,确认使用寿命6年不过期。 2. 检查控制杆、挡铁状态。 3. 检查圆销无裂纹、缺损、磨耗,垫片、开口销良好	1. 未检查各配件、材料状态、每处扣5分。 2. 未检查闸调器标志板、使用寿命扣10分。 3. 未按作业标准扣2分。 4. 标准需口述,未口述扣2分		
	组装20分	1. 闸调器安装前,组装控制杆,调整闸调器工作杆长度,ST2-250型长度为200～240 mm。 2. 将闸调器前拉杆头卡入制动缸后杠杆,使用工具将制动圆销由上向下装入将其连接。闸调器后拉杆头卡入制动缸前杠杆,控制杠杆与控制杆相连接。 3. 安装垫片制动缸前杠杆加装8×80 mm开口销,劈开角度不小于60°,控制杠杆、控制杆、后杠杆安装扁开口销,将开口销须劈开卷起	1. 未按作业标准每处扣2分。 2. 未做每处扣5分。 3. 配件漏装每处扣5分		
	作业完毕5分	打开截断塞门,将截断塞门手把旋转至与截断塞门平行位置,使截断塞门处于全开位状态	1. 截断塞门未开放扣5分。 2. 未开放至全开位扣2分		
工具设备使用维护10分		1. 正确使用工、卡、量具。 2. 工、卡、量具,配件,材料等不得坠落。 3. 作业完毕进行工、卡、量具维护保养、摆放整齐	1. 工、卡、量具使用不正确每次扣2分。 2. 工、卡、量具,配件,材料等坠落每次扣2分。 3. 作业完毕未对工、卡、量具维护保养和放置不当每件扣1分		
安全及其他10分		1. 正确穿戴、使用劳保用品。 2. 作业完毕清扫场地	1. 未按规定穿戴劳保用品扣3分。 2. 轻微受伤时扣5分。 3. 其他不安全因素每次扣3分。 4. 作业完毕未清扫场地扣2分		
时间10分		正式操作时间:12 min	每超过36 s扣1分(不足36 s不扣分)		
合计		100分			
否决项目		1. 未设置防护红旗开始作业时失格。 2. 带风作业时失格。 3. 超过规定时间的50%时失格。 4. 受伤不能继续作业时失格。 5. 用手探摸圆销孔时失格			

第三节　制动缸清洗

一、准备通知单

(一)材料准备

序号	名　　称	规　　格	数量	备　注
1	制动缸脂	89D	适量	
2	制动缸皮碗		1个	根据缸型确定
3	前衬垫		1个	根据缸型确定
4	白喷漆		1桶	
5	开口销	6×70 mm	1个	

(二)工、卡、量具准备

序号	名　　称	规　　格	数量	备　注
1	防护信号旗		1面	
2	扳手(活动扳手、棘轮扳手、电动扳手、开口扳手)	22-24 mm	各1把	任选
3	套筒	19 mm、24 mm	各1个	
4	安全销及套		1套	
5	配件存放垫		1块	
6	拔销器		1把	
7	擦拭布		若干	

二、技能操作试题

(一)考核项目:制动缸清洗

(二)分值:100分

(三)考核时间

1. 准备时间:1 min。

2. 正式操作时间:15 min。

3. 每超时45 s扣1分(不足45 s不扣分)。超过规定时间的50%失格。

(四)操作要求或技术标准

1. 作业前准备:工作者须按规定穿戴好劳动保护用品,工具、配件整齐摆放到指定位置,检查各工具技术状态良好。

2. 插设防护信号:确认安全防护信号插设好后,方可进行作业。

3. 关门排风:关闭截断塞门,将塞门手把旋转到与折角塞门垂直成90°角的位置。向外拉动缓解阀拉杆排尽副风缸余风。

4. 将闸调器行程调整至200～240 mm。

5. 分解:

(1)分解活塞推杆与制动缸前杠杆连接圆销、开口销、制动缸堵。

(2)分解制动缸前盖:取出制动缸推杆后检查,无弯曲、裂纹。在活塞筒前端安装安全套,插上安全销,使用扳手卡入前盖螺母逆时针转动,卸除前盖组装螺栓应由里向外松动,并取下螺母放在指定位置,卸前盖时,头部要偏离前盖取出的方向,取出前盖与活塞组成,放到配件存放垫上,不得划伤缸体内壁。

6. 清洗:清洗缸体内部及活塞组成,用擦拭布擦净油脂,检查后制动缸缸体内壁、活塞、皮碗均匀涂抹 89D 制动缸脂,用量参考表 6-3-1。

表 6-3-1　89D 制动缸润滑脂用量

制动管直径(mm)	ϕ203	ϕ254	ϕ305	ϕ356
89D 制动缸脂质量(kg)	0.10	0.12	0.13	0.15

7. 检查:检查缸体内壁无偏磨、划伤,裂纹、砂眼,锈蚀、漏泄沟不堵塞。检查活塞杆无弯曲、裂损、腐蚀。活塞无裂纹、缺损,弹簧、弹簧座、前盖滤尘套无裂纹缺损。

8. 组装:

(1)制动缸分解后皮碗、活塞膜片和前衬垫橡胶件全部更换新品。

(2)将活塞推入制动缸,检查衬垫位置正确、前盖上的滤尘器孔朝向下方,前盖螺栓孔与缸体螺栓孔对齐开始组装螺栓,在螺栓上戴上螺母,使用扳手开口卡入螺母顺时针转动,组装前盖螺母应由外向里须对称平均紧固、不得松动。

(3)前盖组成安装完毕,卸下安全套及销,将活塞推杆装入活塞筒内,与制动缸前杠杆连接并装入圆销、垫片、开口销,开口销劈开角度不小于 60°,装入制动缸堵。

9. 打开截断塞门:将手把旋转至与组合式集尘器制动支管平行的位置,使截断塞门处于全开位状态。

10. 收拾工具,做到工完料净场地清。

三、配分及评分标准

项目及配分		作业标准	评分标准	扣分	得分
操作程序及质量 70 分	准备工作 5 分	工具、材料、配件准备齐全,作用良好	准备不全每少一件扣 1 分		
	分解清洗 10 分	1. 关闭截断塞门并排风,将闸调器行程调整到 200～240 mm。 2. 分解圆销、开口销、制动缸堵放到指定位置。 3. 安装安全套、安全插销。 4 分解制动缸前盖螺母,取下前盖放置配件存放垫。 5. 制动缸内部、活塞各部擦拭干净	1. 未调整闸调器行程扣 3 分。 2. 未分解制动缸堵扣 3 分。 3. 各部擦拭不干净每处扣 1 分。 4. 未放置到存放垫扣 1 分		
	检查、给油 30 分	1. 检查缸体内壁无偏磨、划伤,裂纹、砂眼,锈蚀、漏泄沟不堵塞。 2. 检查活塞无裂纹、缺损,弹簧、弹簧座、前盖滤尘套无裂纹缺损。 3. 检查活塞杆无弯曲、裂损、腐蚀。 4. 缸体内给油须均匀,油脂 89D 制动缸脂。 5. 以上作业过程需口述	1. 未检查各配件、材料状态、新品橡胶件日期、储存日期每处扣 5 分。 2. 缸体内未给油扣 10 分。 3. 未口述或口述错误每处扣 2 分		

续上表

项目及配分		作 业 标 准	评 分 标 准	扣分	得分
操作程序及质量70分	组装20分	1. 皮碗、前衬垫全部更换新品。 2. 前盖上的滤尘器孔向下。组装前盖螺母应由外向里须对称均匀紧固、不得松动。 3. 拆卸安全销,组装推杆并连接制动缸前杠后安装圆销、垫片、开口销	1. 未更换橡胶件扣5分。 2. 组装方向错误扣5分。 3. 制动缸前盖螺母未对称均匀紧固扣5分。 4. 配件漏装每处扣2分		
	作业完毕5分	打开截断塞门,将截断塞门手把旋转至与截断塞门平行位置,使截断塞门处于全开位状态	1. 截断塞门未开放扣52分。 2. 未开放至全开位扣2分		
工具设备使用维护10分		1. 正确使用工、卡、量具。 2. 工、卡、量具,配件,材料等不得坠落。 3. 作业完毕进行工、卡、量具维护保养、摆放整齐	1. 工、卡、量具使用不正确每次扣2分。 2. 工、卡、量具,配件,材料等坠落每次扣2分。 3. 作业完毕未进行工、卡、量具维护保养和放置不当每件扣1分		
安全及其他10分		1. 正确穿戴、使用劳保用品。 2. 作业完毕清扫场地	1. 未按规定穿戴劳保用品扣3分。 2. 轻微受伤时扣5分。 3. 其他不安全因素每次扣3分。 4. 作业完毕未清扫场地扣2分		
时间10分		正式操作时间:15 min	每超过45 s扣1分(不足45 s不扣分)		
合计		100分			
否决项目		1. 未设置防护红旗开始作业时失格。 2. 未关闭截断塞门、排风时失格。 3. 安全套、安全销未组装时(或组装完毕前取下安全套、安全销)失格。 4. 超过规定时间的50%时失格。 5. 受伤不能继续作业时失格			

第四节 制动缸检查、检测、组装及试验[厂修(Z4修)]

一、准备通知单

(一)材料准备

序号	名 称	规 格	数量	备 注
1	制动缸脂	89D	适量	
2	制动缸皮碗		1个	根据缸型确定
3	前衬垫		1个	根据缸型确定
4	聚四氟乙烯薄膜		1卷	

(二)工、卡、量具准备

序号	名 称	规 格	数量	备 注
1	内径千分尺		1套	
2	电(风)动扳手、棘轮扳手、活口扳手		各1把	任选
3	套筒		1个	
4	管钳		1把	

续上表

序号	名 称	规 格	数量	备 注
5	制动缸体内径测量尺		1把	
6	游标卡尺		1把	
7	钢直尺		1把	

二、技能操作试题

(一)考核项目:制动缸检查、检测、组装及试验[厂修(Z4修)]

(二)分值:100分

(三)考核时间

1. 准备时间:1 min。

2. 正式操作时间:30 min。

3. 每超时90 s扣1分(不足90 s不扣分)。超过规定时间的50%失格。

(四)操作要求或技术标准

1. 作业前准备:工作者须按规定穿戴好劳动保护用品。

2. 工具、配件整齐摆放到指定位置,检查各工具技术状态良好。

3. 试验设备状态良好,机能试验合格。

4. 缸体检修:作业人员将移动缸体从传送机搬到检修平台上。

(1)转动缸体,目测检查缸体外部,不得存在裂纹、砂眼、变形、腐蚀、缺损。

(2)转动缸体,目测检查缸体内部,不得存在裂纹、砂眼、偏磨、划伤、腐蚀、缺损。

(3)旋压密封式制动缸缸体变形、裂纹时更换,腐蚀深度大于1 mm时更换,小于时磨修。

5. 制动缸体内壁直径检查:

(1)内径测量:作业人员将内径千分尺伸入缸体内部距离底部50 mm处(图6-4-1),使其固定端密贴缸体内壁,左右旋转测量端到最大值,在缸体底部边缘处用石笔划上第一次测量的位置标记,取出内径千分尺,读出数据(图6-4-2);在第一次测量的位置标记处向右旋转120°,重复以上动作进行第二点测量;在第一次测量的位置标记处向左旋转120°,重复以上动作进行第三点测量。计算出三次测量数据的平均值,填写制动缸检修记录。作业人员使用内径千分尺,伸入缸体内中间部位,测量缸体中部直径。

图6-4-1 检测制动缸内径

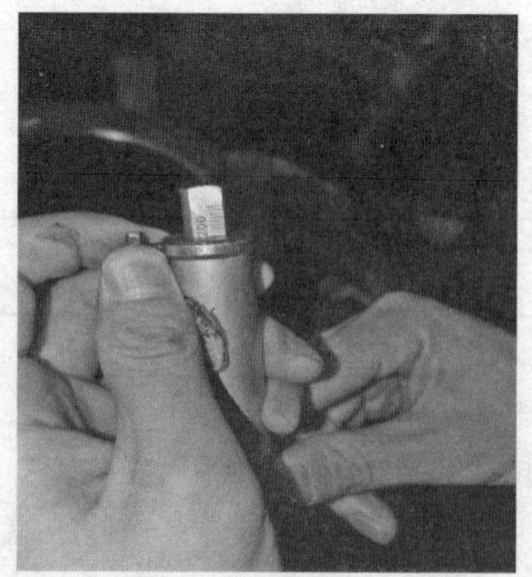

图6-4-2 读出数据

(2)制动缸体内壁偏磨、划伤时修理或更换。

(3)旋压密封式制动缸缸体底部、中部内径磨耗不大于 2 mm,铸造缸体内径磨耗不大于 3 mm。

6. 缓解弹簧检测结果须符合表 6-4-1 的规定,并填写制动缸检修记录。

表 6-4-1　制动缸缓解弹簧检修参数

钢丝直径(mm)	自由高(mm)	装配高(mm)	装配负荷(N)	工作高(mm)	工作负荷(N)	适用制动缸规格
$\phi 12$	498_{-40}^{0}	417	934_{-140}^{+90}	257	$2\ 780_{-420}^{+280}$	356×254(密封式) 356×254(HT)
$\phi 11$	571_{-40}^{0}	430	900_{-135}^{+90}	270	$1\ 924_{-200}^{+100}$	305×254(密封式)
$\phi 11$	665_{-60}^{0}	417	$1\ 527_{-305}^{+150}$	257	$2\ 513_{-500}^{+250}$	356×254(苏式)
$\phi 10$	555.4_{-40}^{0}	417	696_{-105}^{+70}	257	$1\ 499_{-225}^{+150}$	356×254(密封式) 356×254(HT) 254×254(密封式)

7. L 形皮碗、Y 形皮碗、活塞膜片和前衬垫橡胶件,活塞润滑套、前盖滤尘套和滤尘器中的毛毡须更换新品,检查橡胶件储存期不超过 6 个月。

8. 将活塞垂直放置在制动缸检修平台上,目视检查。

(1)活塞杆无裂纹、弯曲、裂损。

(2)将活塞侧放,双手扶活塞体,目视检查铆钉不松动、折损。作业人员目视检查活塞表面无裂纹、缺损。压板无裂纹、变形。

(3)整体压形活塞无变形,局部腐蚀深度不大于 2 mm。

9. 前、后盖检查:

(1)活塞孔直径测量:作业人员将前、后盖放置于检修平台上,使用游标卡尺测量活塞孔直径(图 6-4-3),密封式压形前盖变形或活塞杆孔偏磨不大于 3 mm,活塞杆孔原形为(77±2) mm。测量后填写制动缸检修记录。

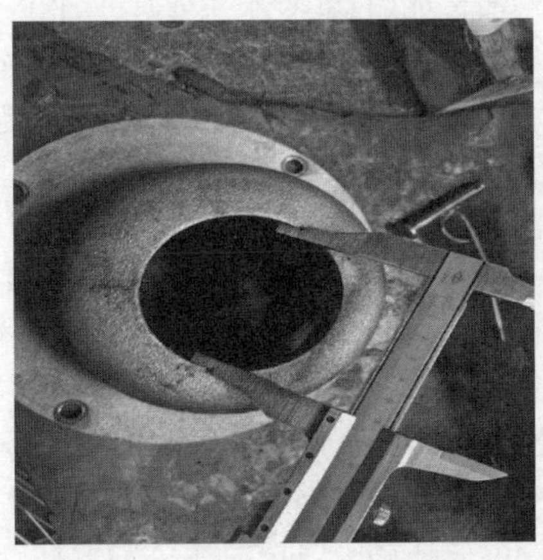

图 6-4-3　活塞孔直径测量

(2)作业人员目视检查铸造前、后盖,无裂纹、砂眼、缺损。

10. 缸座检查:

(1)缸座变形检查:作业人员将制动缸缸座平放置在制动缸检修平台上,目视检查旋压密封式制动缸缸座无变形。

(2)焊缝检查:作业人员目视检查各部焊缝状态良好,无开焊裂纹。

(3)密封式制动缸缸座前法兰盘边缘破损不超过 2 处,使用钢直尺测量,破损总长度不超过 50 mm,不影响制动缸性能可继续使用。

11. 弹簧座、活塞润滑套支架、前盖滤尘套内外环等无裂纹、损坏。

12. 密封式制动缸润滑套和前盖滤尘套的毛毡须用 89M 浸润脂浸润透,可将 89M 脂间接加热至 50 ℃,将毛毡浸润 3 h 以上。

13. 制动缸活塞组装:作业人员将活塞杆插入制动缸组装平台专用活塞杆孔内,把润滑套托组成复位后放置到安装槽内,将浸润好的润滑套安装到毡托上,保证润滑套高出安装槽边缘 2 mm 左右且基本均匀,并将 Y 形皮碗安装到安装位置上(B 形皮碗与 Y 形皮碗组装方法相同)。组装活塞前,制动缸体内壁、活塞、皮碗须涂抹 89D 制动缸脂。活塞装入缸体后,缸体内壁须补涂 89D 制动缸脂,其总用量见表 6-4-2。

表 6-4-2　89D 制动缸润滑脂用量

制动缸规格	203×254	254×254	305×254	356×254
89D 制动缸脂质量(kg)	0.14～0.17	0.16～0.21	0.18～0.24	0.2～0.27

14. 前盖滤尘器组装:作业人员将密封式前盖开口向上放置在组装平台上,把新品滤尘器组成组装到安装位置上,并安装开口销将其锁定。

15. 整体组装:

(1)作业人员将组装好的缸体放置在组装平台上,把制动缸活塞总成中心线与缸体纵向中心线成 60°角,装入制动缸内,然后扶正。

(2)作业人员将制动缸抬起,缸口向上垂直放置,在活塞杆上垂直装入缓解弹簧,密封式制动缸还需将弹簧座及润滑套按顺序放置好,再将前盖垂直套入活塞杆,使用压装工装将前盖压到合紧位置,此时活塞杆伸出至前盖外侧,迅速在活塞杆头部工艺孔内安装防护插销,在压紧前缓慢旋转前盖,调整前盖螺栓孔与缸体螺栓孔的相对位置便于安装螺栓。

16. 作业人员将制动缸水平放置,组装螺栓与螺母,使用风动扳手将螺栓与螺母紧固。

17. 作业人员在制动缸后盖安装螺堵,在螺堵螺纹面缠绕两圈以上聚四氟乙烯薄膜,使用活扳手紧固螺堵,将组装好的制动缸使用平衡吊,吊放在制动缸试验工位并安装好。

18. 制动缸试验:

(1)将测长仪固定端吸附在制动缸前盖滤尘器孔左侧 45°位置,测量端安装在活塞杆密贴前盖位置,保证测量线呈水平状态(图 6-4-4)。

(2)作业人员将充风装置安装在制动缸后盖处(图 6-4-5)。

(3)作业人员启动制动缸试验台控制电脑进入制动缸试验控制界面,设置各项参数,再进行机能试验检查试验台密封性,然后在控制面板内输入制动缸编号、试验日期、规格型号等技术参数(图 6-4-6),点击“自动试验”开始键,开始自动试验。

(4)活塞全行程试验:在缸内压力 80 kPa 时,测量活塞杆伸出前盖的长度(图 6-4-7),排空缸内压缩空气后,测量活塞杆伸出前盖的长度。两者之差应为(254±5) mm。

图 6-4-4　安装制动缸

图 6-4-5　安装充风装置

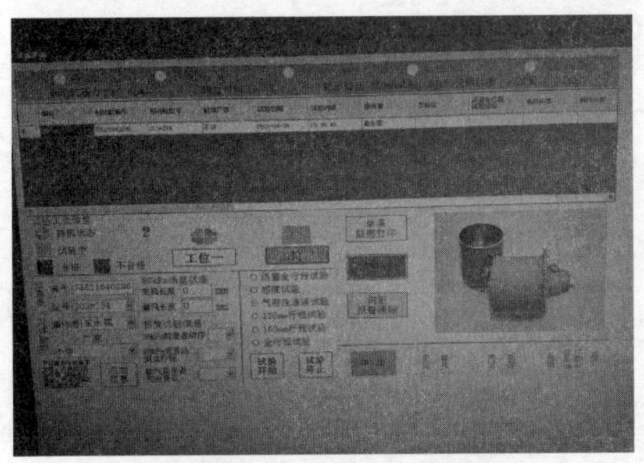

图 6-4-6　录入数据

图 6-4-7　全行程试验

(5)感度试验:在制动缸压力 3 kPa 之前,活塞应能动作。在制动缸压力为 80 kPa 时,活塞应达到全行程(图 6-4-8),排空缸内压缩空气后,活塞应完全复位(图 6-4-9)。

图 6-4-8　感度试验

图 6-4-9　活塞复位

(6)气密性试验:通过 ϕ3 mm 孔向制动缸内充入 80 kPa、600 kPa 的压缩空气,分别在活塞行程 120 mm(图 6-4-10)、160 mm(图 6-4-11)及全行程时,压力稳定后保压 2 min,压力下降不大于 3 kPa/min。

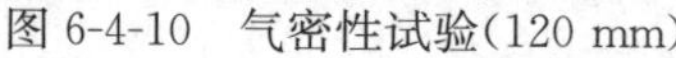

图 6-4-10　气密性试验(120 mm)

图 6-4-11　气密性试验(160 mm)

(7)将试验合格的制动缸,使用扳手拆下充风装置,安装制动缸后盖专用防护装置。填写制动缸检修记录。

19. 收拾工具,做到工完料净场地清。

三、配分及评分标准

项目及配分		作业标准	评分标准	扣分	得分
操作程序及质量70分	准备5分	1. 工具、材料、配件准备齐全,作用良好。 2. 试验设备机能试验合格	1. 准备不全每少一件扣1分。 2. 未确认试验设备状态扣3分		
	检查、检测15分	1. 检查缸体外部,不得存在裂纹、砂眼、变形、腐蚀、缺损。 2. 检查缸体内部,不得存在裂纹、砂眼、偏磨、划伤、腐蚀、缺损。 3. 旋压密封式制动缸缸体无变形、裂纹,腐蚀深度不大于1 mm(大于时更换,小于时磨修)。 4. 内径测量:将内径千分尺伸入缸体内部距离底部50 mm处,使其固定端密贴缸体内壁,左右旋转测量端到最大值,在缸体底部边缘处用石笔划上第一次测量的位置标记,取出内径千分尺,读出数据;在第一次测量的位置标记处向右旋转120°,重复以上动作进行第二点测量;在第一次测量的位置标记处向左旋转120°,重复以上动作进行第三点测量;计算出三次测量数据的平均值,填写制动缸检修记录。作业人员使用内径千分尺,伸入缸体内中间部位,测量缸体中部直径;旋压密封式制动缸缸体底部、中部内径磨耗不大于2 mm,铸造缸体内径磨耗不大于3 mm。 5. 缓解弹簧检测符合规定。 6. 将活塞垂直放置在制动缸检修平台上,检查活塞杆无裂纹、弯曲、裂损;铆钉不松动、折损;活塞表面无裂纹、缺损;压板无裂纹、变形;整体压形活塞无变形,局部腐蚀深度不大于2 mm。	1. 漏检每处扣3分。 2. 量具使用不正确扣5分。 3. 未填写检修记录每处扣2分。 4. 未口述或口述错误每处扣2分		

续上表

项目及配分		作业标准	评分标准	扣分	得分
操作程序及质量70分	检查、检测15分	7. 前、后盖检查:活塞孔直径测量,使用游标卡尺测量活塞孔直径,密封式压形前盖变形或活塞杆孔偏磨不大于 3 mm,活塞杆孔原形为(77±2) mm;并填写制动缸检修记录;检查铸造前、后盖,无裂纹、砂眼、缺损。 8. 缸座检查:目视检查旋压密封式制动缸缸座无变形。 9. 焊缝检查:作业人员目视检查各部焊缝状态良好,无开焊裂纹。 10. 密封式制动缸缸座前法兰盘边缘破损不超过 2 处,使用钢直尺测量,破损总长度不超过 50 mm,不影响制动缸性能可继续使用。 11. 弹簧座、活塞润滑套支架、前盖滤尘套内外环等无裂纹、损坏。 12. 密封式制动缸润滑套和前盖滤尘套的毛毡须用 89M 浸润脂浸润透,可将 89M 脂间接加热至 50 ℃,将毛毡浸润 3 h 以上;皮碗、活塞膜片和前衬垫橡胶件,活塞润滑套、前盖滤尘套和滤尘器中的毛毡须更换新品,检查橡胶件储存期不超过 6 个月。 13. 以上作业过程需口述			
	组装30分	1. 制动缸活塞组装:将活塞杆插入制动缸组装平台专用活塞杆孔内,把润滑套托组成复位后放置到安装槽内,将浸润好的润滑套安装到毡托上,保证润滑套高出安装槽边缘 2 mm 左右且基本均匀,安装 Y 形皮碗须入槽,(B 形皮碗与 Y 形皮碗组装方法相同);组装活塞前,制动缸体内壁、活塞、皮碗须涂抹 89D 制动缸脂;活塞装入缸体后,缸体内壁须补涂 89D 制动缸脂。(制动缸脂用量符合规定) 2. 前盖滤尘器组装:将密封式前盖开口向上放置在组装平台上,把新品滤尘器组成组装到安装位置上,并安装开口销将其锁定。 3. 整体组装:分别组装制动缸活塞总成(中心线与缸体纵向中心线成 60°角)、缓解弹簧(密封式制动缸还需将弹簧座及润滑套按顺序放置)、垂直组装前盖;使用压装机将前盖压到合紧位置,活塞杆伸出至前盖外侧,活塞杆头部工艺孔内安装防护插销,压紧前缓慢旋转前盖,调整前盖螺栓孔与缸体螺栓孔的相对位置便于安装螺栓。 4. 组装螺栓与螺母,将螺栓与螺母紧固。 5. 制动缸后盖安装螺堵,在螺堵螺纹面缠绕两圈以上聚四氟乙烯薄膜,使用扳手紧固螺堵。 6. 以上作业过程需口述	1. 未检查各配件、材料状态、新品橡胶件日期、储存日期每处扣 5 分。 2. 组装不正确、漏装配件每处扣 10 分。 3. 制动缸前盖螺母未对称均匀紧固扣 5 分。 4. 未口述或口述错误每处扣 2 分		

续上表

项目及配分		作业标准	评分标准	扣分	得分
操作程序及质量70分	试验20分	1. 活塞全行程试验:在缸内压力80 kPa时,测量活塞杆伸出前盖的长度,排空缸内压缩空气后,测量活塞杆伸出前盖的长度。两者之差应为(254±5) mm。 2. 感度试验:在制动缸压力30 kPa之前,活塞应能动作。在制动缸压力80 kPa时,活塞应达到全行程。排空缸内压缩空气后,活塞应完全复位。 3. 气密性试验:通过ϕ3 mm孔向制动缸内充入80 kPa、600 kPa的压缩空气,分别在活塞行程120 mm、160 mm及全行程时,压力稳定后保压2 min,压力下降不大于3 kPa/min	1. 试验时未确认风压每处扣5分。 2. 未检测活塞杆行程每处扣5分。 3. 未确认漏泄状态每处扣5分		
工具设备使用维护10分		1. 正确使用工、卡、量具。 2. 工、卡、量具,配件,材料等不得坠落。 3. 作业完毕进行工、卡、量具维护保养、摆放整齐	1. 工、卡、量具使用不正确每次扣2分。 2. 工、卡、量具,配件,材料等坠落每次扣2分。 3. 作业完毕未进行工卡量具维护保养和放置不当每件扣1分		
安全及其他10分		1. 正确穿戴、使用劳保用品。 2. 作业完毕清扫场地	1. 未按规定穿戴劳保用品扣3分。 2. 轻微受伤时扣5分。 3. 其他不安全因素每次扣3分。 4. 作业完毕未清扫场地扣2分		
时间10分		正式操作时间:30 min	每超90 s扣1分,不足90 s不扣分		
合计		100分			
否决项目		1. 超过规定时间的50%时失格。 2. 未使用量具检测制动缸内径时失格。 3. 试验记录出现不合格项时失格。 4. 受伤不能继续作业时失格			

第五节　货车制动装置落成检查

一、准备通知单

(一)材料准备

序号	名　称	规　格	数量	备　注
1	货车车辆		1辆	

(二)工具准备

序号	名　称	规　格	数量	备　注
1	检车锤		1把	
2	红旗		1面	
3	手电		1把	
4	卷尺	2 m	1把	
5	钢板尺	300 mm	1把	
6	阶梯(组合)塞尺		1把	

(三)考场准备

(1)考场应设在能放置一辆货车的平直线上。

(2)工作场地整洁,采光良好。

(3)隔离措施良好,无安全隐患。

二、技能操作试题

(一)考核项目:货车制动装置落成检查

(二)分值:100 分

(三)考核时间

1. 准备时间:1 min。

2. 正式操作时间:5 min。

3. 每超时 7.5 s 扣 1 分(不足 7.5 s 不扣分)。超过规定时间的 50%失格。

(四)操作要求或技术标准

1. 作业前准备:工作者须按规定穿戴好劳动保护用品,工具、配件整齐摆放到指定位置,检查各工具技术状态良好。

2. 插设防护信号:确认安全防护信号插设好后,方可进行作业。

3. 按照《铁路货车制动装置检修规则》《铁路货车段修规程》相关要求对车辆制动装置落成进行全面检查。

4. 货车制动装置共设故障 10 件。

5. 收拾工具,做到工完料净场地清。

三、配分及评分标准

<table>
<tr><th>项目</th><th>配分</th><th>作业标准</th><th>评分标准</th><th>扣分</th><th>得分</th></tr>
<tr><td>准备工作</td><td>5 分</td><td>工具、材料、配件准备齐全,作用良好</td><td>准备不全每少一件扣 1 分</td><td></td><td></td></tr>
<tr><td>作业过程</td><td>15 分</td><td>1. 插设安全防护信号。
2. 全面检查车辆制动故障。
3. 按规定敲打螺栓组合,禁止敲击各阀体、缸体和塞门体。
4. 正确报出故障名称和方位。
5. 作业程序流畅,故障无遗漏。
6. 撤除设备、工具及防护信号</td><td>1. 作业过程颠倒每项扣 2 分。
2. 人力制动机未检查、试验,各扣 5 分。
3. 每敲击阀体、缸体和塞门体每次扣 2 分。
4. 发现故障错报或报不出名称、不记 2 分。
5. 未撤除防护扣 5 分</td><td></td><td></td></tr>
<tr><td>作业质量</td><td>50 分</td><td><table><tr><td>1</td><td>2</td><td>3</td><td>4</td><td>5</td></tr><tr><td></td><td></td><td></td><td></td><td></td></tr><tr><td>6</td><td>7</td><td>8</td><td>9</td><td>10</td></tr><tr><td></td><td></td><td></td><td></td><td></td></tr></table>设置故障 10 件</td><td>漏检一件故障扣 5 分</td><td></td><td></td></tr>
<tr><td>安全及其他</td><td>10 分</td><td>1. 正确穿戴、使用劳保用品。
2. 作业完毕清扫场地</td><td>1. 未按规定穿戴劳保用品扣 3 分。
2. 轻微受伤时扣 5 分。
3. 其他不安全因素每次扣 3 分。
4. 作业完毕未清扫场地扣 2 分</td><td></td><td></td></tr>
</table>

续上表

项目	配分	作 业 标 准	评 分 标 准	扣分	得分
时间	20 分	正式操作时间:5 min	每超过 7.5 s 扣 1 分(不足 7.5 s 不扣分)		
合计		100 分			
否决项目		1. 未设置防护红旗开始作业时失格。 2. 故障少于 5 件时失格。 3. 超过规定时间的 50%时失格。 4. 受伤不能继续作业时失格			

第三部分

铁路车辆制动钳工技师、高级技师操作技能

第七章　铁路车辆制动钳工技师操作技能

第一节　120/120-1 型控制阀主阀、紧急阀试验及故障分析

一、准备通知单

(一)考场准备

安装有 120 型控制阀主阀(包括半自动缓解阀)分解组装工作台、试验台和必备机具的制动阀检修场地。

(二)设备、材料准备

序号	名　称	规　格	数量	备　注
1	微控 120 阀试验台		1 台	
2	防锈检漏剂		1 罐	
3	圆珠笔		1 支	
4	扁油刷		1 把	
5	故障分析报告(见附件 3)		1 张/人	

(三)技术准备

由考评员预先将已进行外观清洗、性能完好的 120 型控制阀主阀(包括半自动缓解阀)、紧急阀设置故障 3 件(其中主阀 2 件、紧急阀 1 件)。

(四)其他准备工作

1. 工作者必须佩戴好劳保用品。

2. 检查工具、量具齐全良好,仪器仪表计量器具校验不过期,风源压力符合要求。

二、技能操作试题

(一)考核项目:120/120-1 型控制阀主阀、紧急阀试验及故障分析

(二)考评分值:100 分

(三)考核时间:

1. 准备时间:1 min。

2. 正式操作时间:60 min。

3. 每超过 72 s 扣 1 分,不足 72 s 不扣分,超过规定时间的 20%全项失格。

(四)按规定程序、内容及操作方法对 120 主阀(包括半自动缓解阀)、紧急阀进行性能试验,对试验不合格项产生的原因进行分析,并填写分析报告。

(五)试验程序、内容及操作方法正确、规范,故障判断正确。

(六)安全文明操作,正确使用、维护工、卡、量具。

(七)操作要求及技术标准

1. 按 120 型控制阀主阀、紧急阀性能试验标准进行试验

2. 通过 120/120-1 型货车空气控制阀主阀(检修)试验记录(表 7-1-1)、120/120-1 型货车空气控制阀紧急阀(检修)试验记录(表 7-1-2)中测试结果中不合格项进行原因分析、判断并填写故障分析报告见附件 3。

表 7-1-1 120/120-1 型货车空气控制阀主阀(检修)试验记录

标准序号及内容				质量要求	测试结果	结论
3.1.2 制动位	3.1.2.1	各结合面		不允许产生漏泄		
		缓解阀排气孔		不允许产生漏泄		
	3.1.2.2	局减阀呼吸孔		不允许产生漏泄		
	3.1.2.3	主阀排气口漏泄		≤100 mL/min		
		局减排气口漏泄		≤100 mL/min		
	3.1.2.4	副风缸管路		压降≤7 kPa/10 s		
		加速缓解风缸管路		压降≤7 kPa/10 s		
	3.1.2.5	缓解阀上呼吸孔		不允许产生漏泄		
	3.1.2.6	缓解阀手柄处		不允许产生漏泄		
		缓解阀排气口		肥皂泡高度≤12 mm/10 s		
3.1.3 缓解位	3.1.3.2	结合面		不允许产生漏泄		
	3.1.3.3	主阀排气口漏泄		≤120 mL/min		
	3.1.3.4	局减排气口漏泄		≤100 mL/min		
3.1.4 常用制动保压位	3.1.4.2	主阀排气口漏泄		≤100 mL/min		
		局减排气口漏泄		≤100 mL/min		
		加速缓解管排气口漏泄		≤120 mL/min		
	3.1.4.3	制动缸管路		压力变化绝对值≤10 kPa/10 s		
		加速缓解风缸管路		压降≤10 kPa/10 s		
		缓解阀排气口漏泄		不允许产生漏泄		
3.2.2 主阀性能试验	3.2.2.1	制动缸通路 0～350 kPa 时间		≥4 s		
		制动缸通路 300～150 kPa 时间		254 mm 制动缸 4～8.5 s		
				356 mm 制动缸 3～7 s		
	3.2.2.2	缓解阻力		6～16 kPa		
	3.2.2.3	一局减通量	120 阀	2～10 s		
			120-1 阀	2～13 s		
		列车管减压量	120 阀	≥40 kPa		
			120-1 阀	≥50 kPa		
	3.2.2.4	升压时间		1.5～6 s/30～50 kPa		
		制动缸压力升 1		45～70 kPa		
		制动缸压力升 2		45～70 kPa		
	3.2.2.5	保压稳定孔		稳定在 1.2～6 kPa 且主阀未缓解		

续上表

标准序号及内容			质量要求	测试结果	结论
3.2.2 主阀性能试验	3.2.2.6	加速缓解阀作用	不小于 10 kPa		
	3.2.2.7	副风缸充气孔	254 m 制动缸 15.5～19 s		
			356 mm 制动缸 12.5～16 s		
	3.2.2.8	加速缓解风缸充气通路	11～20 s		
	3.2.2.9	紧急二段跃升	105～170 kPa		
		制动缸通路 0～350 kPa 时间	254 mm 制动缸 6.5～9 s		
			356 mm 制动缸 4.5～6.5 s		
		120-1 阀紧急后加缓缸与副风缸通路	加缸压力 550～500 kPa/1.5～6 s		
	3.2.2.10	常用加速制动作用	20 s 内流量计最大值<100 mL/min		
			20 s 内流量计最大值>100 mL/min		
			加速缓解风缸管压力下降<20 kPa		
3.2.3 缓解阀	3.2.3.1	制动缸开始缓解时间	≥2 s		
		制动缸压降时间	≥4 s		
	3.2.3.2	副风缸压降时间	≥7 s		
		加速缓解风缸压力	<副风缸压力		
	3.2.3.3	解锁压力	10～40 kPa		

表 7-1-2　120/120-1 型货车空气控制阀紧急阀(检修)试验记录

标准序号及内容		质量要求	结果	结论
4.1 漏泄试验	4.1.2 各结合面和排气口	紧急室 20 s 内压力下降不超过 5 kPa		
		所有盖及胶垫周围不允许产生漏泄		
		紧急阀排气口 15 s 内只允许产生一个高度最大为 12 mm 的气泡		
4.2 紧急阀性能	4.2.2 紧急灵敏度	列车管减压 180 kPa 前发生紧急放风作用		
		列车管从发生紧急放风作用开始到降至 40 kPa 的时间不超过 1.5 s		
		紧急室从发生紧急放风作用开始到降至 40 kPa 时间 12.5～17.5 s		
	4.2.3 紧急室充气孔	紧急室由 0 升至 200 kPa 的时间 12.5～18.5 s		
4.2 紧急阀性能	4.2.4 安定性能	紧急室压力随列车管压力下降		
		在压力下降过程中不发生紧急放风作用		

三、配分及评分标准

项目配分	步骤	考核内容	评分标准	扣分	得分
操作程序及质量75分	准备5分	1. 将主阀卡紧在主阀安装座上。 2. 确认总风源压力应在650 kPa以上。 3. 选择主阀信息。 4. 工具准备	1. 工具准备不全，每件扣1分。 2. 信息录入错误每项扣2分。 3. 总风源压力未确认扣2分		
	性能试验20分	制动位、缓解位、常用制动保压位、主阀性能试验、缓解阀(试验程序和要求按相关铁标执行)	1. 试验项目不全每项扣5分。 2. 余风未排净卸阀扣10分。 3. 未按要求涂抹检漏剂，每次扣2分		
	故障原因分析及填写故障报告50分	1. 根据120/120-1型货车空气控制阀主阀(检修)试验记录、120/120-1型货车空气控制阀紧急阀(检修)试验记录确定故障部位。 2. 共设故障3件，主阀2件，紧急阀1件。 3. 对故障现象、产生原因、判断和处理方法进行逐一分析，并填写故障分析报告(见附件3)。 4. 分析正确。 5. 判断故障部位正确。 6. 处理故障方法准确。 7. 填写字迹清晰、用语规范	1. 故障未发现每件扣10分，分析错误每项扣10分。 2. 产生原因、判断处理方法错误每处扣5分，分项不全每处扣2分。 3. 用语不规范每处扣1分		
设备操作5分		按操作规程操作试验设备	设备操作错误每次扣2分		
安全及其他10分		1. 正确穿戴、使用劳保防护用品。 2. 作业完毕做到工完料净场地清。 3. 不得发生其他不安全因素	1. 不按规定穿戴、使用劳保防护用品扣2分。 2. 轻伤扣5分。 3. 作业完毕未清理场地扣3分。 4. 其他不安全因素每处扣3分		
操作时间10分		正式操作时间60 min	每超过72 s扣1分(不足72 s不扣分)		
合计		100分			
否决项目		1. 破皮、出血不能继续作业时失格； 2. 超过作业时间20%时失格			

第二节　120型空气制动机单车试验及故障分析

一、准备通知单

(一)考场准备

车辆制动机的检修场地或工位(有车辆停留线)。

(二)设备、工具准备

序号	名称	规格	数量	备注
1	装用性能良好的120型空气制动机的铁路货车		1辆	敞车任选
2	微控单车试验器		1台	
3	专用扳手		1套	
4	网状回收器		1个	

续上表

序号	名 称	规 格	数量	备 注
5	过球试验用球	25 mm	1个	
6	管钳		1把	
7	软木锤(橡胶锤)		1把	
8	空重车试验垫板		1套	
9	闸调器试验垫板		1套	
10	传感阀触头与磨耗板间隙量规		1套	
11	现车制动综合检测量规		1套	
12	钢板尺(卷尺)		1把	
13	检点锤		1把	
14	手电		1个	

(三)材料准备

序号	名 称	规 格	数量	备 注
1	红旗		1面	
2	防锈检漏剂		1罐	
3	圆珠笔		1支	
4	故障分析报告(见附件3)		1张/人	

(四)技术准备

在120型制动系统上设置故障5件。

(五)其他准备工作

1. 工作者必须佩戴好劳保用品。

2. 全面检查所用工具、量具齐全良好,仪器仪表计量器具检定不过期,风源压力符号要求。

二、技能操作试题

(一)考核项目:120型空气制动机单车试验及故障分析

(二)考评分值:100分

(三)考核时间

1. 准备时间:1 min。

2. 正式操作时间:90 min(包括填写故障分析报告)。

3. 每超过108 s扣1分,不足108 s不扣分,超过规定时间的20%全项失格。

(四)使用单车试验器对120型制动机制动系统进行单车全部性能试验,判断和排除故障,并填写故障分析报告。

(五)试验程序、内容及操作方法正确、规范;故障判断、处理正确。

(六)安全文明操作,正确使用、维护工、卡、量具。

(七)操作要求及技术标准

1. 单车检查

由连接单车一端的车辆端部开始(逆时针方向),对全车制动系统进行检查。

2. 单车试验前准备

(1)工、量具及材料准备:见设备、工具、量具、材料准备清单。

(2)车辆应处于空车位。

(3)用扳手卸掉制动缸堵,连接制动缸压力传感器。

3. 单车试验(基本要求参考《铁路货车制动装置检修规则》)。

4. 在单车检查、单车试验过程中,对发现的制动系统故障进行排除。

5. 对排除的空气制动部分故障进行单车试验验证,确定故障排除。

6. 填写故障分析报告(见附件3)。

三、配分及评分标准

项目		配分	考核内容	评分标准	扣分	得分
操作程序及质量	准备	5分	1. 工、卡、量具准备齐全。 2. 量具效验不过期。 3. 单车试验器风表不过期、机能试验合格	1. 工具准备不全,每件扣1分。 2. 未检查量具、风表、机能每件扣2分		
	单车检查	5分	对制动系统进行全车检查	未进行单车检查扣5分		
	单车试验	20分	1. 在制动缸后盖处安装压力表或传感器。 2. 过球试验。 3. 制动管漏泄试验。 4. 全车漏泄试验。 5. 制动、缓解感度试验。 6. 制动安定试验。 7 紧急制动试验。 8. 120/120-1 型制动机加速缓解阀试验。 9. 120/120-1 型制动机半自动缓解阀试验。 10. 闸调器性能试验。 11. 空重车自动调整装置性能试验。 12. 对空气制动部分故障处理完后,可进行单项试验,检查试验数据,须全部合格	1. 传感器漏装扣2分。 2. 未作过球试验扣2分。 3. 未安装软管堵扣2分。 4. 未按顺序试验每项扣3分。 5. 未使用防锈捡漏剂检查漏泄每处扣2分。 6. 未观察、确认减压量每处扣2分。 7. 安定试验未检测制动缸、闸调器行程扣5分。 8. 加速缓解试验未观察制动管跃升扣2分。 9. 半自动缓解阀试验未拉缓解阀手柄3~5 s每处扣2分,不足3~5 s扣1分。 10. 闸调器性能试验未加装试验垫板扣5分,未检测制动缸行程扣5分。 11. 空重车自动调整装置性能试验未加装(或错装)试验垫板每项扣5分。 12. 试验全部合格后未检查试验数据扣2分		
	故障检查	40分	1 | 2 | 3 | 4 | 5 故障5件并按规定填写故障分析报告	1. 错判漏判每件扣8分。 2. 故障分析报告未填写或填写不正确每件扣5分		
	时间	10分	规定时间90 min完成	每超108 s扣1分(不足108 s不扣分)		

续上表

项目	配分	考核内容	评分标准	扣分	得分
工具设备使用	10分	1. 正确使用工、卡、量具。 2. 按操作规程操作试验设备。 3. 工、卡、量具使用完毕进行擦拭保养并放到指定位置	1. 工、卡、量具使用不当每次扣3分。 2. 工、卡、量具损坏每件扣5分。 3. 随意抛扔工具、量具、配件、材料每发生1次扣2分		
安全及其他	10分	1. 正确穿戴、使用劳保防护用品。 2. 作业完毕做到工完料净场地清。 3. 不得发生其他不安全因素	1. 不按规定穿戴、使用劳保防护用品扣2分。 2. 轻伤扣5分。 3. 作业完毕未清理场地扣3分。 4. 其他不安全因素每处扣3分		
合计	100分				
否决项目	1. 未插安全防护信号作业时失格。 2. 超过规定时间的20%时失格。 3. 受伤不能继续作业时失格				

第三节 制动系统自然缓解故障分析

一、准备通知单

(一)考场准备

准备1辆(任意车型)自然缓解故障的车辆及符合考试条件的场地。

(二)工具、设备、材料准备

序号	名称	规格	数量	备注
1	微控单车试验器		1台	
2	防锈检漏剂		1桶	
3	手电		1把	
4	扁油刷		1把	
5	圆珠笔(碳素笔)		1支	
6	故障分析报告(见附件3)		若干	

(三)其他准备工作

1. 工作者必须佩戴好劳保用品。
2. 检查工具、量具齐全良好、校验不过期。

二、技能操作试题

(一)考核项目:制动系统自然缓解故障分析

(二)考评分值:100分

(三)考核时间:

1. 准备时间:1 min。
2. 正式操作时间:30 min。
3. 每超过54 s扣1分,不足54 s不扣分,超过规定时间的30%全项失格。

(四)按规定程序、内容及操作方法对组合式制动梁进行检测。

(五)安全文明操作,正确使用、维护工、卡、量具。

三、操作要求及技术标准

1. 漏泄试验。
2. 感度试验。
3. 安定试验。

按要求对以上试验项目进行试验,并对制动系统自然缓解故障进行正确分析,填写故障分析报告(见附件3)。

序号	项目	配分	考核内容	评分标准	扣分	得分
一	准备	10分	1. 工、卡、量具准备齐全。 2. 检查量具认定日期	1. 工、卡、量具准备不全每项扣1分。 2. 未检查量具认定日期每件扣2分。 3. 未确认总风源压力扣5分		
二	作业过程及质量	60分	1. 设置安全防护。 2. 检查制动管系、配件状态。 3. 连接单车试验器,安装软管堵。 4. 进行制动机试验(只须漏泄、感度或安定试验即可)。 5. 撤除软管堵。 6. 撤除防护安全防护信号。 7. 制动机试验符合要求。 8. 正确分析故障原因,并提出处理意见。 9. 正确使用和操作单车试验器	1. 未正确连接试验器扣10分。 2. 过程每漏一项扣5分。 3. 未检查制动管系扣10分。 4. 软管堵未撤除扣5分。 5. 分析故障原因、处理方法不正确,每处扣10分。 6. 制动机试验不符合要求扣10分		
三	工具使用与维护	10分	1. 正确使用工、卡、量具;不得损坏工、卡、量具及设备。 2. 作业完毕进行工、卡、量具维护保养并摆放整齐。 3. 作业完毕清洁场地	1. 工、卡、量具使用不当一次扣2分,损坏一件扣5分,脱落每处扣2分。 2. 作业完毕未进行工、卡、量具维护保养和放置不当,每件扣1分。 3. 作业完毕未清洁场地扣2分		
四	作业时间	10分	规定时间30 min	每超时54 s扣1分(不足54 s不扣分)		
五	安全注意事项	10分	正确穿戴、使用劳保用品	1. 未按规定穿戴劳保用品扣3分。 2. 轻微受伤时扣5分。 3. 其他不安全因素每次扣3分		
六	合计		100分			
否决项目		1. 碰破、出血、起泡、挤肿不能继续工作时失格。 2. 超过规定时间30%时失格				

第四节　运用中“关门车”常见故障判断及分析

一、准备通知单

(一)考场准备

准备关门车故障的车辆及符合考试条件的场地。

(二)工具、设备、材料准备

序号	名　称	规　格	数量	备　注
1	微控单车试验器或地面试风装置		1台	
2	防锈检漏剂		1桶	
3	手电		1把	
4	检点锤		1把	
5	扁油刷		1把	
6	圆珠笔(碳素笔)		1支	
7	故障分析报告(见附件3)		若干	

(三)其他准备工作

1. 工作者必须佩戴好劳保用品。

2. 检查工具、量具齐全良好、校验不过期。

二、技能操作试题

(一)考核项目:运用中"关门车"常见故障判断及分析

(二)考评分值:100分

(三)考核时间:

1. 准备时间:1 min。

2. 正式操作时间:30 min。

3. 每超过54 s扣1分,不足54 s不扣分,超过规定时间的30%全项失格。

(四)按规定程序、内容及操作方法对组合式制动梁进行检测

(五)安全文明操作,正确使用、维护工、卡、量具

(六)操作要求及技术标准

运用中"关门车"常见故障判断、分析。

1. 漏泄故障

列车管系漏泄、副风缸(加缓风缸)管路系统漏泄。

原因分析:漏泄部位多发生在管路连接处(软管连接器对接处、T形接头、法兰连接处、各空气制动附件连接处)、制动阀排风口或接合部、各风缸焊接及排水堵等处。

判断方法:检车人员应首先消除个人作业区间车辆的漏泄现象,重新试验;也可以采用制动感度后的保压试验,来判断区分是列车管系的漏泄还是副风缸(加缓风缸)及管路系统漏泄,缩小故障的判断范围,观察列车管压力的变化,如果下降说明漏泄在列车管系方面(制动缸及管系漏泄也会影响,将在制动故障中叙述);如果不下降说明漏泄在副风缸(加缓风缸)及管路系统,检车人员根据判断分别给予处理。

2. 无制动作用

如列车管减压制动缸发生制动作用,要注意观察制动时主阀安装面局减室排气口缩孔Ⅰ是否有排气声,观察缓解时120型控制主阀排气口是否有短暂的排气声,并且观察制动时传感阀触头是否伸出。

(1)缓解时主阀排气口有排气声,判定为制动缸漏泄及阻力过大故障。

(2)制动时缩孔Ⅰ无排气声,120 型控制主阀作用部未动作,没产生局减和制动作用,判定为 120 型控制阀故障。

(3)制动时缩孔Ⅰ有排气声,缓解时主阀排气口无排气声,传感阀触头伸出不正常,判定为调整阀故障。

(4)制动时缩孔Ⅰ有排气声,缓解时主阀排气口有排气声,传感阀触头伸出正常,判定为制动缸活塞阻力过大故障或者基础制动装置别死故障。

3. 自然制动(抱闸)故障

原因分析:

(1)120 型控制阀主活塞膜板破损、穿孔,引起制动后制动机不能缓解。

(2)120 型控制阀作用部润滑不良阻力过大,该类型故障一般多发生在列车后部车辆。后部车辆,特别是 120-1 型控制阀最大有效减压量制动后无加速缓解作用充气速度慢造成。现象是制动作用缓慢,列车主管增压时制动缸不缓解,主阀排气口无排气声。

(3)制动阀充气孔(沟)过小,当列车主管有漏泄时,副风缸的风压来不及向列车管逆流,造成制动机稳定性不良,发生自然制动。

(4)制动管系泄漏引起"抱闸",列车制动管系漏泄一般分为综合性漏泄、管系断裂漏泄、连接处松动漏泄等,当漏泄量较大时(大于 40 kPa/min),对于制动灵敏度比较高(稳定性不良)的制动阀来说,自然制动的机会就较大,制动阀在设计时要求主活塞两侧达到 20 kPa 压差,即可产生局部减压作用,局减作用的发生,加快了制动作用的产生。

4. 缓解故障

列车中的缓解故障可以分为缓解不良(缓解慢或缓解不完全)、不缓解和自然缓解三类。

(1)缓解慢(或缓解不完全)

原因分析:

①120 型控制阀主阀缩孔Ⅱ(排气限制孔)不畅通、作用部润滑不良阻力大。

②制动缸内有锈蚀、缺油造成活塞阻力较大,缓解弹簧弱;缓解慢故障易发生在列车管增压速度慢的列车后部车辆(特别是 120-1 最大有效减压量制动后无加速缓解作用)。

(2)不缓解

原因分析:

①120 型控制阀主阀膜板穿孔或压板螺母松动,主活塞上下不能形成压下主活塞到充气缓解位的压力差。

②120 型控制阀主阀缩孔Ⅱ堵死,缓解位,制动缸的压缩空气无法排出。

③制动缸因缺油阻力大、皮碗破损后与缸壁挤死、缓解弹簧折断、活塞与杆分离、活塞直径与缸体内径配合不良,活塞蹩劲;制动时良好,缓解时 120 型控制阀主阀排风口虽有排气声,但制动缸未缓解。

④空重车自动调整装置作用不良造成制动缸不能完全缓解;原因一是调整阀活塞与套配合间隙过紧卡死或缺油阻力过大,空气制动机缓解初起时,缓解作用正常,当制动缸压力下降到一定时,已没有能力吹开调整阀夹芯阀了,制动缸便停止了缓解。原因二是传感阀活塞与触杆蹩劲或与套的配合间隙过小或 Y 形橡胶密封圈变形卡死,空气制动机缓解时,当制动缸压

力较高时能够吹开调整阀的夹芯阀，一部分制动缸和降压风缸的压力空气经 120 型控制阀主阀缓解通道排向大气，但是由于传感阀活塞技术状态不良，制动缸压力空气下降到一定程度时，传感阀活塞不能顺利下移，降压风缸的余风不能从传感阀触杆上 1 mm 小孔排向大气，造成调整阀夹心阀关闭，制动缸保留一部分压力空气。

⑤闸调器故障引起"抱闸"，由于闸调器故障造成的制动抱闸，一般多是闸调器体内进水生锈、调整螺母螺纹磨损或破损、轴用弹性挡圈折断等故障，引起闸调器在制动缸缓解后不能复原。

⑥人力制动机故障引起"抱闸"，机械故障或未松闸。

⑦制动梁故障引起"抱闸"，制动梁全长尺寸过长，中心支柱偏离，导致制动时制动梁在侧架滑槽内倾斜后发生别劲。

(3)自然缓解

原因分析：

①检查缓解阀排气口是否漏泄。若有漏泄，这可判断为缓解阀阀口漏泄。

②若副风缸及管路漏泄，副风缸压力将下降，主阀活塞将下移到缓解位，缓解阀排气口将出现排气现象。

③检查制动缸前盖滤尘器及制动缸螺堵。

三、配分及评分标准

序号	项目	配分	考核内容	评分标准	扣分	得分
一	准备	10分	1. 工、卡、量具准备齐全。 2. 检查量具认定日期	1. 工、卡、量具准备不全每项扣1分。 2. 未检查量具认定日期每件扣2分。 3. 未确认总风源压力扣5分		
二	作业过程及质量	60分	1. 设置安全防护。 2. 连接单车试验器或地面试风装置。 3. 进行制动机试验。 4. 正确分析故障原因及部位，并提出处理意见。 5. 正确使用和操作单车试验器或地面试风装置	1. 未正确连接试验器及地面试风装置扣10分。 2. 过程每漏一项扣5分。 3. 分析故障原因、判断方法不正确，每处扣10分。 4. 制动机试验不符合要求扣10分		
三	工具使用与维护	10分	1. 正确使用工、卡、量具；不得损坏工、卡、量具及设备。 2. 作业完毕进行工、卡、量具维护保养并摆放整齐。 3. 作业完毕清洁场地	1. 工、卡、量具使用不当一次扣2分，损坏一件扣5分，脱落每处扣2分。 2. 作业完毕未进行工、卡、量具维护保养和放置不当，每件扣1分。 3. 作业完毕未清洁场地扣2分		
四	作业时间	10分	规定时间 30 min	每超时 54 s 扣 1 分(不足 54 s 不扣分)		
五	安全注意事项	10分	正确穿戴、使用劳保用品	1. 未按规定穿戴劳保用品扣3分。 2. 轻微受伤时扣5分。 3. 其他不安全因素每次扣3分		
六	合计	100分				
否决项目		1. 碰破、出血、起泡、挤肿不能继续工作时失格。 2. 超过规定时间 30%时失格。 3. 故障部位分析及判断错误时失格				

第五节 油石调校

一、准备通知单

(一)工具材料准备

序号	名　称	规　格	数量	备　注
1	扁油刷		1把	
2	风枪	100 mm	1把	
3	油石		1块	任选
4	研磨平台	400 mm×400 mm×20 mm	2块	
5	金刚砂	80/180目	适量	

(二)其他准备

1. 工作者必须佩戴好劳保用品。

2. 全面检查所用工具、量具齐全良好,使用人员目视检查确认研磨平台状态良好,校验不过期。

二、技能操作试题

(一)考核项目:油石调校

(二)分值:100分

(三)考核时间

1. 准备时间:1 min。

2. 正式操作时间:30 min。

3. 每超时54 s扣1分,不足54 s不扣分,超过规定时间的30%失格。

(四)操作要求或技术标准

1. 选择油石尺寸型号(任选)

(1)研磨滑阀座油石尺寸为200 mm×26 mm×26 mm。

(2)研磨节制阀座油石尺寸为200 mm×13 mm×50 mm。

(3)研磨滑阀、节制阀油石尺寸为200 mm×100 mm×26 mm。

2. 油石校对

将金刚砂均匀撒在一块研磨平台上,金刚砂须颗粒均匀。粗校对用金刚砂粒度为80目,精校对用金刚砂粒度为180目(可根据实际情况只选择一种金刚砂)。

(1)油石粗校对、精校对

双手持油石,将油石工作面置于金刚砂上,顺油石方向均匀用力来回推动研磨,研磨过程中不断调换油石方向。顺油石纵向研磨一段时间后,再在平台中部旋转油石进行研磨。然后用同样的方法进行精校对。校对后用风枪或扁油刷清除表面金刚砂颗粒物,保持油石表面清洁。

(2)显点校对

选取一块清洁且无砂粒的研磨平台,将油石工作面向下平压在平台上,均匀用力,来回推磨至少1圈。拿起油石目视工作面显点情况判断平整度，显点不均匀时用尖状金刚砂块将最亮接触点去除(大块接触点须破开)。然后重新在铸铁平台上推研检查，直至油石工作面接触点细小、均匀。油石工作面在研磨平台上来回推动后，油石工作面产生黑点，黑点部位为油石凸出部位、无黑点部位为油石凹下部位，黑点均匀分布整个工作面则为合格油石。

三、配分及评分标准

项目及配分		考核内容		评分标准	扣分	得分
操作程序及质量	5分	准备	1. 准备工具、材料。 2. 检查平台放置平稳	1. 工具、材料准备不全每项扣2分。 2. 未检查平台状态扣2分		
	65分	油石调试	1. 油石调试方法正确。 2. 油石点分布均匀。 3. 油石工作面洁净无油渍、水渍。 4. 油石不得损坏	1. 油石调试方法不正确扣10分。 2. 油石点分布不均匀一处扣5分。 3. 更换油石每块扣20分		
工具设备使用与维护	10分	1. 工具、材料使用正确。 2. 作业完毕后对工具维护保养。 3. 作业完毕未清洁场地，扣2分		1. 工具、材料使用不当一次扣2分。 2. 工具损坏一件扣5分。 3. 工具脱落每处扣2分。 4. 作业完毕未进行维护保养和放置不当，每件扣1分		
安全及其他	10分	1. 正确穿戴、使用劳保防护用品。 2. 作业完毕做到工完料净场地清。 3. 不得发生其他不安全因素		1. 不按规定穿戴、使用劳保防护用品扣2分。 2. 轻伤扣5分。 3. 作业完毕未清理场地扣3分。 4. 其他不安全因素每处扣3分		
时间	10分	规定时间30 min		每超54 s扣1分(不足54 s不扣分)		
合计		100分				
否决项目		1. 油石损坏时失格。 2. 分布点大面积不均匀时失格。 3. 受伤不能继续作业时失格。 4. 超过规定时间的30%时失格				

第六节　货车制动梁检测

一、准备通知单

(一)考场准备

准备除锈、探伤合格的组合式制动梁1条且具备有制动梁检测条件的场地。

(二)工具、配件准备

序号	名　　称	规　　格	数量	备　注
1	组合式制动梁		1条	
2	检点锤		1把	
3	手电		1个	

(三)样板、量具准备

序号	名　　称	规　格	数量	备　注
1	阶梯塞尺	1.5～2 mm	1把	
2	闸瓦托 $R451$ 弧面量具		1把	
3	阶梯塞尺		1把	
4	组合式制动梁支柱孔中心至闸瓦托弧面中心距检测尺		1把	
5	制动梁全长及托距测量尺		1把	
6	制动梁两闸瓦托中心至支柱中心距离测量尺		1把	
7	制动梁两闸瓦托扭曲量具		1把	
8	制动梁综合检测量规		1把	
9	制动梁两闸瓦托倾斜度量具		1把	
10	组合式制动梁两闸瓦托中心距离检测尺		1把	
11	游标卡尺	0～150 mm	1把	

(四)其他准备工作

1. 工作者必须佩戴好劳保用品。

2. 检查工具、量具齐全良好、校验不过期。

二、技能操作试题

(一)考核项目:货车制动梁检测

(二)考评分值:100 分

(三)考核时间:

1. 准备时间:1 min。

2. 正式操作时间:10 min。

3. 每超过 15 s 扣 1 分,不足 15 s 不扣分,超过规定时间的 50%全项失格。

(四)按规定程序、内容及操作方法对组合式制动梁进行检测。

(五)安全文明操作,正确使用、维护工、卡、量具。

三、操作要求及技术标准

(一)对制动梁技术状态进行全面检查

(二)制动梁检测

1. 制动梁全长检测

组合式制动梁全长检测:使用制动梁全长及托距检测尺固定端及滑尺端分别卡在组合式制动梁两闸瓦托滑块端面(图 7-6-1、图 7-6-2),量规通止端卡在组合式制动梁两闸瓦托滑块端面或制动梁端头端面顶点,L1771T 端通过、L1762Z 端止住时合格。

2. 制动梁两闸瓦托中心距测量

使用制动梁全长及托距测量尺固定测头和活动测头分别置于闸瓦托上中部支承面中部,(图 7-6-3、图 7-6-4)活动测头压片刻线所对应主尺上的刻线示值,组合式制动梁为 1 520～1 530 mm 时合格。

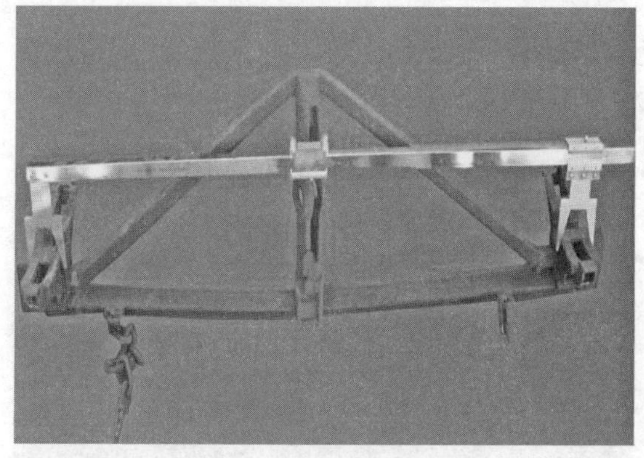

图 7-6-1 检测制动梁全长

图 7-6-2 检测尺固定滑块端面

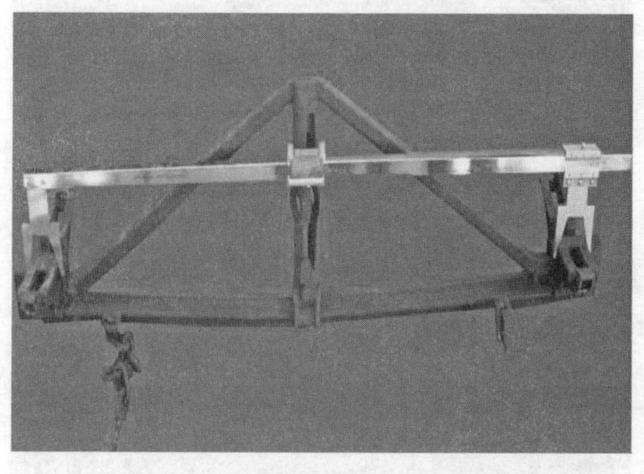

图 7-6-3 检测两闸瓦中心距

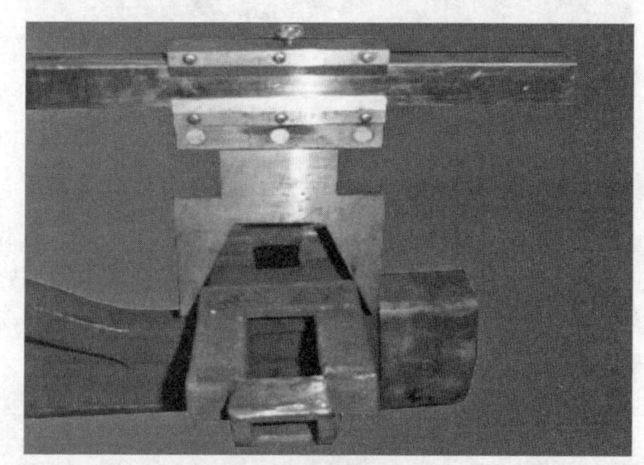

图 7-6-4 检测尺固定闸瓦托中部支撑面

3. 制动梁两闸瓦托中心至支柱中心距离检测

使用制动梁 L 差测量尺固定测头和活动测头分别置于两闸瓦托支承面中部，L 差测头插入支柱(图 7-6-5、图 7-6-6)。压片刻线对应主尺的示值与 L 差测头右侧边对应滑尺的示值之差不大于 15 mm 时合格。

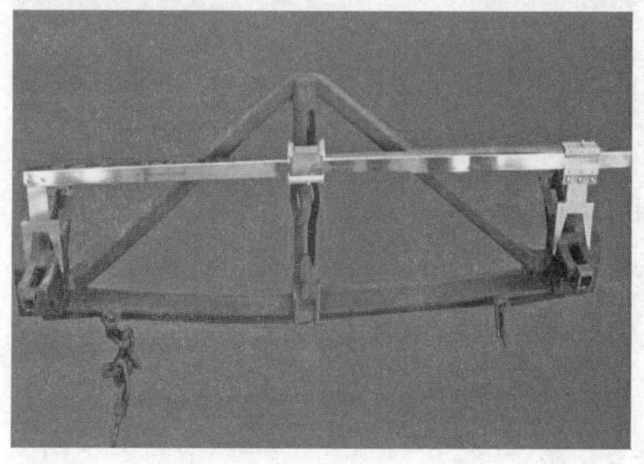

图 7-6-5 检测两闸瓦托中心至支柱中心距离

图 7-6-6 L 差测头插入支柱

4. 制动梁两闸瓦托扭曲检测

使用制动梁两闸瓦托扭曲量具放置两闸瓦托上，测头与上支承面端部三点接触，用塞尺测第四处与量具$R451$弧的间隙(图 7-6-7、图 7-6-8)，大于 10 mm 时超限。

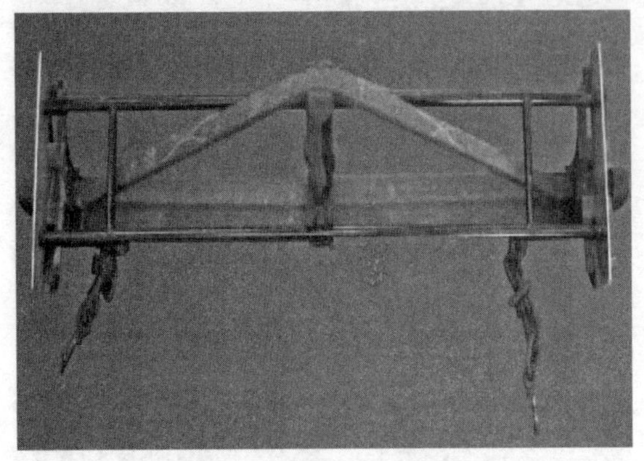

图 7-6-7　测量两闸瓦扭矩

图 7-6-8　塞尺测量第四处

5. 弧面检测

将$R451$量规置于闸瓦托支承面、凸台入槽、瓦托弧面(图 7-6-9)，支承面中部与量具应四点接触，使用 1.5 mm 的塞尺检测中部与量规间隙，不能插入时合格；使用 2 mm 的塞尺检测端部与量规局部间隙(图 7-6-10)，不能插入时合格，插入时超限。

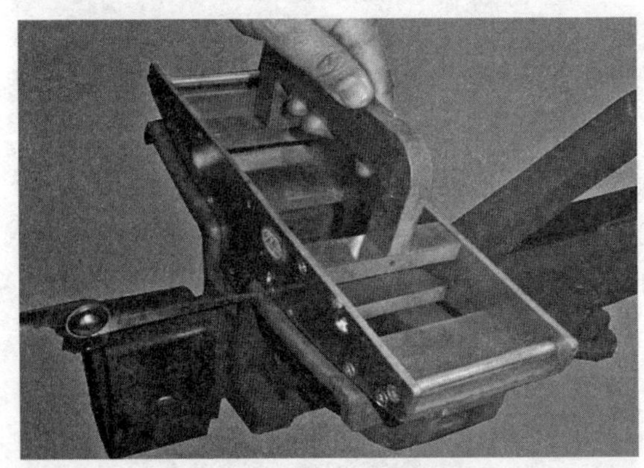

图 7-6-9　检测弧面

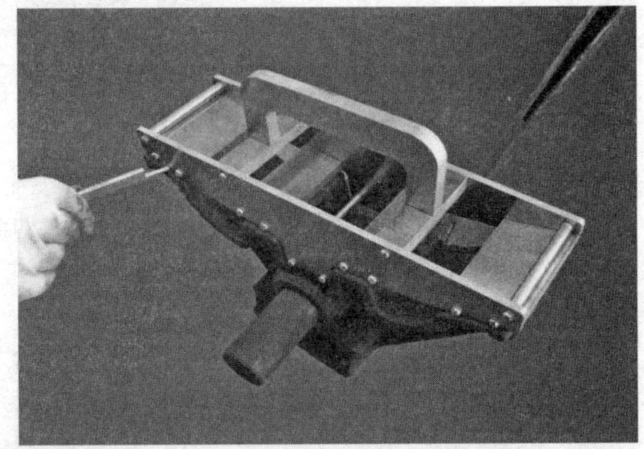

图 7-6-10　塞尺检测端部与量规局部间隙

6. 组合式制动梁支柱孔中心至闸瓦托弧面中心距检测

使用组合式制动梁支柱孔中心至闸瓦托弧面中心距检测量具两端定位板置于闸瓦托支撑面中部，将测头插入支柱孔(图 7-6-11、图 7-6-12)。压片所对应滑尺示值为 51～60 mm 时合格。

7. 制动梁两闸瓦托倾斜度检测

使用制动梁两闸瓦托倾斜度量具置于两闸瓦托上(图 7-6-13)，测头 1∶20 斜面与支承面中部贴靠(图 7-6-14)。用 2 mm 塞尺分别测两闸瓦托外侧间隙，大于 2 mm 时超限。

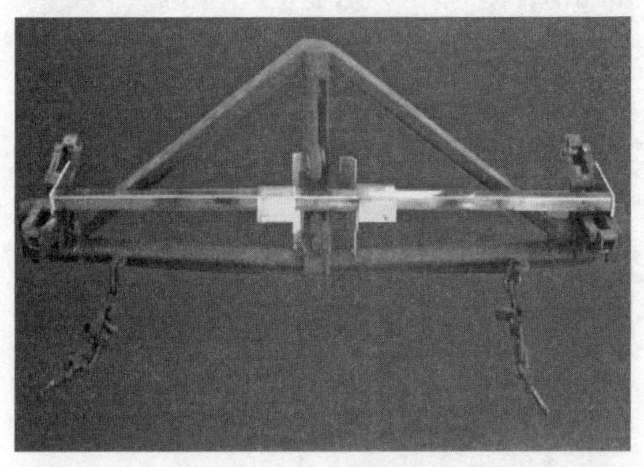
图 7-6-11　检测支柱孔中心至闸瓦托弧面中心距

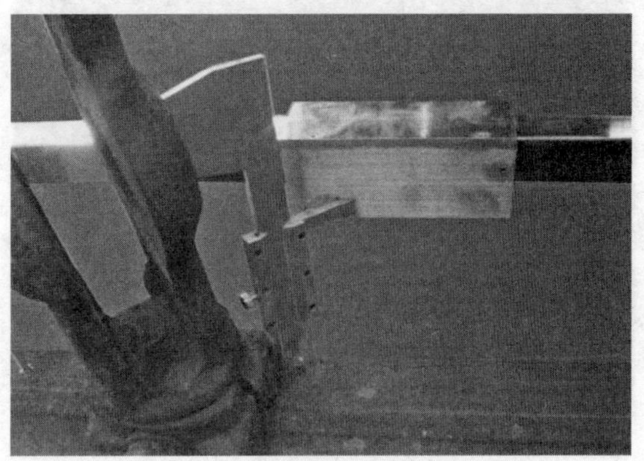
图 7-6-12　测头插入支柱孔

图 7-6-13　检测两闸瓦托倾斜度

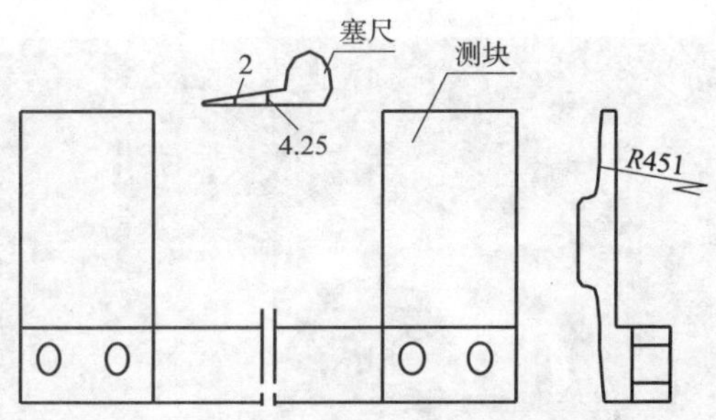

图 7-6-14　测头 1∶20 斜面与支承面中部贴靠

8. 组合式制动梁滑块磨耗套剩余厚度检测

使用组合式制动梁综合检测量规工作面与滑块磨耗套外侧磨耗处贴靠，量规 4Z 端与滑块磨耗套外端面贴靠，距滑块磨耗套端部 15 mm 处检测磨耗套最小剩余厚度（图 7-6-15），测量面与滑块外露部分有间隙时合格，完全贴靠时超限。

9. 制动梁支柱长槽宽度磨耗检测

使用制动梁综合检测量规将量规 32Z 端沿支柱长槽宽度方向插入磨耗处，沿支柱长槽宽度方向，检测磨耗处最大宽度（图 7-6-16），量具止不住时超限。

10. 制动梁支柱孔衬套磨耗检测

使用制动梁综合检测量规 38Z 端垂直插入制动梁支柱衬套孔，检测支柱衬套孔深 1/3 处最大直径（图 7-6-17），止不住时超限。

11. 制动梁安全链及关联部件检测

制动梁安全链座孔距上边缘剩余宽度检测：使用制动梁综合检测量规 8Z 端插入安全链座孔距上边缘处（图 7-6-18）。止不住时超限。制动梁安全链座剩余厚度检测：使用制动梁综合检测量规将 4Z 端插入安全链座上、下平面（图 7-6-19），止不住时超限。

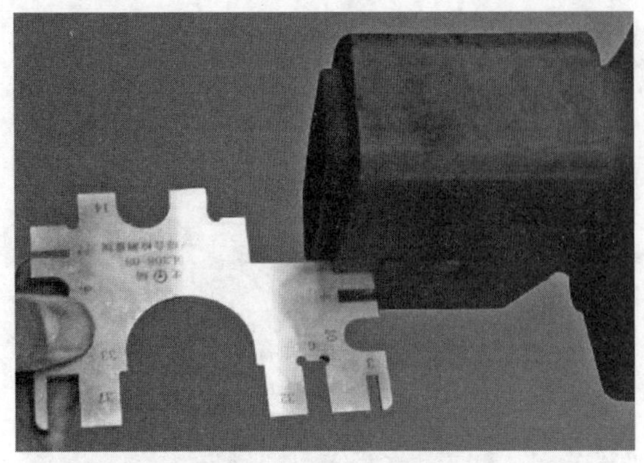

图 7-6-15　检测磨耗套剩余厚度

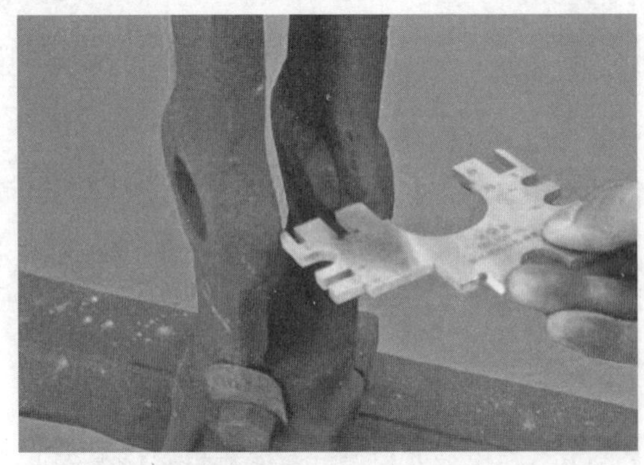

图 7-6-16　检测长槽宽度磨耗

安全链链环直径检测:链环直径磨耗不大于 3 mm,使用制动梁综合检测量规测量安全链链环直径磨耗。用量规 9Z 端插入组合式制动梁、7Z 端插入其他型制动梁安全链链环磨耗处，插入量超过安全链环半径时超限(图 7-6-20)。安全链卡子磨耗检测:使用制动梁综合检测量规 2Z 端测量安全链卡子局部磨耗,卡入超限。

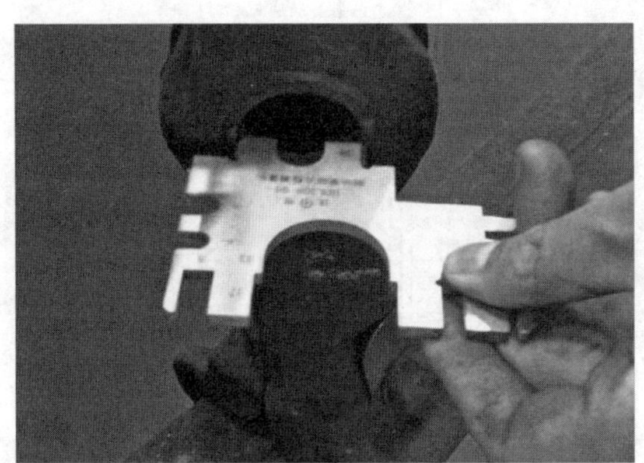

图 7-6-17　检测支柱孔衬套磨耗

图 7-6-18　检测安全链座孔剩余宽度

图 7-6-19　检测安全链座剩余厚度

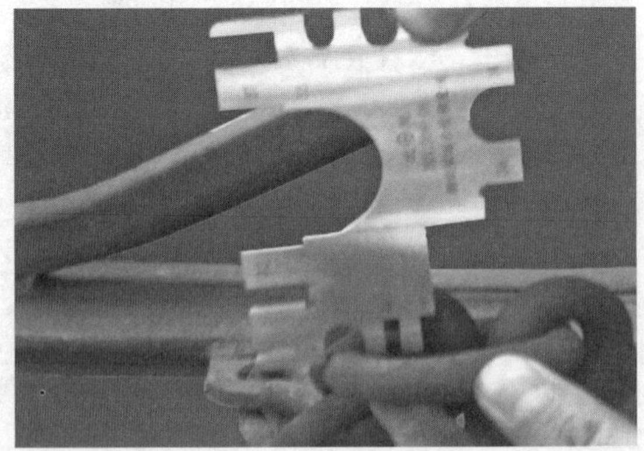

图 7-6-20　检测安全链磨耗

12. 闸瓦托支承面端部磨耗剩余厚度检测

使用制动梁综合检测量规 8Z 端插入高摩闸瓦托支承面端部(图 7-6-21),通过时超限。

13. 闸瓦托支承面中部磨耗剩余厚度检测

使用制动梁综合检测量规 6Z 端插入闸瓦托支承面中部(图 7-6-22),通过时超限。

图 7-6-21 检测闸瓦托端部剩余厚度

图 7-6-22 检测闸瓦托中部剩余厚度

四、配分及评分标准

序号	项目	配分	考核内容	评分标准	扣分	得分
一	准备	5 分	1. 工、卡、量具准备齐全。 2. 检查量具认定日期	1. 工、卡、量具准备不全每项扣 1 分。 2. 未检查量具认定日期每件扣 2 分		
二	作业过程及质量	55 分	1. 检查制动梁的外观状态。 2. 使用量规检测制动梁的检测项状态。 3. 正确测量各部限度符合要求。 (1)制动梁全长:1 770$^{+1}_{-8}$ mm。 (2)制动梁两闸瓦托中心距1 524$^{+6}_{-4}$ mm。 (3)制动梁两闸瓦托中心至支柱中心距离不大于 15 mm。 (4)制动梁两闸瓦托扭曲不大于 10 mm; (5)组合式制动梁支柱孔中心至闸瓦托弧面中心距为53$^{+7}_{-2}$ mm。 (6)闸瓦托弧面中部不大于 1.5 mm,端部不大于 2 mm。 (7)两闸瓦托倾斜度不大于 1∶40 或内存低于外侧 2 mm. (8)组合式制动梁滑块磨耗套剩余厚度不小于 4 mm。 (9)长槽宽度磨耗不大于 3 mm。 (10)制动梁安全链环直径不小于 ϕ9 mm。 (11)安全链卡子厚度不小于 2 mm。 (12)制动梁安全链座吊座宽度不小于 8 mm,厚度不小于 4 mm。 (13)高摩闸瓦,闸瓦托支撑面厚度:端部不小于 8 mm、中部不小于 6 mm	1. 未检查制动梁外观状态扣 10 分。 2. 检测样板不会使用每项扣 10 分。 3. 检测部位名称报错或漏测每项扣 5 分。 4. 不知检修限度每项扣 10 分		

续上表

序号	项目	配分	考核内容	评分标准	扣分	得分
三	工具使用与维护	10分	1. 正确使用工、卡、量具；不得损坏工、卡、量具、设备。 2. 作业完毕进行工、卡、量具维护保养并摆放整齐。 3. 作业完毕清洁场地	1. 工、卡、量具使用不当一次扣2分，损坏一件扣5分，脱落每件扣2分。 2. 作业完毕未进行工、卡、量具维护保养和放置不当，每件扣12分。 3. 作业完毕未清洁场地扣2分		
四	作业时间	20分	规定时间10 min	每超时15 s扣1分(不足15 s不扣分)		
五	安全注意事项	10分	正确穿戴、使用劳保用品	1. 未按规定穿戴劳保用品扣3分。 2. 轻微受伤时扣5分。 3. 其他不安全因素每次扣3分		
六	合计	100分				
否决项目		1. 碰破、出血、起泡、挤肿不能继续工作时失格。 2. 超过规定时间50%时失格				

第七节　绘制零件加工图

一、准备通知单

(一)材料准备

序号	名　　称	规　　格	数量	备　注
1	零部件立体图纸		整套	
2	A2绘图纸	420 mm×594 mm	若干	
3	草稿纸	A3	若干	

(二)工具、量具准备

序号	名　　称	规　　格	数量	备　注
1	直尺	500 mm	1把	
2	丁字尺	1 000 mm	1把	
3	三角尺	180 mm	1把	
4	绘图板		1块	
5	圆规		1把	
6	橡皮		1块	
7	铅笔	HB、2B	若干	
8	文具小刀		1把	
9	计算器		1个	
10	圆珠笔		若干	

二、技能操作试题

(一)考核项目:绘制零件加工图

(二)分值:100 分

(三)考核时间

1. 准备时间:1 min。

2. 正式操作时间:30 min,规定时间内完成不加分,超过规定时间终止考试。

(四)技术要求

1. 选择适当的表达方法将零部件的形体表达清楚。

2. 标注尺寸。

(五)操作要求或技术标准

1. 确定正视图方向。

2. 布置视图。

3. 先画出能反应物体真实形状的一个视图(一般为正视图)。

4. 运用长对正、高平齐、宽相等的原则画出其他视图。

5. 检查要求:

俯视图安排在正视图的正下方,左视图安排在正视图的正右方。

选用 AutoCAD 等制图软件时,最终结果以保存在电脑桌面的文件为准,文件命名为:姓名+ERP 员工编号+职业技能认定考试。

6. 基本制图标准见附件 4。

三、配分及评分标准

序号	项目	配分	考核内容	评分标准	扣分	得分
一	操作程序及质量	40 分	图幅、图框与标题栏: 1. 制图图纸幅面布局、尺寸需按规定要求。 2. 图框格式的需符合规定要求。 3. 标题栏的图线及内容完整准确	1. 图幅尺寸错误扣 10 分,A4 图纸样式选择错误扣 5 分。 2. 图框不标准或没有图框扣 5 分。图框线条质量不均匀、不清晰扣 3 分。 3. 标题栏字符填写不工整、内容错、漏每处扣 1 分		
		40 分	图线、字体及比例: 1. 图线的形式、规格及用途选用合理。 2. 严格按照图线注意事项要求选线。 3. 求书写字体按照规定要求进行书写 4. 在标题栏内的比例标注准确合理	1. 图线不符合要求每处扣 2 分。 2. 图线未按照注意事项内容选线扣 10 分。 3. 书写未按要求书写每处扣 2 分。 4. 标题栏内比例标注不合理扣 5 分		
		10 分	尺寸标注: 1. 尺寸的组成符合规定,不得随意更改。 2. 尺寸数字标注位置合理、准确	1. 尺寸组成不符合要求每处扣 1 分。 2. 尺寸数字的标注位置不准确每处扣 1 分		
二	作业时间		规定 30 min 时间内完成	超过规定时间终止作业		

续上表

序号	项目	配分	考核内容	评分标准	扣分	得分
三	工具使用及其他	10分	1. 制图工具使用正确,规范。 2. 正确使用工具,工具、设备及零件无损坏丢失。 3. 作业完毕后,工、量具应放置规定位置。 4. 不得发生任何不安全因素	1. 制图工具使用不规范每处扣2分。 2. 工具丢失或损坏每件扣5分。 3. 作业完毕后,工、量具未放置规定位置,每件扣2分。 4. 发生破皮流血扣10分		
四	合计	100分				
选用AutoCAD等制图软件时,最终结果以保存在电脑桌面的文件为准,文件命名为:姓名+ERP员工编号+职业技能认定考试						

第八节　编写铁路车辆制动钳工实操项目培训大纲

一、准备通知单

(一)材料准备

序号	名　　称	规　　格	数量	备　注
1	稿纸(A4)		若干	
2	碳素笔、圆珠笔		若干	
3	直尺		1把	

二、技能操作试题

(一)考核项目:编写轮轴装修工实操项目培训大纲

(二)分值:100分

(三)编写时间:90 min,超过规定时间终止编写

(四)编写要求

1. 大纲概要:包含课程性质与作用、引用教材、教学内容简要等,并提前设定对学员学习效果的考核方法。

2. 课程教学目标要明确。

3. 培训项目计划表要设计合理。

4. 编写内容及要求:编写内容准确流畅,结构完整;大纲重点内容突出,各实训项目的安全注意事项、作业程序及质量要求等,各章节标题要明确,内容要清晰易懂;课程总结合理。

5. 考核要求:明确考核方法、考核内容及配分比例。

6. 大纲说明:对大纲其他的情况进一步说明。

(五)编写实例,详见附件5编写轮轴装修工实操项目培训大纲。

三、配分及评分标准

序号	项目	配分	考核内容及评分标准	减分	得分
一	书写要求	5分	1. 整洁：态度认真、书写整齐。 2. 条理：层次清晰、有条不紊、概括性强、逻辑性强。 3. 美观：布局合理		
二	大纲概要	5分	1. 无大纲概要扣5分。 2. 大纲概要需完整准确，简明扼要、不符合要求扣3分		
三	课程教学目标	20分	1. 课程教学分为理论和技能两项，每项至少有两个分目标，每缺一项分目标扣5分。 2. 教学目标设计不合理，每项扣3分		
四	培训项目计划表	50分	1. 表格设计包括序号、项目名称、主要内容、项目时间、培训人数、学时、授课形式和授课人等。 2. 培训项目要包含理论知识、编写等级的全部技能项目、安全知识等内容，每缺少一项扣15分。 3. 主要内容的设计要达到编写的教学目标内容，设计不合理每项扣5分。 4. 其他内容设计错误每处扣2分		
五	教学设备及其他要求	10分	教学设备需包含全部培训所需的设备和教学用具，每少一种扣1分		
六	考核要求及大纲说明	10分	1. 考核要求中要明确考核方法，考核内容和配分比例，要与教学目标和培训项目相对应，不符合要求每处扣2分。 2. 无考核要求扣8分。无大纲说明扣2分		
七	时间		编写时间60 min，规定时间内完成不加分，超过规定时间终止考试		
八	合计		100分		
否决项目		整体大纲缺少课程教学目标、培训项目计划表、教学设备及其他要求任意一项失格			

第九节　制作内十字配合

一、准备通知单

（一）材料准备

序号	名　称	材质及代号	规　格	数　量	备注
1	钢板	45钢	42 mm×42 mm×4 mm	1	
2	钢板	45钢	82 mm×82 mm×4 mm	1	

（二）具、设备准备

序号	名　称	规　格	精　度	数　量	备注
1	高度游标卡尺	0～300 mm	0.02 mm	1	

续上表

序号	名　　称	规　　格	精　　度	数　　量	备　注
2	游标卡尺	0～150 mm	0.02 mm	1	
4	塞尺	0.02～2 mm	0.02 mm	1	
5	钳口			1副	
6	直钢尺	150 mm		1	
7	錾子	自定		自定	
8	拐尺	100 mm×63 mm	1级	1	
9	铆锤			1	
10	样冲			1	
11	划针			1	
12	手锯、锯条	300 mm		自定	
13	锉刀	粗、中、细		自定	
14	组锉			1组	
15	台钻	ϕ2～ϕ13 mm	2级	1台	
16	台桌、台钳			1套	

(三)考场准备

1. 保证考场照明。

2. 台桌上设备状态良好,备有小平板块。

(四)考生准备

考生按规定穿戴劳动保护用品,可自带钳工工具。

二、技能操作试题

(一)考核项目:制作内十字配合

(二)分值:100分

(三)考核时间

1. 准备时间:1 min。

2. 正式操作时间:180 min。

3. 节约时间不加分。

(四)操作要求及作业标准

1. 以件1为基准配件2,件1应能从任意方位镶入件2,各配合面的间隙不大于0.04 mm。

2. 试件各处平行度、垂直度、对称度均为0.05 mm。

3. 不准用样板划线。

4. 试件不准碾打。

三、考核要求

1. 掌握钳工基本操作,划线、钻孔、锉研等基本技能。

2. 掌握工卡量具的使用、维护、保养方法。

3. 掌握钳工安全操作规程。

四、内十字配合(图 7-9-1)

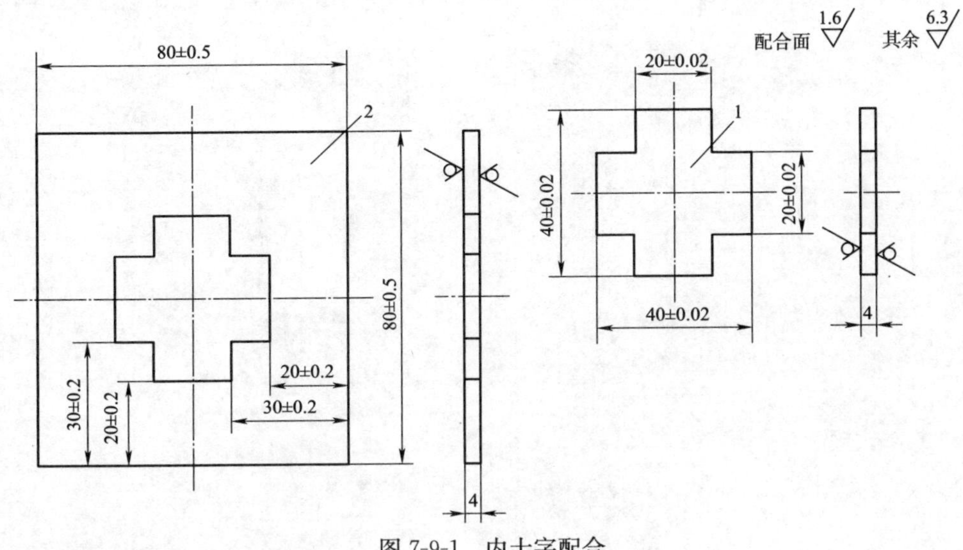

图 7-9-1　内十字配合

五、配分及评分标准

序号	考核内容	配分	评分记录	扣分	得分
1	(40±0.02) mm(2 处),超差无分	1 分×2			
2	(20±0.02) mm(4 处),超差无分	1 分×4			
3	平行度 0.05 mm(4 处),超差无分	2 分×4			
4	对称度 0.05 mm(2 处),超差无分	1.5 分×2			
5	垂直度 0.05 mm(12 处),超差无分	1.5 分×12			
6	配合间隙≤0.04 mm 塞尺不通过,超差无分	1.5 分×12			
7	Ra1.6 μm(24 处),超差无分	0.5 分×24			
8	Ra6.3 μm(4 处),超差无分	0.5 分×4			
9	(80±0.5) mm(2 处),超差无分	0.5 分×2			
10	(30±0.2) mm(2 处),超差无分	0.5 分×2			
11	(20±0.2) mm(2 处),超差无分	0.5 分×2			
12	正确使用工具	10 分			
13	正确使用设备	5 分			
14	工具设备维护	5 分			
15	安全文明生产	5 分			
16	工时定额 180 min,提前不加分,到时收件	5 分			
合计	100 分				
否决项目	若考生发生下列情况之一,则应及时终止其考试,考生该试题成绩记为零分。 (1)发生作弊行为。(2)发生工伤,不能继续工作。(3)不能镶嵌(各方向及反面)				

第八章　铁路车辆制动钳工高级技师操作技能

第一节　货车抱闸事故调查

一、准备通知单

（一）考场准备

车辆制动机的检修场地或工位（有车辆停留线）；1 辆货车；工作场地整洁，采光良好，有风源；隔离措施良好，无安全隐患。

（二）设备、工具准备

序号	名　称	规　格	数量	备 注
1	装用性能良好的 120 型空气制动机的铁路货车		1 辆	敞车任选
2	单车试验器		1 台	微控
3	主阀、空重车自动调整装置检修工具		各 1 套	
4	网状回收器		1 个	
5	过球试验用球	25 mm	1 个	
6	管钳		1 把	
7	空重车试验垫板		1 套	
8	闸调器试验垫板		1 套	
9	传感阀触头与磨耗板间隙量规		1 套	
10	扭力矩扳手		1 套	
11	现车制动综合检测量规		1 套	
12	钢板尺（卷尺）		1 把	
13	微控 120 阀试验台		1 台	
14	微控 KZW 系列空重车试验台		1 台	
15	检点锤		1 把	
16	手电		1 个	

（三）材料准备

序号	名　称	规　格	数量	备 注
1	红旗		1 面	
2	防锈检漏剂		1 罐	
3	圆珠笔		2 支	

续上表

序号	名　称	规　格	数量	备　注
4	硅脂	GP-9	适量	
5	改性甲基硅油		适量	
6	棉白细布		若干	
7	扁油刷		1把	
8	120型制动阀易耗件		若干	含橡胶件、配件
9	抱闸故障事故调查报告		1张/人	见附件6
10	清洗剂		适量	

(四)技术准备

在120型制动系统上设置故障2件,阀类1件、现车管系及基础制动装置1件。

(五)其他准备工作

(1)工作者必须佩戴好劳保用品。

(2)全面检查所用工具、量具齐全良好,仪器仪表计量器具检定不过期,风源压力符号要求。

二、技能操作试题

(一)考核项目:货车抱闸事故调查

(二)考评分值:100分

(三)考核时间

1. 准备时间:1 min。

2. 正式操作时间:120 min(包括填写抱闸事故调查表)。

3. 每超过144 s扣1分,不足144 s不扣分,超过规定时间20%全项失格。

(四)使用单车试验器对货车进行单车全部性能试验,使用120阀试验台对120阀进行试验,判断和排除故障,并编写抱闸故障事故调查报告。

(五)试验程序、内容及操作方法正确、规范;故障判断、处理正确。

(六)安全文明操作,正确使用、维护工、卡、量具。

三、操作要求及技术标准

(一)单车试验前准备

1. 工、量具及材料准备:见设备、工具、量具、材料准备清单。

2. 车辆应处于空车位,进行全车制动系统检查。

3. 用扳手卸掉制动缸堵,连接制动缸压力传感器。

4. 装用闸调器的车辆应准备1块340 mm×60 mm×16 mm、R420 mm的弧形垫板,并将闸调器的螺杆调至以下尺寸(全部装用新闸瓦时,螺杆上刻线至护管端部的距离ST2-250型为200～240 mm,C_{80}型为180～240 mm)。

5. 装用空重车自动调整装置的车辆试验垫板厚度须符合表8-1-1的要求。

表 8-1-1　KZW 系列空重车自动调整装置试验垫板厚度

工况	测重行程 21	测重行程 27 mm
空车位	3 mm	6 mm
半重车位	13 mm	19 mm
重车位	25 mm	35 mm

(二)单车试验

1. 过球试验。

2. 漏泄试验。

3. 制动、缓解感度试验。

4. 制动安定试验。保压时检查制动缸活塞行程,须符合表 8-1-2 的规定。

表 8-1-2　制动缸活塞行程

制动缸规格	装用闸调器
356×254	(125±10) mm
305×254	(155±10) mm
254×254	(155±10) mm
203×254	(125±10) mm

5. 紧急制动试验。

6. 120/120-1 型空气制动机加速缓解阀试验。

7. 120/120-1 型空气制动机半自动缓解阀试验。

8. 闸调器性能试验。

9. 空重车自动调整装置性能试验。KZW 系列空重车自动调整装置性能试验,要符合表 8-1-3、表 8-1-4 的规定。

表 8-1-3　触头与横跨梁触板的间隙

KZW 系列传感阀	
测重行程 21	测重行程 27
(3±1) mm	(6±1) mm

表 8-1-4　KZW 系列空重车自动调整装置单车试验压力值

工况	制动缸压力	
	KZW-A 型	KZW-4G 型
空车位	(140±20) kPa	(160±20) kPa
半重车位	(230±40) kPa	(240±40) kPa
重车位	不作要求	

(三)在单车试验过程中,对现车制动系统故障进行排除。

(四)对于 120 型制动阀故障,须将 120 型制动阀进行现车拆卸,经 120 试验台确定故障,分解检修后再进行试验确认故障部位并排除(单车试验无故障可不拆卸)。

1. 主阀制动位。

2. 主阀缓解位。

3. 主阀常用制动保压位。

4. 主阀性能试验。

5. 缓解阀。

6. 紧急阀漏泄试验。

7. 紧急阀性能试验。

(五)对空重车自动调整装置故障,须经空重车试验台试验确认故障,分解检修后再进行试验确认故障部位并排除(单车试验无故障可不拆卸)。

1. 调整阀性能试验。

2. 传感阀性能试验。

(六)将排除故障的120型制动阀、空重车自动调整装置进行现车组装,进行单车试验验证,确定抱闸故障是否真正排除。

(七)填写抱闸故障事故调查报告(见附件6)。按照抱闸事故处理程序,掌握《铁路交通事故调查处理规则》相关规定。

四、配分及评分标准

项目		配分	考核内容	评分标准	扣分	得分
操作程序及质量	准备及检查	5分	1. 工具准备:插设防护信号,空重车试验垫板、R420 mm的弧形垫板、撬棍、盒尺、防锈检漏剂及刷、木槌(橡胶锤)、扳手、管钳子、压力表或传感器、尼龙球回收器。 2. 全车制动系统检查。 3. 在制动缸后盖处安装压力表或传感器。 4. 将单车试验器与车辆一端编织制动软管总成连接器相连,关闭截断塞门,充风500 kPa进行保压,用木槌(橡胶锤)从连接单车试验器一端敲打主管至另一端,缓慢开放折角塞门进行吹尘	1. 工具准备不全,每件扣1分。 2. 未进行吹尘试验扣1分。 3. 未进行全车制动系统检查扣2分。 4. 作业不标准每项扣1分		
	单车试验	10分	1. 过球实验。 2. 制动管漏泄试验。 3. 全车漏泄试验。 4. 制动缓解感度试验。 5. 制动安定试验。 6. 紧急制动试验。 7. 120/120-1型制动机加速缓解阀试验。 8. 120/120-1型制动机半自动缓解阀试验。 9. 闸调器性能试验。 10. 空重车自动调整装置性能试验。 11. 手制动机性能试验	1. 未按标准作业每项扣1分。 2. 漏项每项扣5分。 3. 手制动机性能试验,未确认制动、缓解状态每项扣2分		
	120/120-1主阀、紧急阀、空重车自动调整装置试验	10分	主阀(单车试验无故障可不进行现车拆卸): 1. 制动位。 2. 缓解位。 3. 常用制动保压位。 4. 主阀性能试验。 5. 缓解阀。			

续上表

<table>
<tr><th colspan="2">项目</th><th>配分</th><th>考核内容</th><th>评分标准</th><th>扣分</th><th>得分</th></tr>
<tr><td rowspan="4">操作程序及质量</td><td>120/120-1主阀、紧急阀、空重车自动调整装置试验</td><td>10分</td><td>紧急阀：
1. 漏泄试验。
2. 紧急阀性能。
空重车自动调整装置：
1. 空车位。
2. 半重车位。
3. 重车位</td><td>1. 未按标准作业每项扣3分
2. 漏项每项扣5分</td><td></td><td></td></tr>
<tr><td>制动阀及其他制动故障分析</td><td>20分</td><td>1. 根据单车试验、120/120-1型货车空气控制阀主阀(检修)试验记录、120/120-1型货车空气控制阀紧急阀检修试验记录、KZW-A系列调整阀性能试验记录单、KZW-A系列传感阀性能试验记录单分析故障原因并填写事故报告。
2. 共设故障2件，发现故障后由考评员在下表内画√，故障未发现在表内画×
<table><tr><td>制动阀故障</td><td>现车管系及基础制动装置故障</td></tr><tr><td></td><td></td></tr></table></td><td>1. 漏判、错判故障每项扣10分。
2. 故障原因分析不准确扣5分。
3. 故障原因分析错误不得分</td><td></td><td></td></tr>
<tr><td>编写货车抱闸事故调查报告</td><td>30分</td><td>1. 分析正确。
2. 判断故障部位正确。
3. 处理故障方法准确。
4. 填写字迹清晰、用语规范</td><td>1. 未填写故障现象扣10分。
2. 未填写原因分析扣10分。
3. 未填写判断和处理方法扣10分。
4. 未填写事故性质扣10分。
5. 报告字迹不清、用语不规范每处扣5分</td><td></td><td></td></tr>
<tr><td>时间</td><td>10分</td><td>规定时间120 min</td><td>每超144 s扣1分(不足144 s不扣分)</td><td></td><td></td></tr>
<tr><td>工具设备使用</td><td>工具设备使用</td><td>5分</td><td>1. 正确使用工、卡、量具；不得损坏工、卡、量具及设备。
2. 工、卡、量具，配件，材料等不得脱落。
3. 作业完毕进行工、卡、量具维护保养并摆放整齐</td><td>1. 工、卡、量具使用不当一次扣2分。
2. 工、卡、量具损坏一件扣5分。
3. 工、卡、量具，配件，材料等脱落每处扣2分。
4. 作业完毕未进行工、卡、量具维护保养和放置不当，每件扣1分</td><td></td><td></td></tr>
</table>

续上表

项目		配分	考 核 内 容	评 分 标 准	扣分	得分
安全及其他	安全及其他	10分	1. 正确穿戴、使用劳保防护用品。 2. 作业完毕做到工完料净场地清。 3. 不得发生其他不安全因素	1. 不按规定穿戴、使用劳保防护用品扣2分。 2. 轻伤扣5分。 3. 作业完毕未清理场地扣3分。 4. 其他不安全因素每处扣3分		
合计		100分				
否决项目		1. 未设置防护红旗开始作业时失格。 2. 受伤不能继续作业时失格。 3. 超过规定时间的20%时失格。 4. 调查表未填写或故障判断错误失格				

第二节 绘制120/120-1型控制阀作用原理图

一、准备通知单

(一)考场准备

一间教室或绘图室;一张绘图桌。

(二)设备、工具、材料准备

序号	名 称	规 格	数量	备 注
1	120/120-1型控制阀通路图(见附件7)		2套	
2	橡皮擦		1块	
3	铅笔	彩色	各1套	12色
4	文具小刀		1把	
5	中性笔或圆珠笔		2支	

(三)其他准备工作

1. 工量具可自带。
2. 考场应设置在绘图室或教室,工作场地整洁,桌椅齐全,采光良好。

二、技能操作试题

(一)考核项目:绘制120/120-1型控制阀作用原理图

(二)考评分值:100分,共计两幅作用原理图(其中控制阀作用原理图1张、缓解阀作用原理图1张)

(三)考核时间

1. 准备时间:1 min。
2. 正式操作时间:90 min(包括详细阐述控制阀作用原理)。
3. 超过规定时间停止作业。

(四)任意抽考五个作用位和缓解阀作用原理其中一项

三、操作要求及技术标准

(一)原理图正确、完整、清晰，用规定颜色标注出控制阀的通路。

(二)用文字准确描述控制阀作用原理。

(三)120/120-1 型控制阀的作用原理图，各通路颜色如下。

列车管通路：橘红色。　　制动缸通路：绿色。

副风缸通路：黄色。　　紧急室通路：紫色。

加速缓解风缸通路：蓝色。　　局减室通路：粉色。

120/120-1 型控制阀的作用原理

(一)充气及缓解位(图 8-2-1)

充气缓解位发生于长大列车后部车辆制动机所处位置。

制动管增压时，在管内由前向后流动的压缩空气阻力也越来越大，形成压力梯度。列车前部车辆的制动机先充气缓解，列车后部车辆的制动机形成充气缓解作用的时间要比前部车辆晚，造成了列车的纵问冲动。列车编组辆数越多，前后部车辆的制动机形成充气缓解作用的时间差越大。为了使长大货物列车前后部车辆的充气缓解动作尽可能一致，长大列车后部车辆 120 型控制阀处于充气缓解位。

当制动管充气时，压缩空气进入中间体，一路经滤尘器、主阀安装面 l 孔进入主阀，另一路经紧急阀安装面 l'孔、滤尘网进入紧急阀。

进入主阀的制动管压缩空气经主阀体内通路分别到达主活塞上腔 L_9、紧急二段阀上腔 l_{10}、滑阀座下方及加速缓解阀夹心阀座右侧空腔 L_{11}。

制动管增压，主活塞上腔 L_9 压力上升，当主活塞两侧的压力差与主活塞重力之和克服了滑阀与滑阀座间的摩擦阻力时，主活塞带动节制阀、滑阀下移。由于列车后部制动管增压速度慢，主活塞两侧形成的压力差小，滑阀被推到其下端面接触到减速弹簧套，而不能压缩减速弹簧，这时，主活塞连同节制阀、滑阀处于充气缓解位。节制阀开放了滑阀背面的 f_1 孔、f_2 孔，滑阀连通了滑阀底面上的 l_4 孔与滑阀座上的 l_1 孔、滑阀底面上的 f_2 孔与滑阀座上的 h_1 孔、滑阀底面上的 l_5 孔与滑阀座上的 l_2 孔、滑阀底面上的 ju_1 孔与滑阀座上的 ju_2 孔，滑阀底面上的 z_2 槽连通了滑阀座上的 z_1 孔与滑阀座上的 z_3 孔。制动管压缩空气经过下列通路分别充入副风缸、加速缓解风缸、紧急室等，使各风缸、室及空腔充到定压。制动缸排气(缓解)，制动机处于缓解状态。加速缓解阀动作，制动管局部增压。

1. 副风缸充气

制动管压缩空气→主阀→紧急二段阀上腔 L_{10}→缩孔堵Ⅶ(与 254 mm 直径制动缸配套的 120 阀加装该缩孔堵，孔径为 ϕ1.8 mm)→滑阀座 l_1 孔→l_4 孔→f_1 孔→滑阀室 F_1→副风缸。主活塞下腔的滑阀室经主阀体内通路 f 、主阀安装面 f 孔及中间体通路永远与副风缸相通，因而副风缸获得充气。在向副风缸充气的同时，也经通路 f_6 充入缓解阀手柄部的副风缸止回阀上腔 F_6。

2. 加速缓解风缸充气

滑阀室 F_1 的副风缸压力空气→f_2 孔→加速缓解风缸 h_1 孔→主阀体内的通路→主阀安装面 h 孔→中间体内通路→加速缓解风缸。由于副风缸压力空气来自制动管，所以充入加速缓解阀风缸的压力空气实际上也来自制动管。在向加速缓解风缸充气的同时，也经通路 h_2 去加速缓解阀处,顶开止回阀,经通路 h_3 充入加速缓解阀弹簧室 H_3;另一路经通路 h_4 充入缓解阀的止回阀上腔 H_4。

充气缓解初始,加速缓解风缸压力大于副风缸、制动管压力,加速缓解风缸经加速缓解阀对制动管施行局部增压。当制动管压力高于加速缓解风缸压力时,制动管经滑阀室 F_1(副风缸)向加速缓解风缸充气。

3. 紧急室充气

制动管压缩空气→紧急阀安装面 l'孔→滤尘网→紧急活塞下腔 L_{12}→紧急活塞杆下端面孔口→轴向中心孔的限孔Ⅲ→紧急活塞杆上部径向孔Ⅳ→紧急活塞上腔 J_1→紧急阀盖及紧急阀体内通路 j_1→紧急阀安装面 j'→紧急室。

4. 放风阀弹簧室充气

制动管压缩空气→紧急活塞下腔 L_{12}→缩孔堵Ⅵ→放风阀盖内的通路 l_{13}→放风阀杆下侧,也即放风阀弹簧室及先导阀弹簧室 L_{13},形成放风阀的背压,以抵消作用在放风阀上侧的空气压力,并与放风阀弹簧一起使放风阀处于关闭状态,与先导阀弹簧一起使先导阀处于关闭状态。

5. 制动管压缩空气→主阀→紧急二段阀上腔 L_{10},与紧急二段阀弹簧共同作用,使紧急二段阀杆处于下部开放位置。

6. 紧急二段阀上腔 L_{10}→主阀体内通路 l_{11}→加速缓解阀的 L_{11}腔。

7. 制动管压缩空气→主阀→紧急二段阀上腔 L_{10}→滑阀座上的 l_2 孔→滑阀上的 l_5 孔,这样,制动管压缩空气进入滑阀的 l_5 孔,滑阀上 ju_1 孔与滑阀座上的 ju_2 孔对准,为制动时做好局部减压作用准备。

8. 制动缸缓解

制动缸压缩空气→中间体内通路→主阀安装面 z 孔→主阀体内通路 z_6→紧急二段阀套外围的环形空腔 Z_6→紧急二段阀杆与套之间的大通路→紧急二段阀下腔 Z_5→主阀体和缓解阀体内的通路 z_5→缓解阀活塞部下阀座上方空腔 Z_5→开启的缓解阀上阀口→上阀座上方空腔 Z_1→缓解阀体和主阀体内通路 z_1→滑阀座 z_1 孔→滑阀底面 z_2 槽→滑阀座 z_3 孔→主阀体内通路 z_3→加速缓解阀加速活塞外侧 Z_3 腔→缩孔Ⅱ→通路 d_1→主阀排气口 D_1→大气。

9. 加速缓解作用

进入加速活塞外侧 Z_3 腔的制动缸压缩空气受缩孔Ⅱ的限制,使 Z_3 腔的压力上升,推加速活塞左移,加速活塞的顶杆顶开加速缓解夹心阀。在充气刚开始时,加速缓解风缸压力比制动管压力高,加速缓解风缸的压缩空气→中间体内通路→主阀安装面 h 孔→主阀体内通路 h_2→加速缓解阀处被吹开的止回阀→主阀体内通路 h_3→加速缓解阀弹簧室 H_3→被顶开的加速缓解夹心阀阀口→加速缓解夹心阀座右侧空腔 L_{11}→主阀体内通路 l_{11}→紧急二段阀上腔 L_{10}→制动管,加速缓解风缸压缩空气对制动管施行局部增压作用。

当制动缸压缩空气逐渐排入大气,加速活塞外侧 Z_3 腔压力逐渐降低,加速缓解阀弹簧的弹力使加速缓解夹心阀关闭,加速活塞也回到原来位置;当制动管压力高于加速缓解风缸压力时,止回阀关闭,制动管经副风缸向加速缓解风缸充气,最后制动管、副风缸、加速缓解风缸均充到定压。

局部增压作用是制动管除了由机车供气系统实施充气增压外,控制阀将本车加速缓解风缸的压缩空气送入制动管进行充气增压的作用。这样,提高了制动管的升压速度,使后部车辆的制动管增压迅速,促进全列车迅速缓解,提高了缓解波速,缓和列车低速缓解时的纵向冲动。

初充气时，制动缸与大气之间的通路连通，制动缸没有压缩空气，排气口 D_1，处无气排出，当然也无压缩空气涌到 Z_3 腔去推动加速活塞左移，加速缓解风缸无压缩空气，列车管局部增压作用也就不存在。

列车运行时，120 型控制阀处于充气缓解位。

(二)减速充气及缓解位(图 8-2-2)

减速充气缓解位发生于长大列车前部或短小列车车辆制动机所处位置。

当制动管充气时，压缩空气进入中间体，一路经滤尘器、主阀安装面 l 孔进入主阀，另一路经紧急阀安装面 l'孔滤尘网进入紧急阀。

进入主阀的制动管压缩空气同充气缓解位一样，经主阀体内通路分别到达主活塞上腔 L_9、紧急二段阀上腔 f_1 孔、f_2 孔、滑阀座下方及加速缓解阀夹心阀座右侧空腔 L_{11}。

制动管增压，主活塞上腔 L_9 压力上升，当主活塞两侧的压力差与主活塞重力之和克服了滑阀与滑阀座之间的摩擦阻力时，主活塞带动节制阀、滑阀下移。由于列车管前部制动管压力上升较快，主活塞两侧形成的压力差大。滑阀被推到下端位置，下端面不仅接触到减速弹簧套，而且压缩减速弹簧一直下移到主活塞底面碰到主阀体停止。这时，主活塞连同节制阀、滑阀处于减速充气缓解位。节制阀开放背面的 f_1 孔、f_2孔，滑阀连通了滑阀底面上的 l_3 孔与滑阀座上的 l_1 孔、滑阀底面的 f_2 孔与滑阀座上的 h_1 孔，滑阀底面上的 z_2 槽连通了滑阀座上的 z_1 与 z_3 孔。滑阀底面上的 l_5 孔仍对上滑阀座上的 l_2 孔，滑阀底面上的 ju_1 孔与滑阀座上的 ju_2 孔连通。制动管压缩空气分别充入副风缸、加速缓解风缸、紧急室等。制动缸排气(缓解)，制动机处于缓解状态。加速缓解阀动作，制动管局部增压。

1. 副风缸减速充气

制动管压缩空气→主阀→紧急阀上腔 L_{10}→缩孔堵Ⅶ(与 254 mm 直径制动缸配套的 120 阀加装该缩孔堵，孔径为 $\phi1.8$ mm)→滑阀座 l_1 孔→l_3 孔→f_1 孔→滑阀室 F_1→副风缸。主活塞下腔的滑阀室经主阀体内通路 f、主阀安装面 f 孔及中间体通路永远与副风缸相通，因而副风缸获副风缸获得充气。在向副风缸充气的同时，经通路 f_6 充入缓解阀手柄部的副风缸止回阀上腔 F_6。

列车前部车辆的副风缸经减速充气孔 l_3($\phi1.9$ mm)充气，压力上升稍慢些。

2. 加速缓解风缸充气

充气通路与充气缓解位相同。由于副风缸充气慢，加速缓解风缸充气至定压的时间延长。这样，列车前部的每一车辆，在一开始充气时都少"吃"进一些制动管的“风”，而让更多的制动管压缩空气送往列车后部车辆，让列车后部车辆的列车管早一点获得增压，从而使列车前后部的缓解时间缩短。

3. 制动缸缓解和加速缓解作用

在减速充气缓解位时，滑阀底面上的 z_2 槽仍连通了滑阀座的 z_1 孔和 z_3 孔，所以，制动缸压缩空气向大气排出(制动缸缓解)的过程，以及利用制动缸压缩空气作为加速缓解阀的“动作触发源”、加速缓解风缸压缩空气通过加速缓解阀向制动管进行局部增压的过程，均与充气缓解位时相同。

4. 减速充气缓解位时，主阀和紧急阀的其余通路(包括紧急室充气)与充气缓解位相同。

当副风缸压力与制动管压力接近时，在减速弹簧的作用下，主活塞带动节制阀、滑阀上移到充气缓解位，减速充气缓解位只是充气缓解位的过度位。

(三)制动机的稳定性

制动机的稳定性是当制动管缓慢减压(轻微漏泄)时,制动机不发生制动作用的性能。

制动机要获得良好的稳定性,只要在制动管缓慢减压时,不让控制阀中的主活塞上移,即可达到稳定性目的。在120阀中,稳定性是通过下列两个措施来保证的。

1. 副风缸压力空气向制动管的逆流

此时,作用部处于充气缓解位,在制动管缓慢减压(轻微漏泄)时,因滑阀室 F_1 内的副风缸压力空气经滑阀背面的 f_1 孔、滑阀底面的 l_4 孔和滑阀座的 l_1 孔逆流到制动管,故副风缸压力伴随着制动管的漏泄亦缓慢下降,主活塞两侧形成不了足以使主活塞上移的压力差,所以主活塞不会上移。

2. 主活塞杆尾部所设的稳定弹簧及主活塞、节制阀和滑阀阻力的作用

由于滑阀背面受到滑阀室内副风缸压力的作用,使它与滑阀座之间的摩擦力较大,所以主活塞一开始要上移时,暂时带不动滑阀。由于滑阀不动,与滑阀端面接触的稳定杆也不动,这样一来,主活塞如果有上移,主活塞杆尾部将通过弹性挡圈、稳定弹簧座去压缩稳定弹簧。但是。要压缩稳定弹簧,还要克服主活塞、节制阀的移动阻力以及主活塞重力等,这些因素均对主活塞上移产生阻碍作用。主活塞两侧必须具有一定的压力差才能上移,而制动管的轻微漏泄再加上副风缸压刀空气逆流的补偿以后,主活塞两侧形成不了足以压缩稳定弹簧的压力差,所以主活塞不会上移。

120型制动机稳定性标准规定为:单车实验时,当制动管压力达到定压后,制动管每分钟减压40 kPa速度下,制列机不应发生制动作用。一般在实验台上要求更高一些。稳定性的压力大小可通过稳定弹簧来调整。

(四)常用制动位(图8-2-3)

实施常用制动时,制动管的减压速度远远大于副风缸压缩空气通过滑阀的 f_1、l_4 孔和滑阀座的 l_1 孔向制动管的逆流速度,副风缸压缩空气来不及向制动管逆流,主活塞两侧形成了一定的压力差,此压力差能克服主活塞、节制阀的自重及移动阻力、稳定弹簧的阻力时,主活塞先带动节制阀上移,然后带动滑阀上移,先后产生第一、第二阶段局部减压和常用制动作用。常用制动时有关各部分的动作过程、通路和作用如下。

1. 第一阶段局部减压

当主活塞两侧形成的压力差克服主活塞、节制阀的自重及移动阻力、稳定弹簧的阻力时,主活塞首先压缩稳定弹簧,带动节制阀向上移动6 mm(滑阀游间),至主活塞杆下肩与滑阀接触时止,由于滑阀与滑阀座之间的静摩擦力大于压缩稳定弹簧所需的力,滑阀暂时不动。节制阀沿滑阀背面向上移动后连通和关闭如下通路:

(1)节制阀关闭滑阀背面的 f_1 和 f_2 孔,副风缸压缩空气停止向制动管逆流,切断了副风缸与加速缓解风缸的通路。

(2)节制阀开放了滑阀背面的 f_3 孔,滑阀室 F_1,的副风缸压缩空气充入该孔,做好了副风缸向制动缸充气的准备。

(3)节制阀底面的局减联络槽 l_6 连通了滑阀背面的 l_5 和 ju_1 孔,使在充气缓解位已经局部连通的 l_2 与 l_5、ju_1 与 ju_2 两条通路经局减联络槽 l_6 连通起来。制动管压缩空气→滑阀座 l_2 孔→滑阀上的 l_5 孔→节制阀局减联络槽 l_6→滑阀上的 ju_1 孔→滑阀座 ju_2 孔→主阀体内通路→主阀安装面 ju 孔→中间体内通路→局减室;同时经主阀安装面处的缩堵Ⅰ,再沿着主阀橡胶垫上槽路排向大气,行程第一阶段局部减压作用,使主活塞两侧的压力差进一步增大。局减

室压缩空气最终经缩孔堵Ⅰ排入大气。

2. 第二阶段局部减压及制动

第一阶段局部减压结束后，主活塞两侧压力差骤增，主活塞克服滑阀与滑阀座之间的摩擦阻力带滑阀上移至制动位。滑阀底面的 ju_1 孔与滑阀座 ju_2 孔错开，第一阶段局减作用结束。同时，滑阀仍连通着滑阀底面 l_5 孔与滑阀座的 l_2 孔、滑阀底面 l_7 孔与滑阀座的 l_8 孔、滑阀底面 f_3 孔与滑阀座的 z_1 孔也已连通，行程第二阶段局部减压及制动作用。

(1)第二阶段局部减压

制动管压缩空气→滑阀座 l_2 孔→滑阀底面 l_5 孔→滑阀体内纵向暗道→滑阀底面的 l_7 槽→滑阀座 l_8 孔→主阀体内通路 l_8→局减阀套外围空腔 L_8→局减阀套上时 8 个径向小孔→局减阀杆上的两个径向孔→局减阀杆轴向中心孔→主阀体内通路 z_4→主阀体和缓解阀体内通路 z_1→缓解阀活塞部上阀座上方空腔 Z_1→缓解阀体内开启上阀口→缓解阀活塞部下阀座上方空腔 Z_5→缓解阀体和主阀体内通路 z_5→紧急二段阀下腔 Z_5→紧急二段阀杆与套之间的大通路→紧急二段阀套外围空腔 Z_6→主阀体内通路 z_6→主阀安装面 z 孔→中间体内通路→制动缸，形成第二阶段局部减压作用。

当制动缸压力达到 50～70 kPa 时，局减活塞压缩局减阀弹簧右移，局减阀关闭了 L_8 腔通向 z_4 通路的局减阀套上的 8 个径向小孔，局减阀处于关闭位，第二阶段局减作用停止。

第二阶段局部减压作用保证了列车尾部车辆制动缸即使在制动管小减压量时也有一个初跃升压力。

第一、第二阶段局部减压作用，不仅加快了本车的制动作用，而且大大促进了制动管减压作用由前向后的传播，提高了列车的制动波速，减小制动时列车的纵向冲动。

(2)制动缸充气

副风缸压缩空气→滑阀室 F_1→滑阀 f_3 孔→滑阀座 z_1 孔→主阀体和缓解阀体内通路 z_1→缓解阀活塞部上阀座上方空腔 Z_1→缓解阀体内开启的上阀口→缓解阀活塞部下阀座上方空腔 Z_5→缓解阀体和主阀体内通路 z_5→紧急二段阀下腔 Z_5→紧急二段阀杆与套之间的大通路→紧急二段阀套外围空腔 Z_6→主阀体内通路 z_6→主阀安装面 z 孔→中间体内通路→制动缸，产生制动作用。

制动缸最初的 50～70 kPa 初跃升压力是来自制动管和副风缸两方面的压缩空气，当制动缸达到这个压力以后，局减阀关闭，制动管停止向制动缸充气，副风缸仍在向制动缸充气，制动缸的最终压力取决于制动管的减压量。

常用制动时，紧急二段阀上腔 L_{10} 的制动管减压后的剩余压力与紧急二段阀弹簧弹力之和仍大于紧急二段阀下腔的制动缸压力，紧急二段阀仍处于下方的开放位置。

制动时，缓解阀体内通路 z_1、z_5 及空腔 Z_1、Z_5，是副风缸向制动缸的充气通路；如需缓解单辆车时，使缓解阀动作，通路 z_5、空腔 Z_5 是制动缸的排气通路。

制动位，眼泪孔 f_4 与滑阀座的制动管孔 l_1 连通，为制动保压时，副风缸经滑阀室 F_1、f_2 孔、l_1 孔通制动管，为改善制动保压性能做好准备。

3. 安定性

安定性是指常用制动时不发生紧急制动作用的性能。

制动管常用制动减压时，紧急活塞下腔 L_{12} 的制动管压力下降，紧急活塞上腔 J_1 的紧急室压力空气经紧急活塞杆上部限制孔Ⅳ、中部限制孔Ⅲ和紧急活塞杆下端面孔口向制动管逆流，如减压速度较快，在紧急活塞两侧形成较小的压力差时，紧急活塞稍微下移，紧急活塞杆顶面的密封圈脱离紧急阀上盖，紧急室压力空气经紧急活塞杆的轴向孔上口、限孔Ⅲ向制动管逆流。跟孔Ⅲ(ϕ2.5 mm)的逆流速度可保证在常用制动最大减压速度时，紧急活塞两侧不能形成足以压缩安定弹簧的压力差。紧急活塞杆的下端面与先导阀顶杆之间有 3 mm 的间隙，紧急活塞杆的下端面不能接触先导阀顶杆而在紧急活塞两侧形成更大的压力差，先导阀及放风阀均仍处于关闭状态，紧急阀不能产生紧急排风作用，保证了制动机常用制动的安定性。

(五)制动保压位(图 8-2-4)

1. 制动保压作用

当制动管减压量达到要求后，至保压位，制动管停止减压呈保压状态。制动管刚停止减压时，作用部的主活塞、节制阀和滑阀仍处于制动位，副风缸压缩空气继续向制动缸充气使其压力降低。当副风缸压力下降到接近制动管压力(实际上是副风缸压力稍低于制动管压力)时，主活塞在被压缩的稳定弹簧的弹力及自重作用下，主活塞带动节制阀下移 6 mm(滑阀不动)，至主活塞杆的上肩接触到滑阀上端面时为止，节制阀开放了滑阀背面的 f_1 和 f_2 孔，盖住滑阀背面的 f_3 孔，形成了制动保压位。

节制阀盖住滑阀背面的 f_3 孔，切断了副风缸压力空气向制动缸的充气通路，副风缸停止降压，制动缸停止升压，滑阀仍处于制动位，实现制动保压作用。

2. 适应机车压力保持操纵

节制阀开放了滑阀背面的 f_1 和 f_2 孔。F_1 孔与滑阀底面的 l_3、l_4 孔为贯通孔，l_3、l_4 孔在滑阀座上是封住的，节制阀开启 f_1 孔没有什么意义。

f_2 孔在滑阀内与滑阀底面的眼泪孔 f_4 相通，在制动位时，眼泪孔 f_4 与滑阀座的制动管孔 l_1 连通，这样就形成了：副风缸→滑阀室 F_1→f_2 孔→l_1 孔→制动管，即在制动保压位时，副风缸通过眼泪孔 f_4 与制动管相通。于是，当制动管轻微漏泄时，副风缸压力空气通过 f_4 孔向制动管逆流，防止制动保压位制动机产生再制动作用；当副风缸及其管系轻微漏泄时，制动管压力空气通过 f_4 孔向副风缸补风，保证制动在制动保压位不发生自然缓解。这样在制动保压位，无论制动管或副风缸有轻微的压力波动，它们相互产生压力互补作用，主活塞两侧不能形成动作压力差，确保了制动机处于制动保压位。

副风缸的漏泄导致自然缓解的可能性更大，有了眼泪孔 f_4 后，有效的防止了自然缓解的发生。

3. 阶段制动作用

在制动管最大有效减压范围内，反复操纵制动管减压、保压，实现制动缸反复地增压、保压的过程为阶段制动。阶段制动根据需要调整制动力。

(六)紧急制动位(图 8-2-5)

施行紧急制动时，制动管压缩空气迅速排入大气，主阀各部分的动作，除紧急二段阀外，均与常用制动一样。主活塞上移，先后产生第一、第二阶段的局减作用，局减作用效果不明显及制动作用，只是动作更加迅速，且制动缸一直充到与副风缸压力相平衡的最高压力。紧急二段阀动作，制动缸压力分两个阶段上升，紧急阀动作，形成紧急放风作用。这里仅介绍与常用制动作用的区别之处。

1. 紧急阀放风作用

在紧急阀中，紧急室压缩空气先是经紧急活塞上腔 J_1、紧急活塞杆的限孔Ⅳ，向制动管逆流，制动管急剧减压，紧急活塞稍稍压缩安定弹簧下移，紧急活塞杆顶面密封圈离开紧急阀盖，紧急室压缩空气经紧急活塞杆轴向孔顶端孔口及限孔Ⅲ，向紧急活塞下侧的制动管 L_{12} 逆流。

该逆流速度受限孔Ⅲ的限制，远远小于制动管的减压速度，紧急活塞两侧迅速形成压力差，紧急活塞压缩安定弹簧下移 3 mm，紧急活塞杆的下端面与先导阀顶杆接触，逆流速度更慢，紧急活塞杆下端面孔口被堵，紧急室压力空气通过限孔Ⅲ，限孔Ⅴ(ϕ1.1 mm)向制动管逆流，紧急活塞两侧的压力差迅速增大，紧急活塞继续下移推先导阀顶杆，克服先导阀弹簧的阻力，顶开先导阀。于是，放风阀导向杆下腔 L_{13} 的制动管压缩空气经开启的先导阀口、放风阀杆中部的 4 个径向小孔 d_2、放风阀导向杆外侧空腔、紧急阀排气口(喇叭口)D_2 排入大气。

受缩孔堵Ⅵ的限制，紧急活塞下腔 L_{12} 的制动管压缩空气不能更多地流向放风阀导向杆下腔 L_{13}，放风阀的背压急剧下降。紧急活塞迅速下移(下移超过 1 mm)压缩放风阀弹簧顶开放风阀，制动管压缩空气→开启的放风阀口→紧急阀排气口(喇叭口)D_2 迅速排入大气，形成紧急制动放风(局减)作用，确保紧急制动产生，提高紧急制动波速，缓和列车纵向冲动。

由于先导阀的作用，放风阀被打开的时间提前，紧急制动放风作用加快，120 型控制阀的紧急制动波速得以提高。

放风阀被压开以后，紧急室压力空气仍只能经限孔Ⅴ逆流到紧急活塞下腔 L_{12}，然后排入大气。由于限孔Ⅴ的限制，紧急室压力空气需 15 s 左右才能排完。在紧急室压力空气未排尽时，放风阀一直处于开启状态，若在此时向制动管充气，制动机不能缓解。只有等到紧急室压力空气排尽，安定弹簧推紧急活塞上移，放风阀弹簧推放风阀与座密贴，先导阀弹簧推先导阀与座密贴，这时向制动管充气方有效。

紧急室排气时间设计为 15 s 左右，是为了使列车发生紧急制动后，必须在列车停车以后，才可进行充气缓解，防止列车产生剧烈纵向冲动，甚至造成断钩事故。

2. 紧急二段阀的作用

紧急制动时，制动管迅速减压，制动刚开始，由滑阀座来的副风缸压力空气，经紧急二段阀与套之间的大通路及紧急二段阀下部两个 ϕ3 mm 的径向孔、轴向孔、上部 ϕ3 mm 径向孔流向制动缸，制动缸压力上升较快。

制动缸压力升到 120～160 kPa(试验台上列车管定压 600 kPa 时跃升压力规定)时，制动缸推紧急二段阀克服紧急二段阀弹簧弹力、列车管剩余的压力以及紧急二段阀自重，压缩紧急二段阀克服紧急二段阀弹簧弹力、列车管剩余的压力以及紧急二段阀自重，压缩紧急二段阀弹簧上移到关闭位，切断紧急二段阀与阀套之间的大通路，副风缸压力空气只能经紧急二段阀轴向孔或缩孔Ⅷ(配用 254 mm 直径制动缸)、上部 ϕ3 mm 径向孔流到紧急二段阀套外围空腔 Z_6，充入制动缸，限制了制动缸的充气速度，使制动缸的压力上升变慢。制动缸压力先快后慢，分两个阶段上升，减小长大货物列车在紧急制动时的纵向冲动。

设计要求，120 型控制阀主阀在试验台实验时(定压为 600 kPa)，制动缸压力上升的总时间规定为：与 356 mm 制动缸配套使用 6～9 s，与 254 mm 制动缸配套使 用 9～13 s。

3. 常用制动作用转紧急制动作用

在施行常用制动过程中，遇有意外情况需立即停车时，对制动管转施紧急制动减压，使列车紧急停车，此作用称为常用制动作用转紧急制动作用。

120 型控制阀专门设有紧急阀，在常用制动后转紧急制动时，仍能通过每辆车的紧急阀把制动管的压缩空气直接排入大气，使制动波速加快，使全列车在短时间内发挥出最大制动力，缩短制动距离。但是，常用制动作用转紧急制动作用的时机应掌握好，当全列车车钩缓冲装置未完全压缩时转紧急减压效果较好。否则因紧急二段阀作用，转紧急制动作用后，制动缸压力上升时间延长，影响列车制动效果，且浪费制动管压力空气，延长再充气时间。

(七)缓解阀作用原理(图 8-2-6)

1. 半自动缓解阀的非工作状态

在不拉缓解阀手柄时,缓解阀处于非工作状态(或称初始位)。手柄部上方的两个止回阀在止回阀弹簧弹力和空气压力的作用下与座密贴。缓解活塞上腔 D_3 经缩孔堵永远通大气;下腔 C 经活塞杆与套间隙、缓解活塞杆套中部径向孔 c、活塞杆套外围空腔 B、缓解阀体内通路 b、手柄弹簧室 A、顶杆座的通孔 a、手柄座与套之间的间隙等与大气相通。缓解活塞上下腔均通大气,在缓解阀弹簧弹力及自重作用下,缓解活塞带活塞杆处于下方位置,活塞杆上的两个密封圈关闭缓解活塞杆套下部径向孔 e,排气阀与下阀座密贴,关闭下阀口,开启上阀口。活塞部 Z_1 腔经缓解阀体和主阀体内通路与滑阀座的 z_1 孔相通;Z_5 腔经缓解阀体、紧急二段阀通向制动缸。活塞部空腔 Z_1 和空腔 Z_5 连通了滑阀座 z_1 孔和局减阀 z_4 孔与制动缸的通路,缓解阀只是作为一条通路,不影响制动机的制动、缓解等作用。

2. 半自动缓解阀的单独缓解作用

在制动以后,需要单独缓解本车的制动时,拉动缓解阀手柄,制动机缓解。有下列两种情况:

(1)制动管减压量超过最大有效减压量

当制动管减压量超过最大有效减压量时,副风缸压力与制动缸压力平衡,大于制动管压力,主活塞处于制动位,而不是处于制动保压位,副风缸经制动通路与制动缸连通。

在拉动缓解阀手柄时,手柄座、顶杆座和顶杆上移,顶杆先顶开副风缸压力空气腔 F_6 中的止回阀,如拉足手柄,加速缓解风缸压力空气腔 H_4 中止回阀也被顶开。于是止回阀上方 F_6 腔的压力空气通过顶开的止回阀进入手柄弹簧室 A。少量压力空气通过顶杆座上的轴向孔和 a 孔经手柄座四周的间隙流入大气,大部分压力空气经缓解阀体内的通路 b 进入到缓解阀套外围空腔 B,再经缓解活塞杆套中部径向孔 c 及缓解活塞杆与套间隙到缓解活塞下腔 C,推缓解活塞带着活塞杆上移,同时压缩缓解阀弹簧,排气阀随活塞上移,关闭上阀口,开启下阀口。

制动缸压力空气→紧急二段阀通路→缓解阀下阀座上方空腔 Z_5→下阀口→D_4 腔→缓解阀活塞下方排气口→大气,制动缸缓解,达到了手动缓解的目的。

由于上阀口关闭,切断了 Z_1 腔与 Z_5 腔间的通路,也就是切断了作用部滑阀座 z_1 孔与制动缸之间的通路。

活塞杆上移后,活塞杆上的两个密封圈关闭活塞杆套中部径向孔 c,切断了缓解活塞下腔 C 与活塞杆套外围空腔 B 的通路,开放了活塞杆套的下部径向孔 e,并经活塞杆与套的间隙通空腔 Z_1。副风缸压力空气经 Z_1 腔进入缓解活塞下腔 C,使已经上移到缓解位的缓解活塞被副风缸压力空气"锁"在该位上,下阀口一直开启着,让制动缸压力空气经排气口 D_4 排完。所以在拉动缓解阀手柄后,只要听见缓解阀活塞部下面排气口 D_4 处有压力空气排出,便可松手,让手柄复位,止回阀随即关闭,缓解活塞一直"锁"在缓解位。手柄部来的副风缸压力空气由手柄弹簧室 A 通过顶杆座上的轴向孔和 a 孔经手柄座四周的间隙流入大气。

当制动管再充气时,主活塞下移到充气缓解位,缓解活塞下腔 C 中的压力空气经主阀缓解通路排入大气,缓解活塞在缓解阀弹簧弹力及自重作用下回到初始位,缓解活塞杆带着排气阀下移,开启上阀口,关闭下阀口,缓解阀恢复到非工作状态。

如果一直拉着缓解阀手柄,副风缸压力空气经手柄座四周的间隙排入大气,而压力逐渐下降,当副风缸压力下降到低于制动管压力时,主活塞下移到充气缓解位,制动缸压力空气将通过主阀缓解通路排入大气,缓解活塞也会下移到初始位,这样就能保证在任何情况下都不会出现意外再制动。

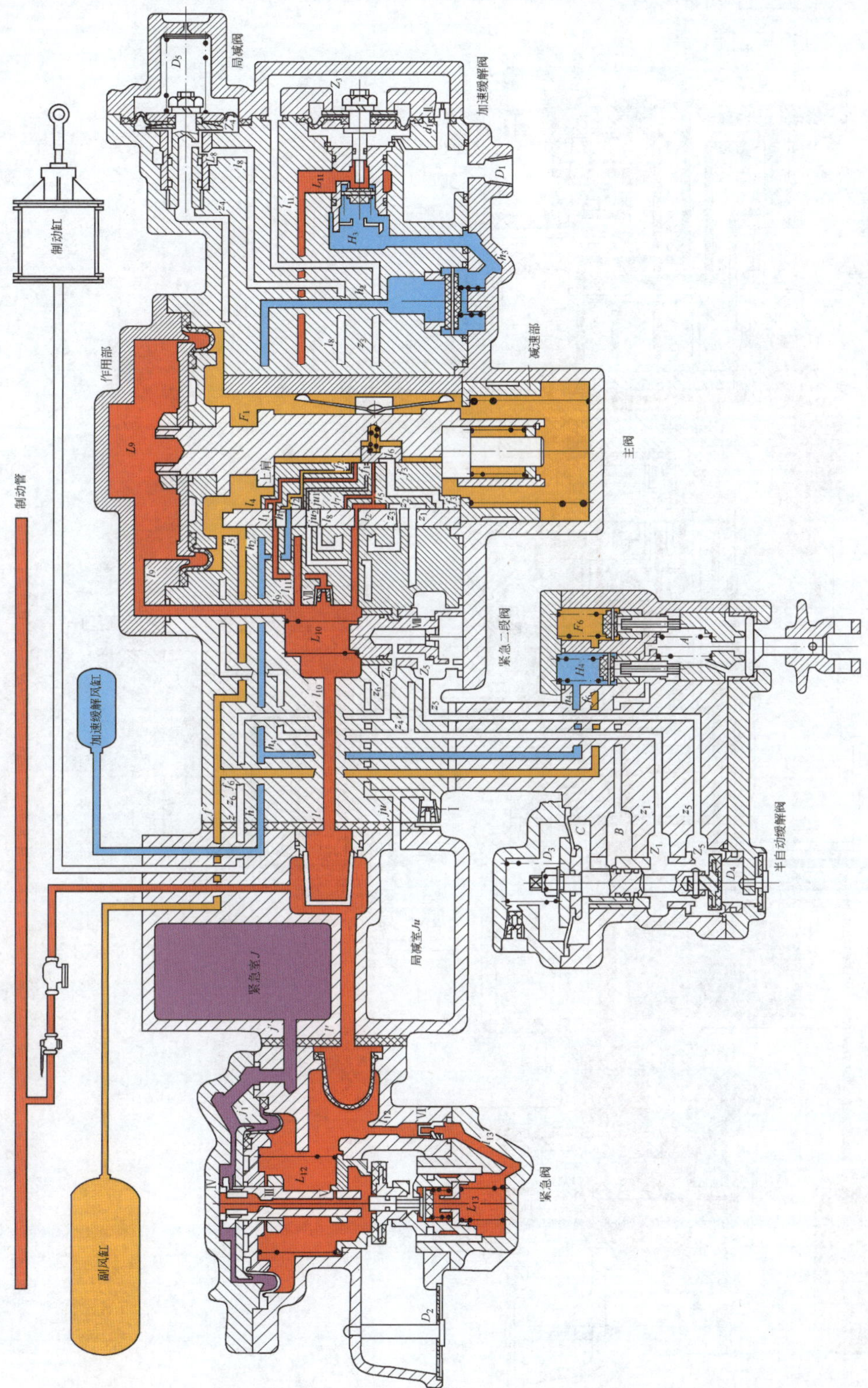

图 8-2-1　充气及缓解位原理

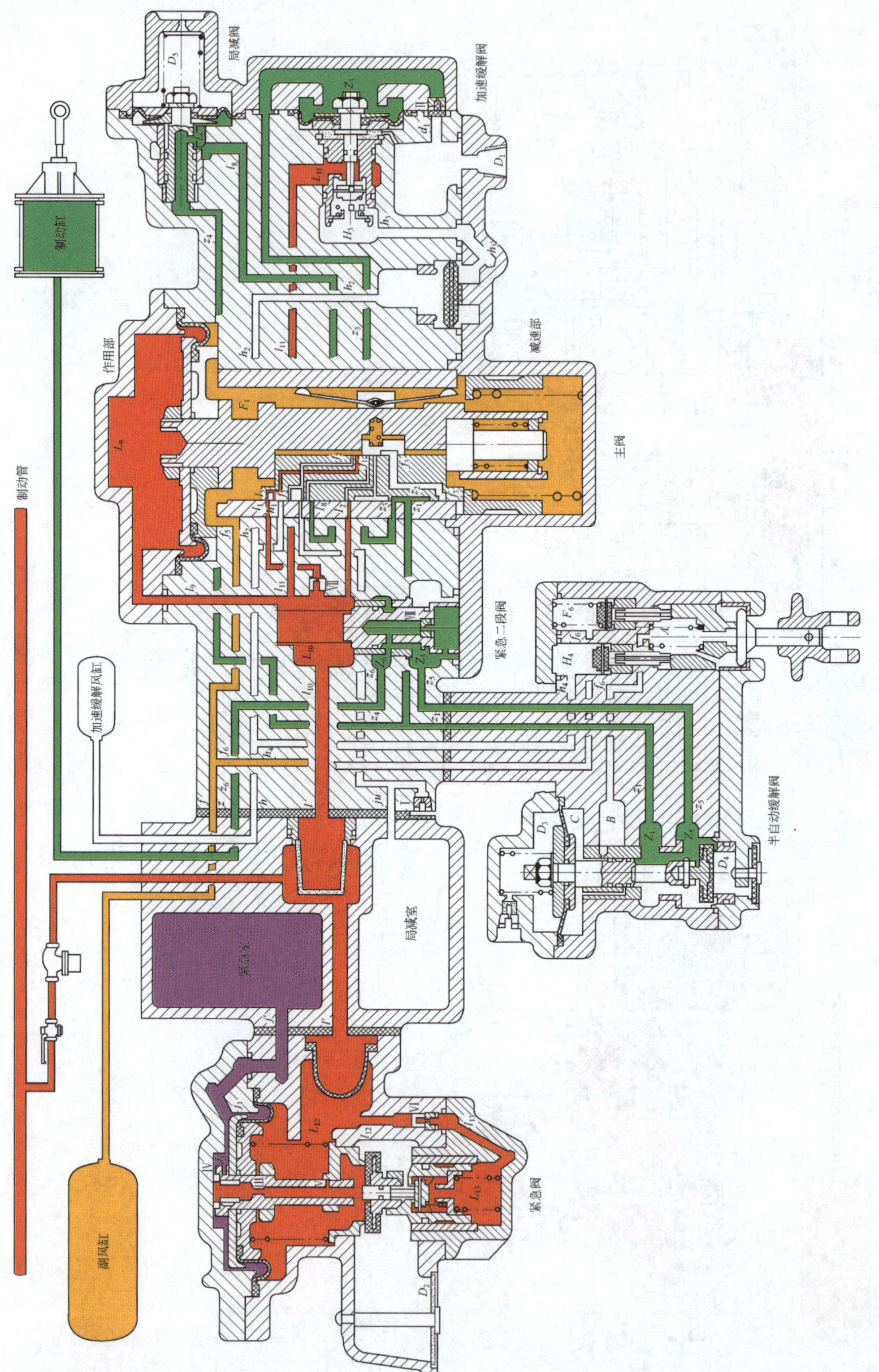

图 8-2-2 减速充气及缓解位原理

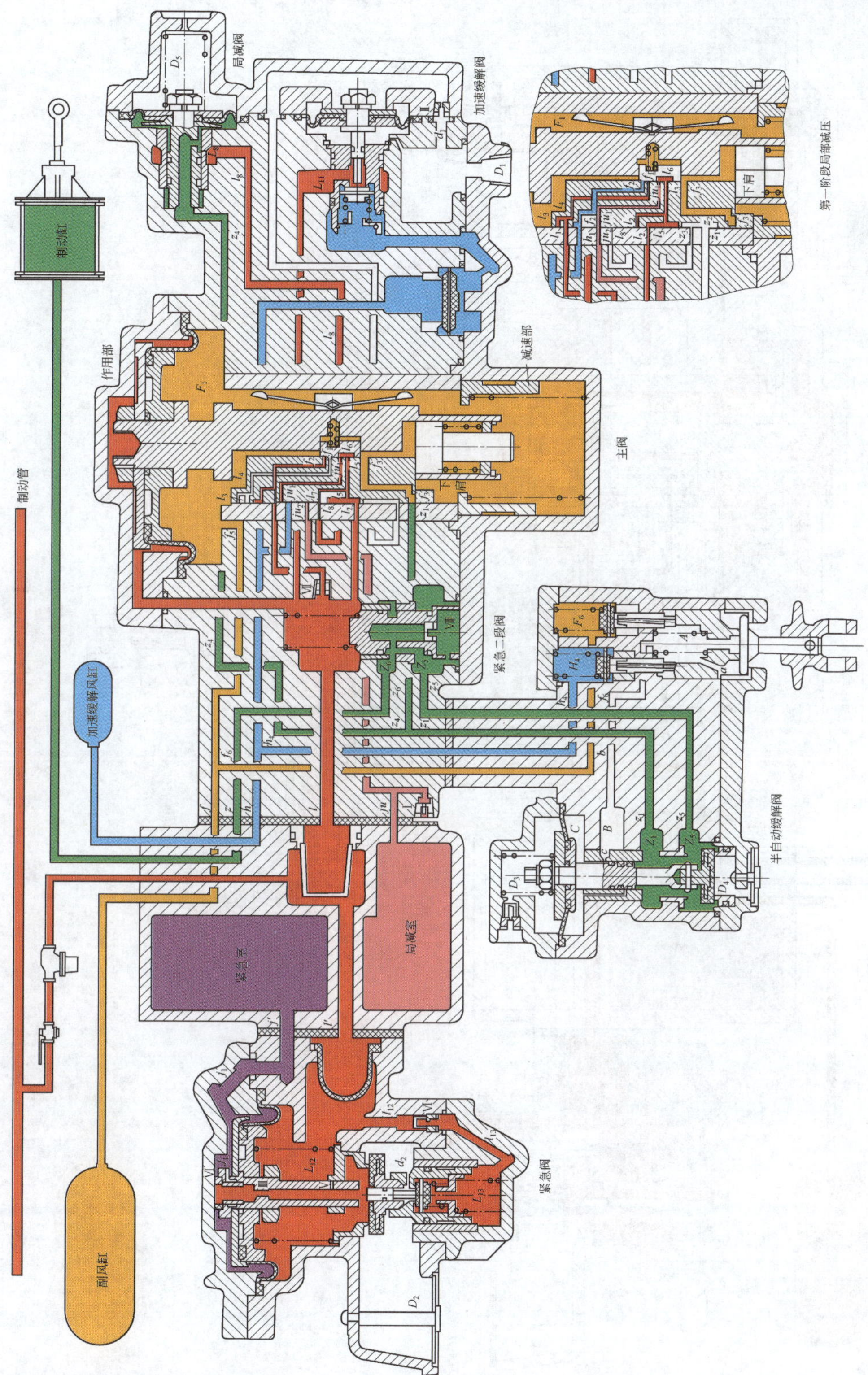

图 8-2-3　常用制动位原理

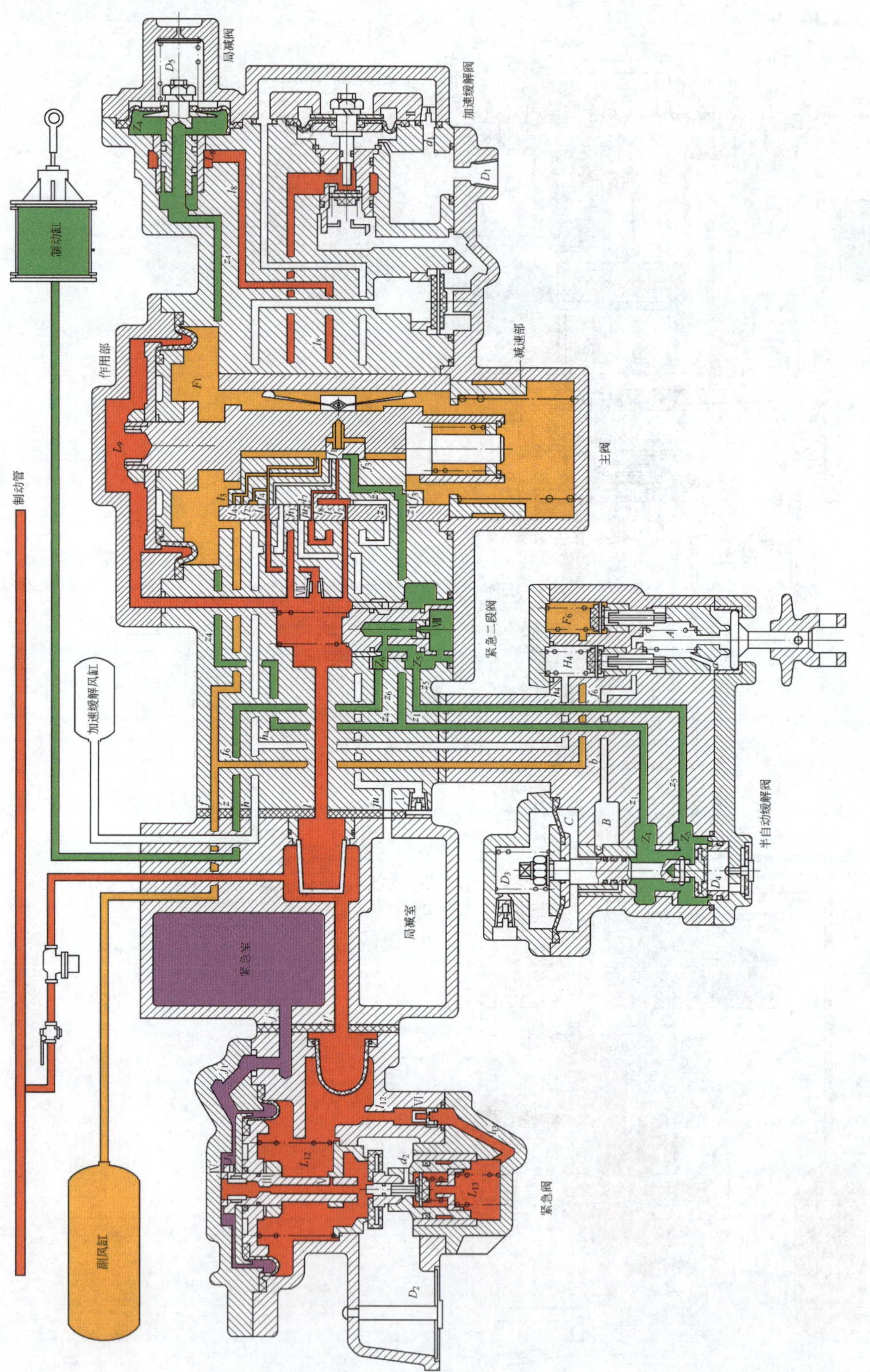

图 8-2-4 制动保压位原理

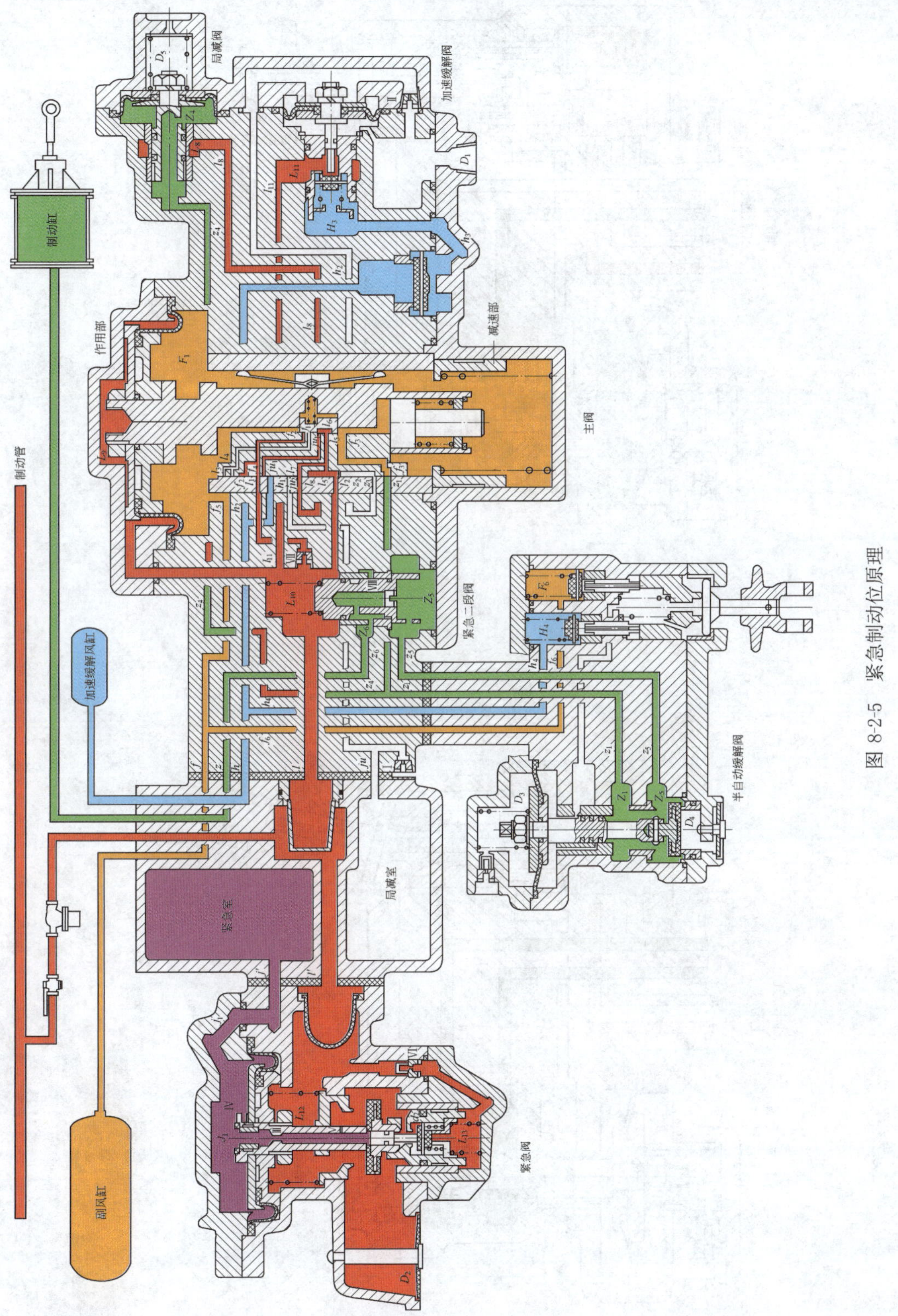

图 8-2-5　紧急制动位原理

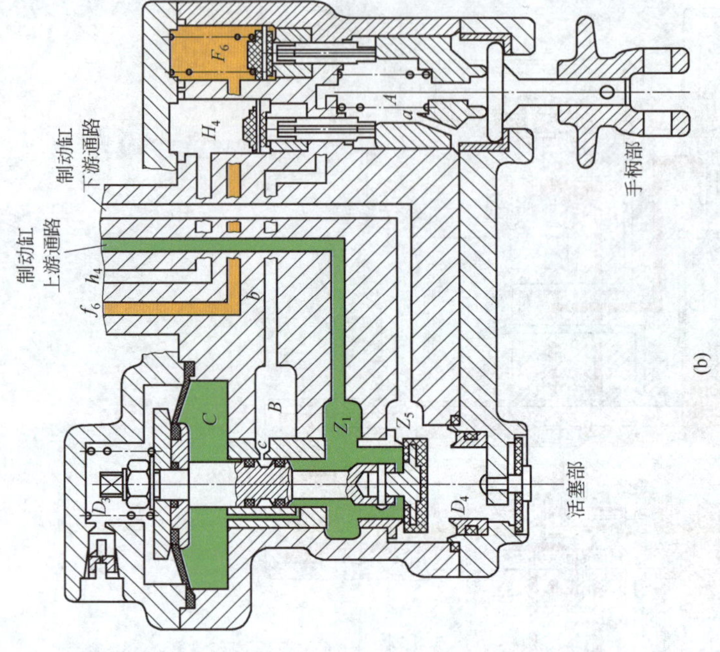

图 8-2-6　缓解阀作用原理

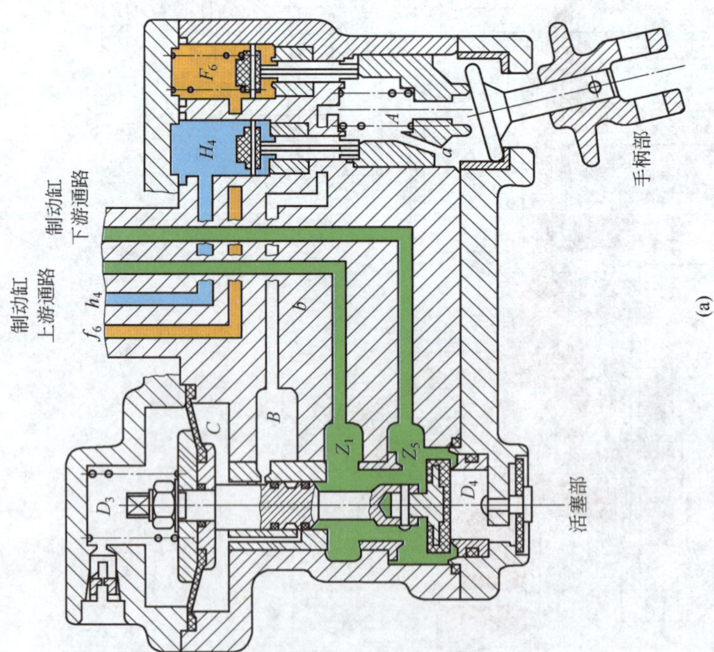

(2)制动管减压量不超过最大有效减压量

当制动管减压量不超过最大有效减压量时，副风缸压力基本上与列车管压力相等，主活塞处于制动保压位。拉动缓解阀手柄，与上面所述的相同，手柄部 F_6 腔内的副风缸压力空气(若手柄拉足，则还有 H_4 腔内的加速缓解风缸的压力空气)经顶开的止回阀进入手柄弹簧室 A，并经手柄部顶杆座上的轴向孔和 a 孔经手柄座四周的间隙排入大气。副风缸压力下降，作用部主活塞由于两侧产生压力差而下移至充气缓解位，制动缸压力空气排入大气。

另有一部分进入手柄弹簧室 A 的副风缸压力空气经通路 b、空腔 B 及 c 孔到缓解活塞下腔 C，使缓解活塞带着活塞杆及排气阀上移至缓解位，开启下阀口，制动缸压力空气经缓解阀排气口排入大气。但由于缓解活塞下腔 C 与滑阀座 z_1 孔连通，而 z_1 孔又通大气，故进入缓解活塞下腔 C 的副风缸压力空气也随之排入大气，在缓解阀弹簧弹力及自重作用下，缓解活塞又回到初始位，所以缓解活塞不能“锁”在缓解位。

因此，在拉动了缓解手柄后，只要一听见主阀排气口 D_1 处有压力空气排出的声音时，便可松掉手柄，手柄复位，止回阀重新关闭，但由于主活塞已下移至充气缓解位，制动缸压力空气经主阀排气口排出。

3. 半自动缓解阀的排放压缩空气作用

如果要排完车辆的整个制动系统的压力空气，必须一直拉足缓解阀手柄，直至各风缸压力空气排完为止。如果该车制动管中也有压力空气的话，由于主活塞处于充气缓解位，故制动管压力空气亦随副风缸压力空气一起排出。

综上所述，在使用半自动缓解阀缓解单辆车时，拉动缓解阀手柄后，只要听到主阀排气口或缓解阀活塞部下方有排气声音时，就可松手，制动缸压力空气会自动排净，缓解阀各部会自动恢复到初始位置，所以称为“半自动缓解阀”。

四、配分及评分标准

项目		配分	考核内容	评分标准	扣分	得分
操作程序及质量	绘制准备	5分	检查工具是否齐，状态是否良好	工具准备不全每项扣1分		
	绘制控制阀、缓解阀作用原理图	40分	1. 用规定颜色标注出列车管通路、制动缸通路、副风缸通路、紧急室通路、加速缓解风缸通路、局减室通路。 2. 写出相应原理图名称	1. 未使用规定颜色标注每项扣5分。 2. 整条通路标注错误扣10分。 3. 图面不整洁每幅图扣5分		
	文字描述控制阀、缓解阀作用原理	50分	文字描述与120/120-1型控制阀原理图相对应的作用原理	1. 每阶段作用原理未描述或描述错误扣5分。 2. 通路描述错误每处扣5分，通路未描述不得分		
	时间		规定时间90 min	超过规定时间停止作业		

续上表

项目		配分	考核内容	评分标准	扣分	得分
安全及其他	安全及其他	5分	1. 工具不得丢失损坏。 2. 绘制完毕放到指定位置。 3. 图纸不得损坏	1. 图纸损坏,每张扣2分。 2. 工具丢失或损坏每件扣2分		
合计		100分				

第三节　编制120/120-1型控制阀主阀检修工艺卡

一、准备通知单

(一)材料准备

序号	名　称	规　格	数量	备　注
1	钢笔、圆珠笔		若干	
2	直尺		1把	
3	稿纸	A4	若干	

(二)其他准备

1. 演练场或模拟考试教室、单人单桌、考场内光线充足、空气良好、温度适宜、环境安静、卫生整洁、无安全隐患。

2. 蓝色或黑色钢笔或碳素笔。

二、技能操作试题

(一)考核项目:编制120/120-1型控制阀主阀检修工艺卡

(二)分值:100分

(三)考核时间

1. 准备时间1 min

2. 正式书写时间120 min

(四)详细说明规章依据,使用规范用语和计量单位。设计段修检修工艺卡的基本格式,研究分析零部件检修的相关技术文件规格。

(五)详细写出检修作业步骤和过程。

(六)编制检修作业技术要求。

(七)按检修作业过程列出工装设备明细。

(八)本项技能认定属模拟综合性情景题型。

(九)按要求由被认定人独立完成。

三、配分及评分标准

序号	项目	配分	考核内容	评分标准	扣分	得分
一	作业程序	100分	编制顺序： 1. 分解前的准备工作。 2. 收入和除尘。 3. 外部清洗。 4. 主阀分解。 5. 超声波清洗。 6. 弹簧检测。 7. 组装前的准备工作。 8. 配件清洗。 9. 主阀组装。 编制依据： 1. 应用相应符合120/120-1型控制阀检修工艺的规章，并写出书籍具体规格和型号。 2. 要求120/120-1型控制阀检修工艺工序卡程序合理、内容完整。 3. 准确地写出工艺名称和适用范围。 4. 合理地配备完成120/120-1型控制阀检修所需的工装设备、工具、卡具。 5. 写明120/120-1型控制阀检修所需的材料。 6. 简明扼要地写出120/120-1型控制阀检修基本要求和工艺流程。 7. 正确、完整地填写检修工序和作业要求及质量标准。 8. 准确填写各组装工序所用零部件的名称	1. 漏编一项工序扣10分，漏编三项及以上工序无成绩，工序的先后顺序颠倒扣5分。 2. 无适用范围扣5分，适用范围不准确扣2分。 3. 错、漏编制应用规章扣5分。错漏分解、清洗、检修、组装、试验、油漆与标记每项扣3分。 4. 完成各工序所需工装、设备、工具和测量器具需填写完整，少一项扣10分。 5. 未写明检修120/120-1型控制阀检修所需的材料扣5分，材料不完整扣2分。 6. 无工艺流程扣10分，工艺流程不全扣2分，工艺流程顺序错误扣5分。 7. 120/120-1型控制阀检修工艺卡片中涉及安全和质量的要求少一项扣3分，内容描述不准确或错误扣5分。 8. 未写明各组装工序所用零部件的名称和型号每项扣10分，零部件的名称不准确扣5分。 9. 作业要求中质量卡控重点错写、漏写一项扣10分。 10. 操作试卷质量需层次分明、字体清楚，未达到要求扣10分		
二	时间		正式书写时间120 min	超过规定时间终止作业		
三	合计		100分			
否决项目			编制的工艺违反作业规定则失格			

第四节　锉配燕尾样板

一、准备通知单

(一)材料准备

序号	名　　称	规　　格	数量	备　注
1	45号钢钢板	105 mm×90 mm×3 mm	1块	
2	燕尾样板制件图示	A4纸	1张	

(二)工具、设备准备

序号	名　称	规　格	数量	备　注
1	台式钻床	Z512 型,ϕ12.7	1 台	
2	钳台		1 张	
3	台虎钳	150～200 mm	1 台	
4	平挫	250 mm(2 号纹)	1 把	
5	平挫	150 mm(3 号纹)	1 把	
6	三角锉	150 mm(3 号纹)	1 把	
7	三角锉	200 mm(2 号纹)	1 把	
8	组锉		1 套	
9	锯弓		1 个	
10	锯条		1 根	
11	划针		1 个	
12	样冲	ϕ10H8	1 个	
13	锤子		1 把	
14	千分尺	ϕ9.8 mm	1 个	
15	游标高度尺	0～300 mm	1 个	
16	游标卡尺	0～150 mm	1 个	
17	深度千分尺	0～25 mm	1 个	
18	游标深度尺	0～200 mm	1 个	
19	钢直尺	0～150 mm	1 个	
20	万能角度尺	0～320°	1 个	
21	塞尺	0.02～0.5 mm	1 套	
22	量棒	ϕ10 mm	2 根	
23	光面塞规	ϕ6H9	1 套	
24	钻头	ϕ5.8 mm	1 支	
25	铰刀	ϕ6H9	1 个	

(三)其他准备

由配合人员将公用设备、工具、材料放在考评员指定位置。需保证照明充足和一定数量的250 mm×160 mm 平板。做好防范措施。待考试人员作业完毕后,由配合人员将上述工具、材料放在指定位置。

二、技能操作试题

(一)考核项目:锉配燕尾样板

(二)分值:100 分

(三)考核时间

1. 准备时间:10 min。

2. 正式操作时间:180 min。

3. 节约时间不加分,到时即停止作业。

(四)操作要求及作业标准

1. 基本尺寸要求分析

该燕尾样板镶配时分别有两个面为基准面,A 面及 B 面,样板厚度 3 mm。验板:宽度 90 mm,高度 50 mm;对板:宽度 90 mm,高度 50 mm。

2. 尺寸偏差要求分析

①验板燕尾样板宽度距离为 90 mm,两侧倒角 5×45°,高度为 $50_{-0.062}^{\ 0}$ mm,燕尾顶部宽度为 $20_{-0.052}^{\ 0}$ mm,燕尾锐角为 60°±6′。

②对板宽度距离为 90 mm,两侧倒角 5×45°,燕尾顶部与基准面 B 距离为 $50_{-0.074}^{\ 0}$ mm,燕尾斜角为 60°±6′,燕尾顶部宽度为 $20_{-0.052}^{\ 0}$ mm。

③ϕ6H9 的 3 孔位置在 B 基准面上 22 mm 与 90 mm 中线相交为圆心,直径为 30 mm 的圆上均布,其中 1 孔在 B 基准面中线上,其他 2 孔分别左右均布两侧。

3. 形位偏差要求分析

样板的验板和对板的燕尾顶部与基准面 A 的对称度≤0.05 mm,对板燕尾尾部线与基准面 B 的平行度≤0.05 mm。

4. 表面质量要求分析

该样板表面锉削面粗糙度 Ra≤0.8 μm,其余锉削面粗糙度 Ra≤3.2 μm;两样板的大平面应无夹压伤痕,锉削面邻近处不得有锤击痕迹。

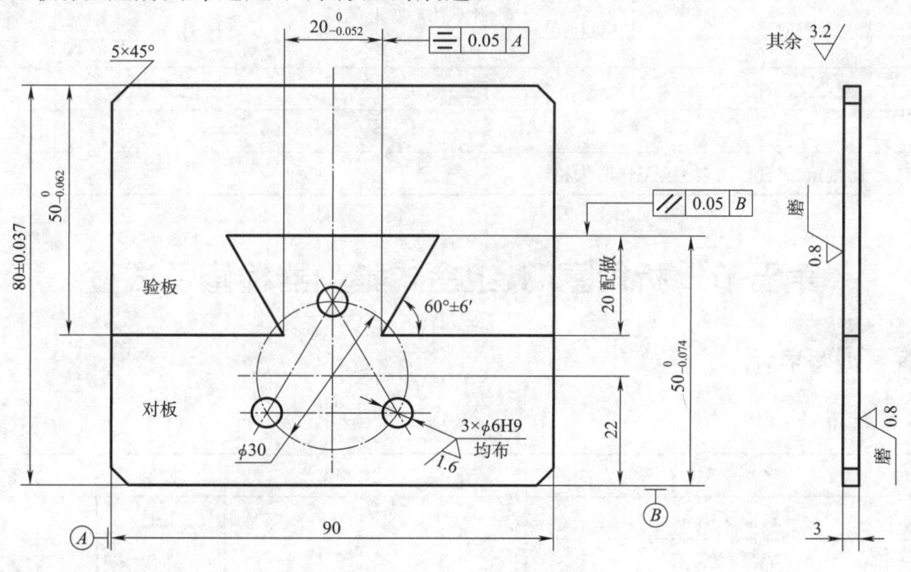

图 8-4-1 燕尾样板制件

技术要求:

1. 对板与验板吻合时,其最大间隙 0.05 mm,且不允许倒角。

2. 3-ϕ6 等分误差不大于 0.2 mm。

3. 未注公差尺寸按 IT12。

三、配分及评分标准

序号	考核要求	配分	评分标准			量具	检测结果	扣分	检验
		T Ra	≤T≤ Ra	≤T≤ Ra	≤2T≤ Ra				
1	$50_{-0.062}^{0}$ mm $Ra3.2$ μm(2处)	8 2	8 2	8 0	0 2	千分尺			
2	60°±6′ $Ra3.2$ μm(2处)	10 2	10 2	10 0	2 2	万能角度尺、塞尺			
3	$50_{-0.074}^{0}$ mm $Ra3.2$ μm	4 1	4 1	4 0	0 1	千分尺			
4	$20_{-0.052}^{0}$ mm	8	8			千分尺、量棒			
5	62.45 mm	8	8			游标卡尺			
6	(80±0.037)mm	2	2			游标卡尺			
7	90 mm $Ra3.2$ μm(2处)	4 2	4 2	4 0	0 2	游标卡尺			
8	ϕ6H9 $Ra1.6$ μm(3处)	6 3	6 3	6 0	0 3	塞规			
9	⌯ | 0.05 | A	5	5			千分尺、量棒			
10	∥ | 0.05 | B	5	5			千分尺			
11	配合间隙 0.05 mm(5处)	25	25			塞尺			
12	外观	5	毛刺、压伤、变形酌情扣1～5分			目测			
13	安全文明生产		酌情扣1～5分			现场记录			
合计	100分								
否决项	碰破、出血、起泡、挤肿不能继续工作时失格								

第五节　折角塞门、组合式集尘器检修及试验

一、准备通知单

(一)材料准备

序号	名　称	规　格	数量	备　注
1	扁油漆刷		1把	
2	清洗剂		适量	
3	棉白细布		若干	
4	硅脂	GP-9	适量	
5	排笔		若干	
6	防锈检漏剂		1罐	

(二)工具准备

序号	名　称	规　格	数量	备　注
1	台虎钳		1台	
2	管钳	250 mm	1把	
3	剪刀		1把	
4	风(电)动扳手		1把	
5	开口器		1把	
6	风枪		1把	
7	手锤	1.5P	1把	
8	扁铲	250 mm	1把	
9	套筒头		1个	
10	活扳手	250 mm	1把	
11	铜针		1根	
12	开口扳手		1把	
13	微控多阀试验台		1台	

(三)其他准备

1. 工作者必须佩戴好劳保用品。

2. 全面检查所用工具、量具齐全良好,仪器仪表计量器具检定不过期,风源压力符号要求。

二、技能操作试题

(一)考核项目:折角塞门检修及试验

(二)分值:100 分

(三)考核时间

1. 准备时间:1 min。

2. 正式操作时间:30 min。

3. 每超时 45 s 扣 1 分(不足 45 s 不扣分),超过规定时间的 30%失格。

(四)操作要求或技术标准

1. 折角塞门检修

(1)球芯折角塞门(不锈钢)分解。将塞门固定在台虎钳上,使用管钳拧下锁紧螺母(图 8-5-1)。分解压紧密封圈和弹性垫圈用剪刀破坏处理,放入废料箱内。风(电)动扳手装 M16 套筒头,卸下折角塞门上盖螺栓(铸铁为 M10×25 mm、不锈钢折角塞门为 M10×20 mm),取下上盖,放入废料箱内。用开口器的扁平部伸入球芯轴沟槽内,转到 90°,向上撬动球芯使球芯通风口露出,用开口器的尖部插入球芯通风口,挑出球芯及密封座。将取出的球芯放入专用存放盒,密封座用剪刀做破坏性处理后放入废料箱。

(2)清洗。用扁油漆刷(25 mm)蘸溶剂型清洗剂对折角塞门内腔、球芯反复刷洗(图 8-5-2)。清洗后用风枪吹干。吹干后表面无浮尘、浮砂、浮锈、等污渍,用手触摸无颗粒物存在。依次摆放到工作台铺开的棉白细布上。

图 8-5-1　卸下锁紧螺母

图 8-5-2　清洗内腔

(3)球芯折角塞门(不锈钢)零配件检查。检查零件无裂纹、折断。折角塞门体无裂纹、破损、磨耗、脱扣、腐蚀。球芯、拨芯轴表面无划痕、镀层表面无脱落。锁紧螺母无锈蚀。弹性垫圈无裂纹、折断。

(4)球芯折角塞门(不锈钢)组装。将 A 型折角塞门上半部安装面向上,放到工作台上,再将 O 形密封圈装入上盖密封圈安装槽内,涂抹适量 GP-9 硅脂。状态良好的球芯"轴沟槽"安装到拨芯轴上。取两个密封座,用排笔蘸取适量的 GP-9 硅脂,均匀涂抹在密封座孔内圆弧面,将两个标为"上部"密封座标记的一端朝下,安装到球芯的通风口处。平稳翻转使上半部手把朝上,将密封座和球芯一起顺着折角塞门口平稳装入(图 8-5-3)。确认拨芯轴及手把方向位置正确,两头密封座凸起部与折角塞门内腔凹槽相吻合。双手分别按住上盖两端,均匀用力缓慢下压,在下压的过程中,注意上盖密封圈安装入槽。将四个螺栓装入螺栓孔内,用手顺时针带入 3～5 扣,使用风(电)动扳手配合 M16 套筒将螺栓紧固,紧固时需对角均匀紧固,防止偏压。如检修铸铁折角塞门需安装手把时,对准手把销孔与拨芯轴销孔(图 8-5-4),从左向右穿入手把销(铸铁为 8×45 mm)。用扁铲将手把销劈开 60°以上,劈开口销时注意不得单劈,手把销不得断裂。

图 8-5-3　装入密封座及球芯

图 8-5-4　安装手把

2. 折角塞门试验

(1)按动试验台折角塞门“卡紧 1”按钮,将折角塞门下部顶起;再按动折角塞门“卡紧 2”按钮,从多阀试验台伸出压紧螺纹处;按折角塞门“卡紧 3”按钮,将折角塞门卡紧在试验台上。卡紧以后开闭折角塞门手把至少三次,塞门手把扭矩不大于 15 N·m,确认开通灵活,无卡滞现象。

(2)手动试验

①开放位漏泄试验

试验员将折角塞门手把置开放位,用手拧动“自动/手动”旋钮到“手动”位置。再拧动“充风/排风”旋钮到“充风”位置,试验台开始充风。当风压达到 600 kPa 时,用扁油漆刷蘸取适量的防锈检漏剂,涂抹在折角塞门体、上盖和阀体结合部、拨芯轴和上盖结合部以及通风口处,检查是否有连续起泡发生。

②开放位保压试验

用手拧动“充风/排风”旋钮到“保压”方向,折角塞门进行保压试验,保压 1 min 以后,观察压力表是否下降。如指示压力值降低,用扁油漆刷蘸取防锈检漏剂涂抹在各结合面和设备安装压垫处,判断漏泄位置。如试验合格,进行下一步试验。

③关闭位保压试验

用手拧动“充风/排风”旋钮到“充风”位置,待风表指针达到 600 kPa 后,将折角塞门手把调至“关闭”位置。再将“充风/排风”旋钮拧到“保压”位置,保压 1 min 以后,观察压力风表示值是否下降。如发生漏泄,卸下折角塞门返回检修工位重新分解检修。如试验合格,开通折角塞门手把将“充风/排风”按钮拧到“排风”位置,排尽余风后,依次取下折角塞门。

(3)自动试验

①开放位试验

用手向右拧动“自动/手动” 旋钮到自动位,当风压达到 600 kPa 时,按动试验台上的“试验开始”按钮,进行自动试验,自动试验充风、保压 1 min,并自动判断是否漏泄。如不发生漏泄则屏幕显示合格,如果漏泄则屏幕显示漏泄量“不合格”,设备自动报警。如中途停止试验时,可按动“试验停止”按钮,将“自动/手动”按钮调至“手动”方向,排净余风后,可卸除折角塞门。

②关闭位试验

当开放位试验完毕后,显示屏出现“请将试验工件置于关闭位置继续试验”,此时将折角塞门手把置于关闭位,点击“确认”按钮,进行关闭位漏泄试验,如果不漏泄则屏幕显示“合格”,如果漏泄则屏幕显示漏泄量“不合格”,设备自动报警。如需中止试验,按“试验停止”按钮,将“自动/手动”按钮调至“手动”方向,排净余风后,卸除折角塞门。

3. 试验完毕后,试验台自动排除余风后,试验员握紧折角塞门手把,依次取下折角塞门。试验完毕的折角塞门夹持在台虎钳钳身内,将锁紧螺母开口朝上,依次放入弹性垫圈,压紧密封圈。然后将锁紧螺母装入折角塞门主管安装口。组装完毕放置在半成品区后,等待喷漆作业。

4. 目视检查不锈钢组合式集尘器体及安装座须无裂纹,严重缺损。

5. 分解组合式集尘器手把销(图 8-5-5)。

6. 卸除集尘器下体螺栓,倒出集尘盒杂质,分解集尘器上半部,使开通线清晰可见(图 8-5-6),依次取出球芯(图 8-5-7)、拔芯轴(图 8-5-8),配件不得划伤。橡胶件做破坏性处理。

图 8-5-5　分解组合式集尘器手把销

图 8-5-6　开通线清晰

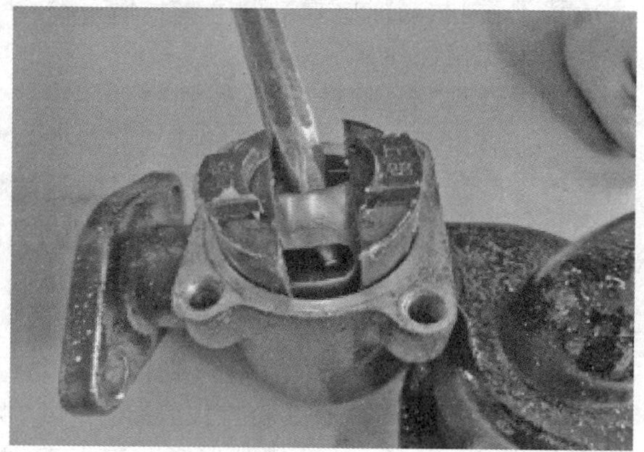

图 8-5-7　取出球芯

7. 所有配件清洗干净。

8. 组装：

(1)组装上半部时密封垫正位(图 8-5-9)、拨芯轴垂直装入上盖拨芯轴安装孔，密封座涂抹硅脂，密贴在球芯通风孔处(图 8-5-10)。

(2)确认拨芯轴位置正确后(图 8-5-11)，将密封座和球芯一起装入集尘器体。确认密封座凸起部与集尘器内部凹槽相吻合。

(3)螺栓均匀紧固，止尘伞安装正位，紧固后螺纹须露出螺母 1 扣以上，但不大于 1 个螺母厚度。组装手把和手把销(图 8-5-12)。

9. 确认风压达到 600 kPa 后，将集尘器按照试验台安装顺序安装在试验台后，开关手把至少三次，进行开放位漏泄试验、开放位保压试验、关闭位保压试验，如试验过程中存在漏泄现象，卸除再次进行检修。合格后，排除余风，卸下集尘器。

对试验合格的组合式集尘器安装防尘垫。

图 8-5-8　取出拨芯轴

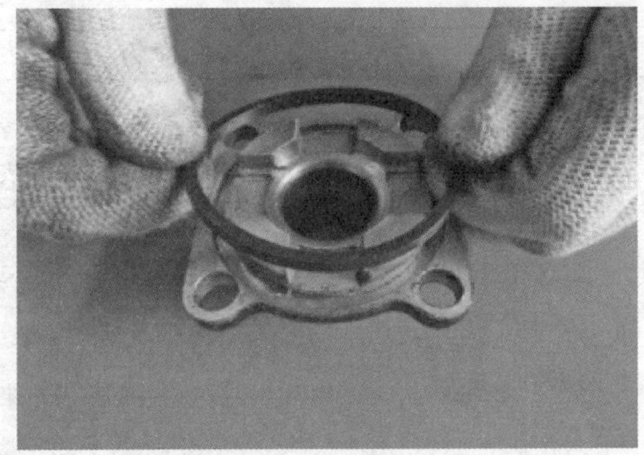

图 8-5-9　密封圈正位

图 8-5-10　密封垫正位

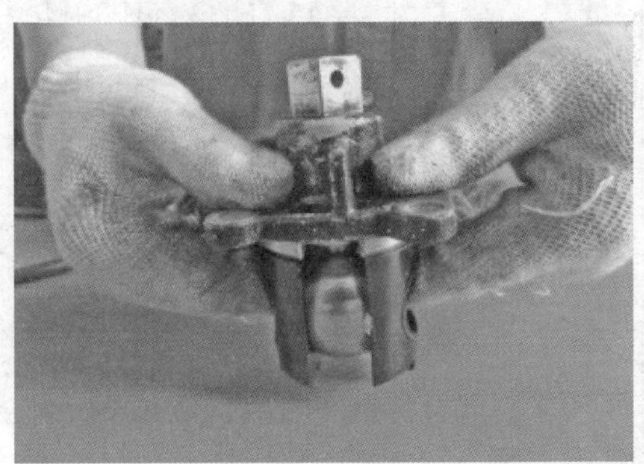

图 8-5-11　拨芯轴正位

图 8-5-12　组装集尘器手把和手把销

三、配分及评分标准

<table>
<tr><th colspan="2">项目及配分</th><th>考 核 内 容</th><th>评 分 标 准</th><th>扣分</th><th>得分</th></tr>
<tr><td rowspan="6">操作程序及质量
70 分</td><td>准备
5 分</td><td>1. 检查工具、材料准备齐全。
2. 检查试验台机能试验合格、风表不过期。
3. 手把销钉(分解后只插入,不劈开)</td><td>1. 未检查工具、材料每项扣 2 分。
2. 工具材料准备不全每件扣 1 分。
3. 未检查、确认试验设备状态扣 5 分</td><td></td><td></td></tr>
<tr><td>分解
5 分</td><td>1. 将塞门固定在台虎钳上,使用管钳拧下锁紧螺母;
2. 分解压紧密封圈和弹性垫圈。
3. 用手锤、尖冲(或角磨机)分解手把销钉,取下手把。
4. 分解折角塞门上盖螺栓。
5. 分解球芯及密封座。
6. 密封橡胶件需剪切破坏处理</td><td>1. 台虎钳固定塞门不牢固扣 3 分。
2. 配件未分解每项扣 2 分。
3. 橡胶件未剪切、破坏处理每件扣 3 分</td><td></td><td></td></tr>
<tr><td>清洗
5 分</td><td>1. 清洗塞门内腔、不锈钢球阀。
2. 风枪吹净塞门体内、配件水 2 分。
3. 擦拭各零部件表面无浮砂、浮尘、纤维物等污渍,用手触摸无颗粒物存在</td><td>1. 未清洗或清洗不干净,每项扣 2 分。
2. 吹扫后有水分,每项扣 2 分。
3. 未擦拭或擦拭不净存在污渍,每项扣 2 分</td><td></td><td></td></tr>
<tr><td>检查
5 分</td><td>1. 检查阀体无裂纹、破损、螺栓孔不脱扣。
2. 检查球芯、拨芯轴表面无划痕,镀层表面未脱落。
3. 检查锁紧螺母腐蚀不超限,弹性垫圈无裂纹、折断</td><td>1. 塞门体、各零部件未检查,每项扣 3 分。
2. 未口述每项扣 2 分</td><td></td><td></td></tr>
<tr><td>组装
25 分</td><td>1. 将 O 形橡胶密封圈装入上盖密封圈安装槽内,涂抹适量 GP-9 硅脂;密封座孔内圆弧面涂抹 GP-9 脂。
2. 安装顺序正确,拨芯轴、手把方向正确。
3. 将四个螺栓装入螺栓孔内,用手顺时针带入 3～5 扣,阀盖螺栓对角均匀紧固。
4. 手把销由左向右穿入并劈开 60°以上,不得单劈(口述)</td><td>1. 未涂抹润滑脂扣 2 分。
2. 组装顺序不正确,或未按规定组装扣 5 分。
3. 拨芯轴与手把方向错误扣 10 分。
4. 螺栓未对角均匀紧固扣 3 分。
5. 手把销未口述限度扣 3 分</td><td></td><td></td></tr>
<tr><td>试验
25 分</td><td>1. 按顺序按动试验台折角塞门“卡紧”按钮,卡紧后开闭折角塞门手把至少三次,确认开通灵活,无卡滞现象。
2. 开放位漏泄试验:风压达到 600 kPa 时,用防锈捡漏剂检查塞门体、上盖和阀体结合部、拨芯轴和上盖结合部以及通风口处,检查是否有连续起泡发生。
3. 开放位保压试验:折角塞门进行保压试验,保压 1 min,用防锈检漏剂检查各结合面和设备安装压垫处。
4. 关闭位保压试验:充风到 600 kPa 后,将折角塞门手把调至“关闭”位置后保压 1 min,观察压力风表示值是否下降。
5. 试验合格:开通折角塞门手把排尽余风后,取下折角塞门</td><td>1. 未按规定顺序卡紧折角塞门扣 5 分。
2. 卡紧折角塞门以后未开关手把三次以上扣 5 分。
3. 未确认开通灵活、卡滞现象扣 5 分。
4. 试验不合格每项扣 5 分。
5. 试验完毕未排风扣 10 分。
6. 试验完毕未组装锁紧螺母、弹性垫圈和密封圈扣 5 分</td><td></td><td></td></tr>
</table>

续上表

项目及配分	考核内容	评分标准	扣分	得分
安全及其他 10分	1. 正确穿戴、使用劳保防护用品。 2. 作业完毕做到工完料净场地清。 3. 不得发生其他不安全因素	1. 不按规定穿戴、使用劳保防护用品扣2分。 2. 轻伤扣5分。 3. 作业完毕未清理场地扣3分。 4. 其他不安全因素每处扣3分		
工具设备 使用维护 10分	1. 正确使用工具和试验设备。 2. 完工后进行工具保养并放置到指定位置。 3. 清理作业场地，做到工完料净场地清	1. 工、卡、量具使用不当一次扣2分。损坏每件扣5分，脱落每处扣2分。 2. 作业完毕未进行维护保养，每件扣1分。 3. 作业完毕未清洁场地扣2分		
时间 10分	正式操作时间30 min	每超时45 s扣1分(不足45 s不扣分)		
合计	100分			
否决项目	1. 超过规定时间30%时失格。 2. 受伤不能继续作业时失格。 3. 设备损坏时失格			

第六节 中间体检修及试验

一、准备通知单

(一)材料准备

序号	名 称	规 格	数量	备 注
1	防锈检漏剂		1罐	
2	扁油刷	50 mm	1把	
3	厌氧型密封胶		若干	

(二)工具准备

序号	名 称	规 格	数量	备 注
1	中间体试验台		1台	
2	铜丝刷		1把	
3	螺纹密封堵扳手		1把	自制
4	风(电)动扳手、活扳手		1把	
5	尖嘴钳	150 mm	1把	
6	扁铲		1把	
7	手锤		1把	

(三)其他准备

1. 考试人员需按规定穿戴好劳动防护用品。检查中间体防尘盖板安装良好。

2. 检查工具齐全,中间体试验台及需校验量具不过期且技术状态良好。

3. 将现车拆下的中间体放置在指定位置。

二、技能操作试题

(一)考核项目:中间体检修及试验

(二)分值:100 分

(三)考核时间

1. 准备时间:1 min。

2. 正式操作时间:20 min,每超时 60 s 扣 1 分(不足 60 s 不扣分),超过规定时间的 50% 失格。

(四)考核要求

1. 正确使用工、卡、量具。

2. 按标准操作试验设备。

3. 安全、文明操作。

4. 更换 1 个螺纹密封堵在规定时间内延长 5 min,依次累加。

(五)操作要求或技术标准

1. 中间体外观检查

目视检查中间体阀体及阀座无严重缺损、磕碰伤;中间体螺杆缺失的螺纹孔丝扣无脱扣现象;中间体缺损、磕碰、脱扣超过规定的做报废处理。

2. 中间体初试验

(1)取出列车管孔内的滤尘杯(图 8-6-1),浸泡到清洗剂中。

(2)双头螺柱有缺失、松动时,补充相应尺寸的双头螺柱,并均匀涂抹螺纹锁固剂,将涂有螺纹锁固剂端顺时针拧入中间体 3～5 扣。

(3)启动中间体试验台,检查总风源压力不低于 650 kPa,将中间体试验台卡具安装到中间体相应位置(图 8-6-2),在螺杆上装上垫圈,拧紧螺母。

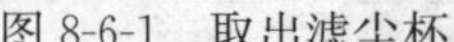

图 8-6-1　取出滤尘杯

图 8-6-2　安装卡具

(4)按动中间体试验台触摸屏上的"一次风压试验"按键(图 8-6-3),开始充风。当风压达到 650～700 kPa 时涂抹紧急室、副风缸室、制动缸室、列车管室、加速缓解室、局减室外部安装面结合部、阀体外表面及螺纹密封堵螺纹处，检查有无冒泡现象。无冒泡点击“不漏泄”，发生冒泡点击提示框“漏泄”程序自动进行下一腔室漏泄试验。同时，观察程序界面各腔室压力示值变化，程序自动检查判断各型腔、通路间有无串通、漏泄。每个腔室漏泄试验完毕，程序界面显示相应腔室“合格”，否则显示“不合格”。

(5)中间体外表面漏泄或内部各型腔、通路串通、漏泄时，做标识，中间体报废。螺纹密封堵螺纹处漏泄，做粉笔标记，更换螺纹密封堵(图 8-6-4)。试验完毕确认风表指针归零后卸除卡具。

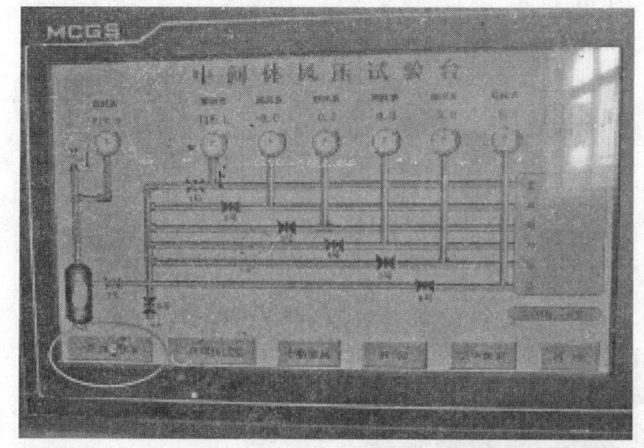

图 8-6-3　一次风压试验

图 8-6-4　更换螺纹密封堵标记

3. 中间体检修

(1)中间体螺纹密封堵漏泄、腐蚀、破损和磨损超限时更换。

(2)固定好中间体后，在专用扳手上安装专用扳头(图 8-6-5)，将螺纹密封堵扳头插入螺纹密封堵内四方孔内，拆卸螺纹密封堵。将厌氧型密封胶均匀涂抹到螺纹密封堵螺纹上(图 8-6-6)，拧紧螺纹密封堵。螺纹密封堵安装完毕，使用风枪头部伸入安装法兰面通风口，吹扫干净中间体腔室。

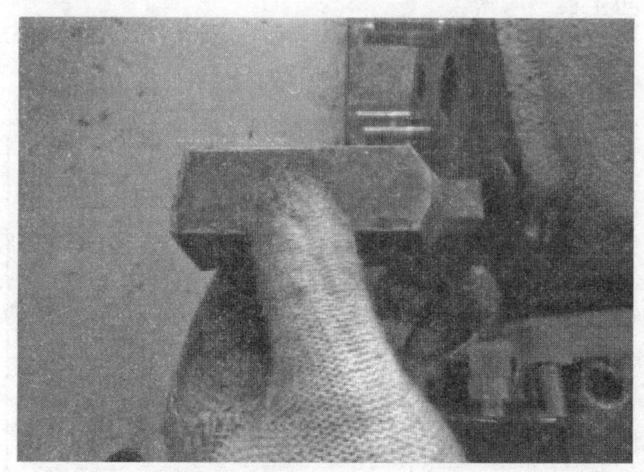

图 8-6-5　安装专用板头

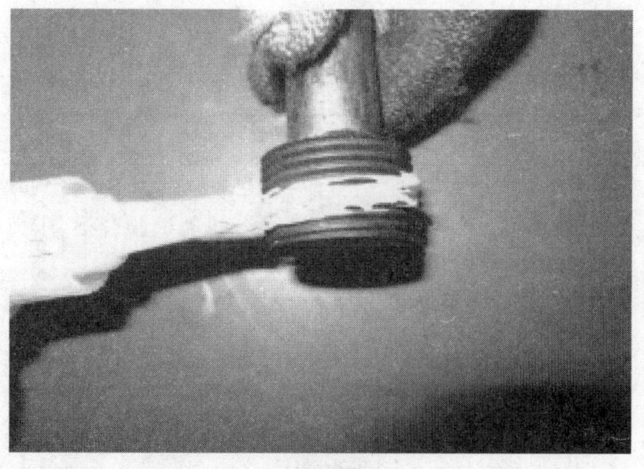

图 8-6-6　涂抹厌氧型密封胶

(3)中间体滤尘杯检修：作业人员目视检查滤尘杯外观无破损、变形，将滤尘杯放入清洗剂中清除表面灰尘等杂质，再用风枪吹扫干净。更换滤尘杯 O 形密封圈，将滤尘杯装入中间体列车管进风口。

(4) 阀座检修:阀座双头螺柱松动、腐蚀变形、螺纹脱扣时,更换同型螺柱,更换前须在新品螺柱拧入端涂抹螺纹锁固剂。阀座内腔用风枪吹扫干净,无沙尘、油脂等污物。

4. 中间体再试验

(1)中间体漏泄试验:安装卡具后,通以650～700 kPa压缩空气进行气密性试验。按动触摸屏上的“一次风压试验”按键开始充风,当风压达到650～700 kPa时,用防锈检漏剂依次涂抹紧急室、副风缸室、制动缸室、列车管室、加速缓解室、局减室外部安装面结合部、阀体外表面及螺纹密封堵螺纹处,检查有无漏泄现象。无冒泡点击“不漏泄”,发生冒泡点击提示框“漏泄”程序自动进行下一腔室漏泄试验。同时观察程序界面各腔室压力示值变化,程序自动检查判断各型腔、通路间有无串通、漏泄。每个腔室漏泄试验完毕,界面显示相应腔室“合格”,否则显示“不合格”。

(2)试验完毕合格后,排除余风,卸除中间体安装座螺母和卡具。

5. 防护

主阀防尘盖板与中间体安装面用螺母连接;紧急阀防尘盖板与中间体安装面用螺母连接;大法兰防尘盖板安装在中间体上用螺母连接;小法兰防尘盖板安装在中间体上用螺母连接(图 8-6-7)。

图 8-6-7　安装防尘盖板

三、配分及评分标准

序号	项目	配分	考核内容	评分标准	扣分	得分
一	准备	5分	1. 工、卡、量具准备齐全。 2. 试验设备机能试验合格、压力表定检不过期	1. 工卡量具准备不全每件扣1分。 2. 未检查工卡量具扣3分。 3. 未检查、确认试验设备状态扣5分		
二	作业程序	65分	中间体外观检查及准备工作: 1. 中间体外观检查阀体及阀座无严重缺损、磕碰伤。 2. 中间体螺杆缺失的螺纹孔丝扣无脱扣现象。 3. 取出列车管孔内的滤尘杯,浸泡到清洗剂中,进行清洗。 4. 检查中间体双头螺柱状态,如松动须使用螺纹锁固剂	1. 未检查中间体扣5分。 2. 滤尘杯清洗不干净扣2分,未清洗扣5分。 3. 双头螺栓如松动,未使用螺纹锁固剂每项扣分		

续上表

序号	项目	配分	考核内容	评分标准	扣分	得分
二	作业程序	65分	中间体初试验： 1. 检查总风源压力不低于650 kPa，目视检查储风缸压力，指针应在650～700 kPa(试验台定压)之间，安装卡具。 2. 进行“一次风压试验”，检查紧急室、副风缸室、制动缸室、列车管室、加速缓解室、局减室外部安装面结合部、阀体外表面及螺纹密封堵螺纹处是否漏泄	1. 风压未达到标准试验扣5分。 2. 未用防锈检漏剂检查漏泄扣5分。 3. 紧急室、副风缸室、制动缸室、列车管室、加速缓解室、局减室外部安装面结合部、阀体外表面及螺纹密封堵螺纹处漏泄未发现每项扣10分。 4. 腐蚀、破损和磨损超限的螺纹密封堵未发现每项扣5分。 5. 试验顺序颠倒每项扣5分		
			中间体检修： 1. 对漏泄、螺纹腐蚀、破损和磨损超限的螺纹密封堵分解。 2. 更换中间体滤尘杯O形密封圈，清洗滤尘杯，用压力空气吹净	1. 橡胶件未更换扣5分。 2. 卸除的橡胶件未破坏处理每项扣3分。 3. 卸除螺纹密封堵时操作失误破损每处扣3分。 4. 组装螺栓及螺纹密封堵未拧紧每项扣5分		
			中间体再试验： 进行“一次风压试验”，检查紧急室、副风缸室、制动缸室、列车管室、加速缓解室、局减室外部安装面结合部、阀体表面及螺纹密封堵螺纹处是否漏泄	1. 更换螺纹密封堵后中间体未再次试验扣20分。 2. 风压不达标准试验扣5分。 3. 未用防锈检漏剂检查漏泄扣5分。 4. 漏泄未发现扣5分。 5. 试验顺序颠倒扣5分		
			防护： 1. 主阀防尘盖板与中间体安装面用螺母连接。 2. 紧急阀防尘盖板与中间体安装面用螺母连接。 3. 大法兰防尘盖板安装在中间体上用螺母连接。 4. 小法兰防尘盖板安装在中间体上用螺母连接	试验完毕安装防尘盖板每处扣5分		
三	工具设备使用与维护	10分	1. 正确使用工、卡、量具及试验设备。 2. 工、卡、量具，配件，材料等不得脱落。 3. 作业完毕进行工、卡、量具维护保养并摆放整齐。 4. 作业完毕清洁场地	1. 工、卡、量具使用不当一次扣2分，损坏每件扣5分。 2. 作业完毕未进行工、卡、量具维护保养和放置不当每件扣1分。 3. 作业完毕未清洁场地扣2分		
四	作业时间	10分	规定时间20 min，更换螺纹密封堵每个增加5 min	每超时60 s扣1分(不足60 s不扣分)		
五	安全项目	10分	1. 正确穿戴、使用劳保防护用品。 2. 作业完毕做到工完料净场地清。 3. 不得发生其他不安全因素	1. 不按规定穿戴、使用劳保防护用品扣2分。 2. 轻伤扣5分。 3. 作业完毕未清理场地扣3分。 4. 其他不安全因素每处扣3分		
六	合计	100分				
否决项目		1. 碰破、出血、起泡、挤肿不能继续工作时失格。 2. 设备损坏时失格。 3. 超过规定时间的50%时失格				

第七节　脱轨自动制动阀检修及试验

一、准备通知单

(一)材料准备

序号	名　称	规　格	数量	备　注
1	防锈检漏剂		1罐	
2	扁油刷	50 mm	1把	
3	清洗剂			
4	硅脂			
5	排笔			
6	棉白细布			

(二)工具准备

序号	名　称	规　格	数量	备　注
1	多阀试验台		1台	
2	分解台		1把	
3	风枪		1把	
4	穴用直口卡簧钳		1把	
5	扭矩扳手		1把	
6	扁铲		1把	
7	手锤		1把	

(三)其他准备

1. 考试人员需按规定穿戴好劳动防护用品。

2. 检查工具齐全,多阀试验台及需校验量具不过期且技术状态良好。

二、技能操作试题

(一)考核项目:脱轨自动制动阀检修及试验

(二)分值:100 分

(三)考核时间

1. 准备时间:1 min。

2. 正式操作时间:50 min,每超时 90 s 扣 1 分(不足 90 s 不扣分),超过规定时间的 30%失格。

(四)考核要求

(1)正确使用工、卡、量具。

(2)按标准操作试验设备。

(3)安全、文明操作。

（五）操作要求或技术标准

1. 手持制动阀杆法兰面取出制动阀杆，作业过程应避免磕碰表面。制动阀杆分解后浸泡于盛有清洗介质的清洗盆中，使用扁油刷清洗。

2. 将脱轨自动制动阀放入台虎钳钳身，放置时锁紧螺母朝上。扶稳脱轨阀顺时针旋紧虎钳上的手柄丝杠，将脱轨自动制动阀夹持在钳身内。

3. 用专用工具（或管钳）卡住锁紧螺母工艺槽（图 8-7-1），逆时针松动、拆卸锁紧螺母。遇有锁紧螺母与作用杆被焊渣熔接在一起，不能卸除的，可用角磨机磨削切除熔渣。使用角磨机前，分解人员须佩戴好防护眼镜。双手握紧角磨机，头部躲开弹崩方向，砂轮片准焊渣均匀用力。切除完毕后，卸下锁紧螺母放入专用存放盒。

4. 锁紧螺母卸除后，取出作用杆下承台的弹片，放入盛放清洗介质的清洗盆中，使用扁油刷清洗。

5. 调整脱轨阀位置，使弹性圆柱销朝向工作者，用尖嘴钳分别夹住阀盖和阀体间的两个弹性圆柱销，将其拔出，放入专用废料存放盒内。若两个弹性圆柱销锈蚀在阀体内不能拔出时，把脱轨阀夹紧在虎钳中间，用专用（或自制）工具插入作用杆中（图 8-7-2），手锤敲击工具，直至弹性柱销断裂。阀盖脱落后，用样冲头部对准阀体上的销孔，敲击样冲尾部露出弹性圆柱销，用尖嘴钳将断裂的圆柱销拔出。

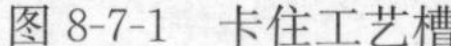
图 8-7-1　卡住工艺槽

图 8-7-2　工具插入作用杆中

6. 阀盖分解后，用手推动作用杆组成使其脱离阀体，使用尖嘴钳分解作用杆键槽内的键，然后退出上弹片。作用杆、键、上弹片放入盛放清洗介质的清洗盆中，使用扁油刷清洗。如作用杆锈蚀在阀体内，可用手锤轻击作用杆尾部，敲击时避免碰伤阀体。

7. 脱轨阀制动阀杆、锁紧螺母、弹片、作用杆、键等零配件分解后，清洗各零件表面锈垢、污物，并用压力空气吹干，然后进行外观状态检查。

8. 制动阀杆锌铬涂层剥落、露底、湿法磁粉探伤有裂纹或锈蚀严重无法清洗干净时更换为表面采用达克罗工艺处理的新品。

9. 锁紧螺母须为开槽螺母的型式，其余形式的锁紧螺母更换为开槽螺母。

10. 弹片锌铬涂层剥落、露底、湿法磁粉探伤时有裂纹或锈蚀严重无法清洗干净，或平面度超过 0.4 mm 时更换。

11. 键变形、磕碰伤影响组装时更换。

12. 作用杆变形、损伤、锈蚀严重无法清洗干净或螺纹损坏、腐蚀深度大于 1 mm 时报废。

13. 弹性销更换新品。

14. 阀体裂纹、变形、损伤或严重锈蚀时报废。

15. 脱轨自动制动装置调节杆存在裂纹故障时,新购补充装用的脱轨自动制动装置须符合 CAT313B-00-00(TZD 型货车脱轨自动制动装置)或 CAT313C-00-00(TZD-1 型货车脱轨自动制动装置)图样的要求,组装时须符合 CAT313BZT 技术要求(货车脱轨自动制动装置装车技术条件)。

16. 检查多阀试验台风表,确认风压达到 650～700 kPa 规定值时,操作多阀试验台"脱轨阀夹紧"按钮,取下卡具。

17. 选择与制动阀杆相匹配的卡具,将检修完毕的制动阀杆法兰面卡在试验台试验位置上(图 8-7-3),按"脱轨阀夹紧"按钮,将制动阀杆卡紧在试验台上,开始试验。

18. 点击"性能试验",进入试验界面。

19. 旋转"自动/手动"旋钮到手动位置,再旋转"充风/排风"按钮到"充风"位置,待风表上的风压在 650～700 kPa 之间,进行保压试验。拧动"充风/排风"到保压位置,保压 1 min 不得漏泄,用扁油漆刷蘸取适量防锈检漏剂涂抹在制动阀杆上,仔细查看制动阀杆表面是否有气泡产生,如漏泄作报废处理。

20. 拧动"充风/排风"按钮至排风位置,排出余风。操作"脱轨阀夹紧"按钮,松开夹具后取下制动阀杆。

21. 旋转"自动/手动"按钮到自动位置,按"试验开始"按钮进行自动试验。自动试验包括充风、保压试验,如果不漏泄则屏幕显示"合格",如果漏泄则屏幕显示"不合格"(图 8-7-4),设备自动报警。

图 8-7-3　制动阀杆安装在试验台上

图 8-7-4　试验

22. 如中途停止试验时,可按"试验停止"按钮,将"自动/手动"按钮拧到手动位置,排除余风。如自动试验系统自动完成试验后,观察试验风表为"零"后,操作"脱轨阀夹紧"按钮,夹具松开后卸除制动阀杆。

23. 用排笔蘸取适量的 120 阀用改性甲基硅油,涂抹在作用杆外表面和阀体内与作用杆接触的表面(包括键槽),涂抹完毕将作用杆直立放置在工作台上。

24. 用排笔蘸取适量的 120 阀用改性甲基硅油,涂抹在弹片表面。将一弹片套装于作用杆上贴靠作用杆凸肩(图 8-7-5),将键按压装入作用杆键槽内。

25. 将组合好的作用杆从阀体上方穿入阀体内，使弹片贴靠阀体上承台。作用杆在阀体内应能垂直向上自由移动，无卡滞现象。

26. 下弹片套装到作用杆上，贴靠阀体下承台（图 8-7-6）。

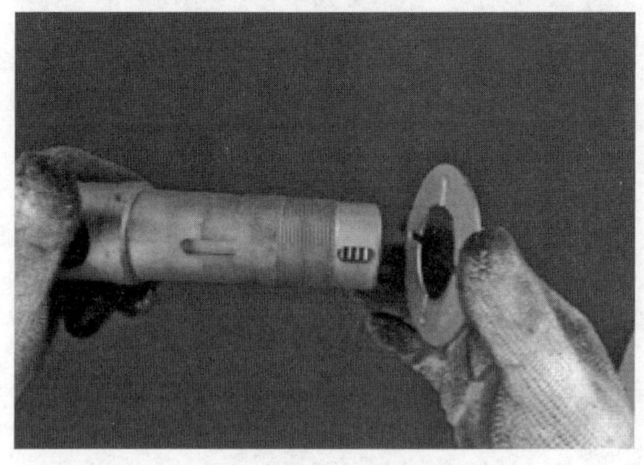

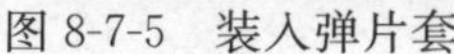

图 8-7-5　装入弹片套

图 8-7-6　弹片套贴靠下承台

27. 制动阀杆端头穿入作用杆孔中（图 8-7-7），在穿入的过程中，用手调整作用杆的位置，使制动阀杆法兰面贴靠阀体凸台面，用呆扳手把两个螺栓 M12×40 和两个弹性垫圈带紧。

28. 将组装好的阀体在组装台或虎钳上夹紧，将锁紧螺母套入作用杆上，用手旋入 3～5 扣后，使用扭矩扳手以力矩（5±1） N·m 顺时针拧紧（图 8-7-8），发出“咔哒”的声响时，紧固到位。

图 8-7-7　制动阀杆端头穿入作用杆孔中

图 8-7-8　使用扭力扳手顺时针拧紧

29. 紧固锁紧螺母的同时，检查制动阀杆端头与作用杆孔上、下间隙在（2±0.5） mm 范围内（图 8-7-9）。检查时使用 2 mm 针规插入制动阀杆端头与作用杆孔上、下间隙检测，2 mm 针规均能插入则间隙合格。若尺寸超限，更换弹片重新组装。

30. 将扁销将锁紧螺母及作用杆销接，插入方向与制动阀杆插入方向相同，在扁销末端小孔内绑好尼龙扎带或安装开口销（图 8-7-10）。

图 8-7-9　检查制动阀杆端头与作用杆孔上、下间隙

图 8-7-10　扁销末端小孔内安装开口销

31. 以阀体止口定位，装入阀盖并盖紧，对准阀盖与阀体上的 2 个 $\phi 3$ 孔，装入弹性圆柱销。若阀盖与阀体上的 2 个 $\phi 3$ 孔不能同时对准，更换阀盖。

三、配分及评分标准

项目	配分	作业标准	评分标准	扣分	得分
准备工作	10 分	工具、材料、配件准备齐全，作用良好	准备不全每少一件扣 1 分		
作业过程	30 分	1. 脱轨自动制动阀外部检查。 2. 分解脱轨自动制动阀各零件。 3. 清洗、测量各零部件。 4. 试验组装	1. 作业程序颠倒一次扣 2 分。 2. 漏项每项扣 10 分		
作业质量	40 分	1. 确认各设备机能与性能状态。 2. 各配件分解到位，配件摆放无磕碰。 3. 配件检测状态良好。 4. 各配件组装正位，给油润滑良好，橡胶件需更换成新品，组装时，螺栓均匀紧固到位。 5. 试验时检查、涂漏到位，故障表述清楚，正确处理故障	1. 未确认设备状态性能每次扣 10 分。 2. 配件分解时落地每件扣 2 分，漏分解每件扣 5 分，配件有磕碰每件扣 2 分。 3. 配件检测不到位每件扣 5 分。 4. 组装不正位、润滑给油不到位、未均匀紧固的每处扣 5 分。 5. 未按标准试验每次扣 5 分，结合部有漏泄的每处扣 10 分。 6. 发现故障不能正确表述及不能处理的每件扣 10 分		
安全及其他	10 分	1. 正确穿戴、使用劳保用品。 2. 作业完毕清扫场地	1. 未按规定穿戴劳保用品扣 3 分。 2. 轻微受伤时扣 5 分。 3. 其他不安全因素每次扣 3 分。 4. 作业完毕未清扫场地扣 2 分		
时间	10 分	正式操作时间：50 min	每超过 90 s 扣 1 分(不足 90 s 不扣分)		
合计	100 分				
否决项目	1. 超过规定时间的 50%时失格。 2. 受伤不能继续作业时失格				

第八节　120 型空气制动机性能试验及不起制动作用的故障排除

一、准备通知单

(一)考场准备

准备 1 辆(任意车型)120 型空气制动机不起制动作用及符合考试条件的场地。

(二)工具、设备、材料准备

序号	名　　称	规　　格	数量	备　注
1	微控单车试验器		1 台	
2	防锈检漏剂		1 桶	
3	手电		1 把	
4	扁油刷		1 把	
5	红旗		1 面	
6	橡胶锤	5 磅	1 把	
7	主阀		1 个	
8	紧急阀		1 个	
9	橡胶垫		各 1 个	
10	开口销	8 mm	若干	
11	开口板手	17-19 mm、22-24 mm	各 1 把	

(三)其他准备工作

1. 工作者必须佩戴好劳保用品。
2. 检查工具、量具齐全良好、校验不过期。

二、技能操作试题

(一)考核项目:120 型空气制动机性能试验及不起制动作用的故障排除

(二)考评分值:100 分

(三)考核时间:

1. 准备时间:1 min。
2. 正式操作时间:60 min。
3. 每超过 72 s 扣 1 分,不足 72 s 不扣分,超过规定时间的 20%全项失格。

(四)按规定程序对车辆进行单车试验。

(五)安全文明操作,正确使用、维护工、卡、量具。

三、操作要求及技术标准

按要求对车辆进行试验,对制动系统故障进行判断、处理。

四、配分及评分标准

序号	项目	配分	考核内容	评分标准	扣分	得分
一	准备	10分	1. 工、卡、量具准备齐全。 2. 检查量具认定日期	1. 工、卡、量具准备不全每项扣1分。 2. 未检查量具认定日期每件扣2分。 3. 未确认总风源压力扣5分		
二	作业过程及质量	60分	1. 插设防护号志。 2. 试验准备、主管吹尘。 3. 过球试验,加装软管堵。 4. 按规定进行基础制动、空气制动检查,并准确报故障名称。 5. 手动进行→漏泄→感度制动→感度缓解→安定→紧急→加速缓解→半自动缓解→闸调器性能→空重车自动调整装置性能试验。 6. 处理试验过程中的故障。 7. 设故障3件。 1 | 2 | 3 8. 撤除防护号志	1. 作业程序每漏一项扣10分。 2. 过程重复每次扣5分。 3. 试验顺序错误一次扣2分。 4. 闸调器试验减压每少一次扣5分。 5. 空重车自动调整装置性能试验试块加装错误一次扣5分。 6. 试验完毕未摘除软管堵扣5分。 7. 漏发现故障每件扣20分。 8. 故障未处理每件扣10分。 9. 活塞行程未测量扣5分。 10. 试验时未确认制动机状态每次扣5分。 11. 未撤除防护扣10分		
三	工具使用与维护	10分	1. 正确使用工、卡、量具;不得损坏工、卡、量具及设备。 2. 作业完毕进行工、卡、量具维护保养并摆放整齐。 3. 作业完毕清洁场地	1. 工、卡、量具使用不当一次扣2分,损坏一件扣5分,脱落每处扣2分。 2. 作业完毕未进行工、卡、量具维护保养和放置不当,每件扣1分。 3. 作业完毕未清洁场地扣2分		
四	作业时间	10分	规定时间60 min	每超时72 s扣1分(不足72 s不扣分)		
五	安全注意事项	10分	正确穿戴、使用劳保用品	1. 未按规定穿戴劳保用品扣3分。 2. 轻微受伤时扣5分。 3. 其他不安全因素每次扣3分		
六	合计	100分				
否决项目		1. 碰破、出血、起泡、挤肿不能继续工作时失格。 2. 超过规定时间20%时失格				

第九节　120型空气制动机性能试验及起非常制动故障排除

一、准备通知单

(一)考场准备

准备1辆(任意车型)120型空气制动机不起制动作用及符合考试条件的场地。

(二)工具、设备、材料准备

序号	名　称	规　格	数量	备　注
1	微控单车试验器		1台	
2	防锈检漏剂		1桶	
3	手电		1把	
4	扁油刷		1把	
5	红旗		1面	
6	橡胶锤	5磅	1把	
7	主阀		1个	
8	紧急阀		1个	
9	橡胶垫		各1个	
10	开口销	8 mm	若干	
11	呆板手	17-19 mm、22-24 mm	各1把	

(三)其他准备工作

1. 工作者必须佩戴好劳保用品。
2. 检查工具、量具齐全良好、校验不过期。

二、技能操作试题

(一)考核项目:120型空气制动机性能试验及起非常制动故障排除

(二)考评分值:100分

(三)考核时间:

1. 准备时间:1 min。
2. 正式操作时间:60 min。
3. 每超过72 s扣1分,不足72 s不扣分,超过规定时间的20%全项失格。

(四)按规定程序对车辆进行单车试验。

(五)安全文明操作,正确使用、维护工、卡、量具。

三、操作要求及技术标准

按要求对车辆进行试验,对制动系统故障进行判断、处理。

四、配分及评分标准

序号	项目	配分	考核内容	评分标准	扣分	得分
一	准备	10分	1. 工、卡、量具准备齐全。 2. 检查量具认定日期	1. 工、卡、量具准备不全每项扣1分。 2. 未检查量具认定日期每件扣2分。 3. 未确认总风源压力扣5分		

续上表

<table>
<tr><th>序号</th><th>项目</th><th>配分</th><th>考 核 内 容</th><th>评 分 标 准</th><th>扣分</th><th>得分</th></tr>
<tr><td>二</td><td>作业过程及质量</td><td>60 分</td><td>1. 插设防护号志。
2. 试验准备、主管吹尘。
3. 过球试验,加装软管堵。
4. 按规定进行基础制动、空气制动检查,并准确报故障名称。
5. 手动进行→漏泄→感度制动→感度缓解→安定→紧急→加速缓解→半自动缓解→闸调器性能→空重车自动调整装置性能试验。
6. 处理试验过程中的故障。
7. 设故障 3 件。
<table><tr><td>1</td><td>2</td><td>3</td></tr><tr><td></td><td></td><td></td></tr></table>
8. 撤除防护号志</td><td>1. 作业程序每漏一项扣 10 分。
2. 过程重复每次扣 5 分。
3. 试验顺序错误一次扣 2 分。
4. 闸调器试验减压每少一次扣 5 分。
5. 空重车自动调整装置性能试验试块加装错误一次扣 5 分。
6. 试验完毕未摘除软管堵扣 5 分。
7. 漏发现故障每件扣 20 分。
8. 故障未处理每件扣 10 分。
9. 活塞行程未测量扣 5 分。
10. 试验时未确认制动机状态每次扣 5 分。
11. 未撤除防护扣 10 分</td><td></td><td></td></tr>
<tr><td>三</td><td>工具使用与维护</td><td>10 分</td><td>1. 正确使用工、卡、量具;不得损坏工、卡、量具及设备。
2. 作业完毕进行工、卡、量具维护保养并摆放整齐。
3. 作业完毕清洁场地</td><td>1. 工、卡、量具使用不当一次扣 2 分,损坏一件扣 5 分,脱落每处扣 2 分。
2. 作业完毕未进行工、卡、量具维护保养和放置不当,每件扣 1 分。
3. 作业完毕未清洁场地扣 2 分</td><td></td><td></td></tr>
<tr><td>四</td><td>作业时间</td><td>10 分</td><td>规定时间 60 min</td><td>每超时 72 s 扣 1 分(不足 72 s 不扣分)</td><td></td><td></td></tr>
<tr><td>五</td><td>安全注意事项</td><td>10 分</td><td>正确穿戴、使用劳保用品</td><td>1. 未按规定穿戴劳保用品扣 3 分。
2. 轻微受伤时扣 5 分。
3. 其他不安全因素每次扣 3 分</td><td></td><td></td></tr>
<tr><td>六</td><td>合计</td><td colspan="3">100 分</td><td></td><td></td></tr>
<tr><td colspan="2">否决项目</td><td colspan="5">1. 碰破、出血、起泡、挤肿不能继续工作时失格。
2. 超过规定时间 20%时失格</td></tr>
</table>

附　件

附件 1　KZW 系列调整阀配件识别表

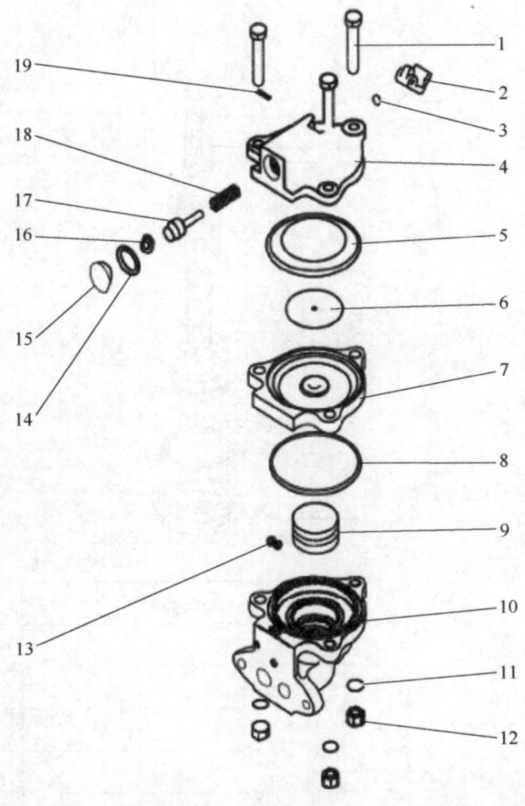

序号	配件名称	序号	配件名称
1		11	
2		12	
3		13	
4		14	
5		15	
6		16	
7		17	
8		18	
9		19	
10			

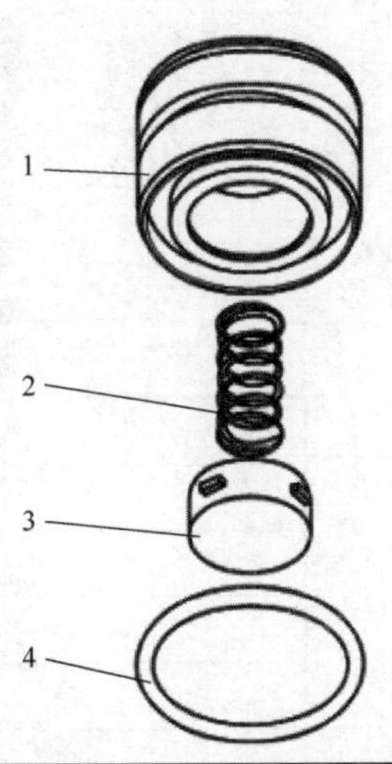

序号	配件名称
1	
2	
3	
4	

附件 2　KZW 系列传感阀配件识别表

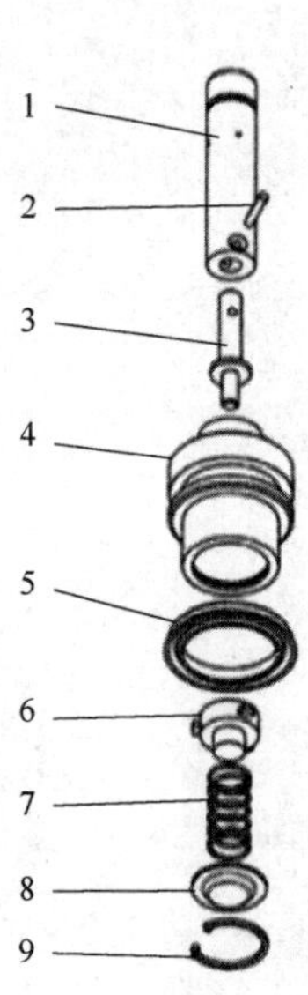

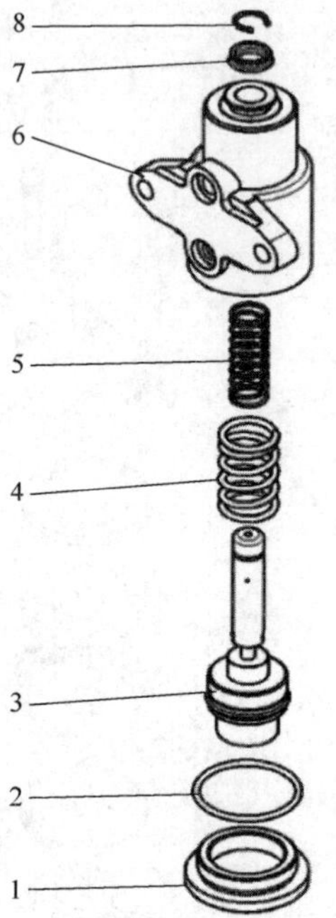

序号	配件名称
1	
2	
3	
4	
5	
6	
7	
8	
9	

序号	配件名称
1	
2	
3	
4	
5	
6	
7	
8	

附件 3　故障分析报告

故障分析报告

日期：　　　　　　　　员工编号：　　　　　　　　姓名：

序号	故障现象	原因分析	处理方法	备注

附件 4　基本制图标准

一、图幅、图框与标题栏

1. 图纸幅面尺寸:为便于进行图样管理,对绘制图样的图纸,制图标准对其幅面的大小和格式进行了统一的规定。制图时,A0～A3 图纸宜横式使用。A4 图纸只能立式使用。

2. 图框格式:图框是图样的边界。在图纸上必须用粗实线画出图框。图框线距图幅的左边距为 25 mm,上、下、右均为 5 mm。A4 图纸只能立式使用。

3. 标题栏:又称图标,在图纸的右下方,外框用粗实线画出,用细实线划分格线。标题栏内主要写图名、制图人名、比例、日期等内容,详细内容依据具体情况而定。

二、图线

图形是由图线组成的,不同的图线表达的含义不同。

1. 图线的形式、规格及用途见附表 4-1。

附表 4-1　图线的形式、规格及用途

名　称		线　型	用　途
实线	粗	━━━━━━━━	可见轮廓线、可见棱边线
	细	————————	尺寸线及尺寸界线、剖面线、引出线、过渡线
虚线	粗	‐‐‐‐‐‐‐‐	允许表面处理的表示线
	细	- - - - - - - -	不可见轮廓线、不可见棱边线
单点画线	粗	━━━ ━ ━━━	限定范围表示线
	细	——— - ———	轴线、对称中心线、剖切线
双点画线	细	——— - - ———	极限位置轮廓线、假想投影轮廓线、相邻辅助零件轮廓线、中断线
折断线		——∧∨——	断裂处的边界线
波浪线		∽∽∽∽	断裂处的边界线,视图和剖视图的分界线等

2. 图线的画法及注意事项。

①粗实线要宽度均匀。

②虚线间隔要小,线段长度及宽度要均匀,不能出现尖端,虚线为实线的延长线时要留有空隙。

③点画线的点要小,间隙要小,图形范围内端部不得为“点”。点画线应超出图形轮廓线 3～5 mm,图形很小时,点画线可用实线代替。

④图线的结合要美观,图线线段相交,不应交于间隙或点画线的“点”处。

⑤两线相切时,切点处应是单根图线的宽度。

⑥两平行线间的空隙不小于粗线的宽度,同时不小于 0.7 mm。

三、字体

图样上除了绘制物体的图形外，还要用文字填写标题栏、技术要求，用数字标注尺寸等。

1. 汉字：图样上的汉字应写成长仿宋体字，并应采用国家正式公布的简化字。汉字的宽度与高度比例控制为 2∶3。长仿宋体字的书写要领是：横平竖直，起落分明，结构匀称，写满方格。

2. 字母与数字：图样上可采用拉丁字母、阿拉伯数字和罗马数字书写。字母与数字可写成斜体或直体，斜体字字头向右倾斜与水平基准线成 75° 夹角。

四、比例

1. 制图标准对图幅的大小和规格作了统一规定，大多数时候图样不能按物体的实际尺寸绘制，需要按一定的比例缩小或放大图样。比例应注写在标题栏内但当图样比例不同时，则在每一图样下方注写图名和比例。

2. 绘图常用比例：绘图时尽量采用原比例值。放大或缩小比例优先选用不带括号的比例。

五、尺寸标注

在图样上，图形只表示物体的形状。

1. 尺寸的组成

一个标注完整的尺寸应由尺寸界线、尺寸线、尺寸起止符号和尺寸数字四部分组成，简称尺寸标注四要素。

①尺寸界线：由所标注图线的两端点处引出，用来指明所注尺寸的范围，用细实线绘制。

②尺寸线：用来表示所注尺寸的方向，在两尺寸线间绘制，尺寸线应与所注图线平行，与尺寸界线垂直，用细实线绘制。

③尺寸起止符号。用中粗短线绘制，其倾斜方向应与尺寸界线成顺时针 45°角，长度为 2～3 mm。直径、半径、角度、弧长的尺寸起止符号应用箭头。

④尺寸数字：用来表示物体的实际尺寸，单位为 mm 时，常省略单位。尺寸数字一般标注在尺寸线的上方或中断处。

2. 常用尺寸的注法(附表 4-2)

附表 4-2　常用尺寸的注法

内　容	说　明
尺寸界线	1. 尺寸界线的一端离开图样轮廓线不小于 2 mm，另外一端超出尺寸线 2～3 mm； 2. 可以用轮廓线或点画线的延长线作为尺寸界线
尺寸线	1. 尺寸线与所注长度平行； 2. 尺寸线不得超出尺寸界线； 3. 尺寸线必须单独画，不得与任何图线重合
尺寸起止符号	中粗线短线的倾斜方向与尺寸界线成顺时针 45°，长度 2～3 mm
尺寸数字的读数方向	尺寸数字应站在尺寸线上方(或中断处)，并与尺寸线的垂直方向一致；尺寸线竖直时，尺寸数字的字头向左
尺寸数字的注写位置	1. 尺寸数字按读数方向注写在靠近尺寸线的上方中部； 2. 尺寸界线间放不下尺寸数字时，最外边的尺寸数字可放在尺寸界线的外侧，中部可错开注写，也可引出注写； 3. 任何图线遇到尺寸数字时都应断开

续上表

内　容	说　明
尺寸排列	1. 尺寸线到轮廓线的距离≥10 mm,各尺寸线的间距为 7～10 mm,并保持一致; 2. 相互平行的尺寸,应小尺寸在里,大尺寸在外
线性尺寸	单个线性尺寸;尺寸标注四要素齐全;单个线性尺寸;常见标注类型有连续型、对称型、基线型
圆	1. 圆应标注直径,并在尺寸数字前加注"ϕ"; 2. 一般情况下尺寸线应通过圆心,两端面箭头指至圆弧; 3. 圆的标注也可采用图示的线性标注方法; 4. 当圆较小时可将箭头和数字之一或全部移除圆外(箭头大小不变)
圆弧	1. 圆弧应注半径,并在尺寸数字前加注"R"; 2. 尺寸线从圆心至圆弧,指向圆弧一端画箭头; 3. 圆弧较小时,可将箭头和数字之一或将全部移除圆弧外; 4. 圆弧较大时,可采用图示两种标法
角度	1. 尺寸界线沿径向引出; 2. 尺寸线画出圆弧,圆心是角的顶点; 3. 起止符号位置不够时可用圆点代替; 4. 尺寸数字一律水平书写
标高	1. 标高符号用细实线绘制; 2. 标高数值以米为单位,一般注至小数点后三位(总平面图为二位),正数标高不注"+",负数标高表示该面低于零点标高
弧长	1. 尺寸界线垂直于该圆弧的弦; 2. 尺寸线用与该圆弧同径的圆弧线表示; 3. 尺寸数字上方加注圆弧符号
弦长	1. 尺寸界线垂直于该弦; 2. 尺寸线垂直于该弦
坡度	1. 坡度数字下的单边箭头指向下坡方向; 2. 坡度的立面图可用百分数、比数、直角三角形三种形式表示,坡度的平面图可用百分数、示坡线表示; 3. 同一图样中的坡度注法应尽量统一

3. 零件图样

①根据零件支架 A 立体图,绘制零件图。

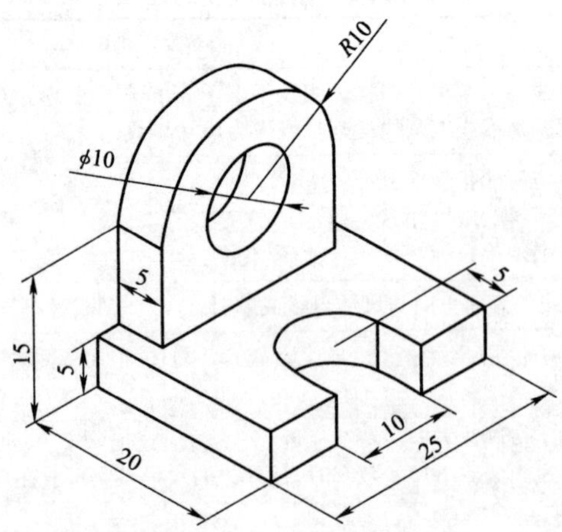

答案

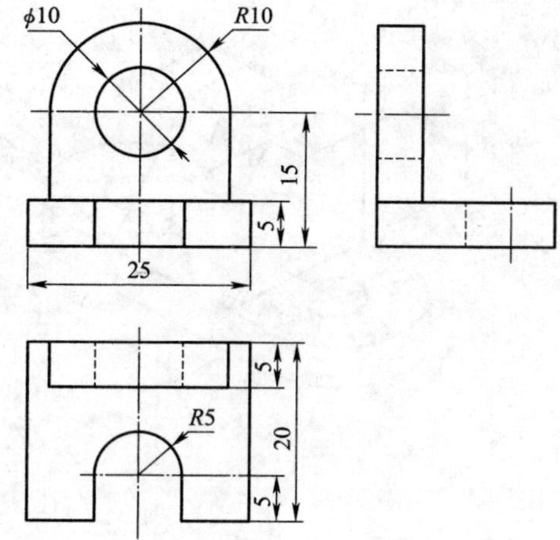

②根据零件支架B立体图，绘制零件图。

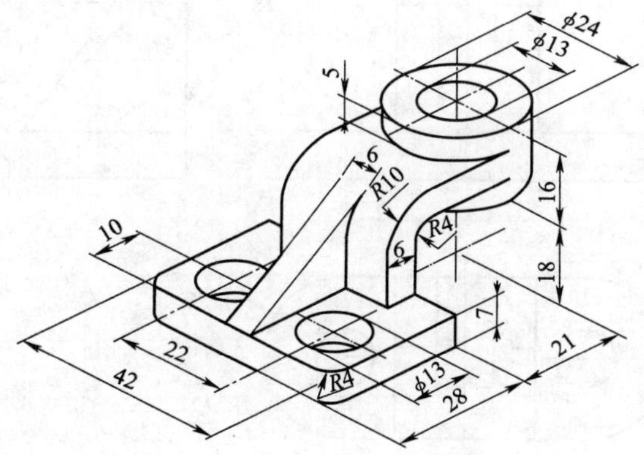

答案

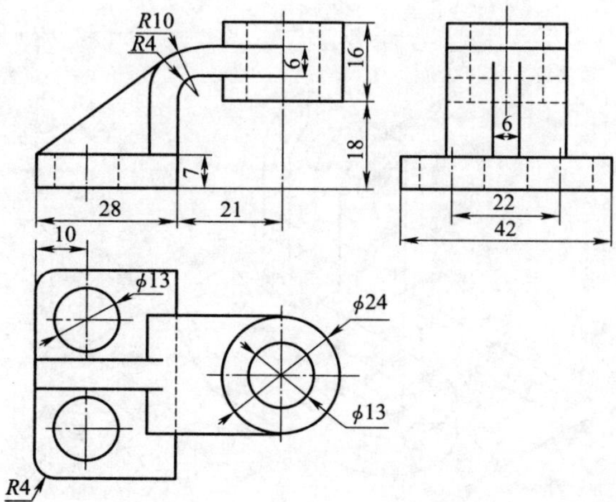

③根据零件支架 C 立体图,绘制零件图。

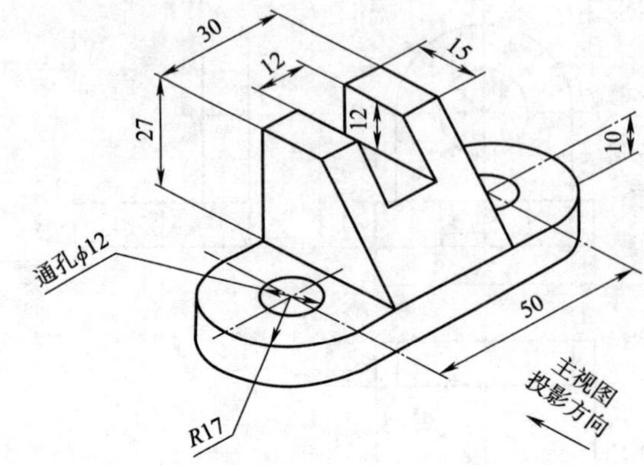

答案

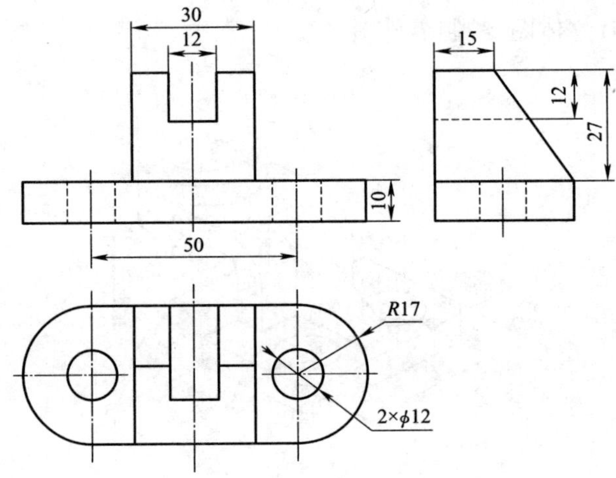

④根据零件支架 D 立体图,绘制零件图。

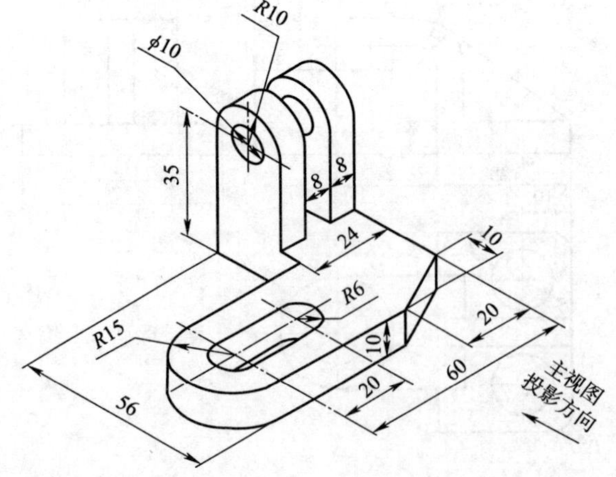

答案

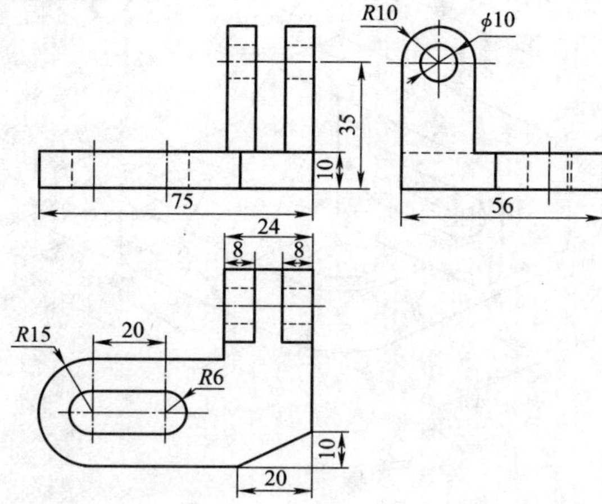

⑤根据零件支架 E 立体图，绘制零件图。

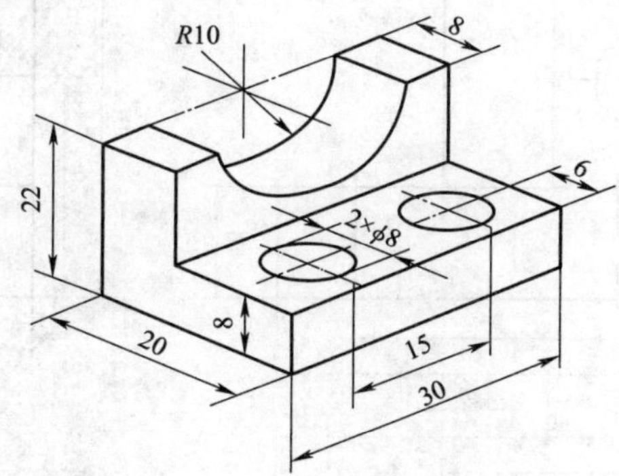

答案

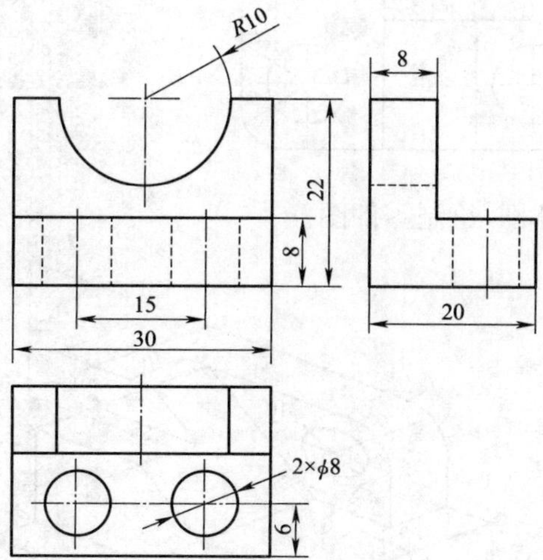

⑥根据零件支架 F 立体图,绘制零件图。

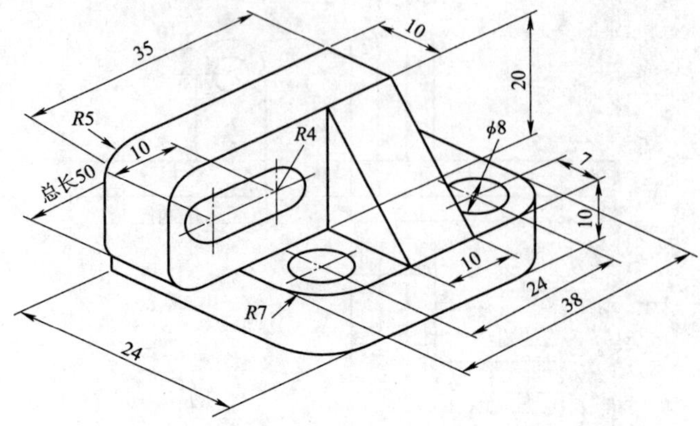

答案

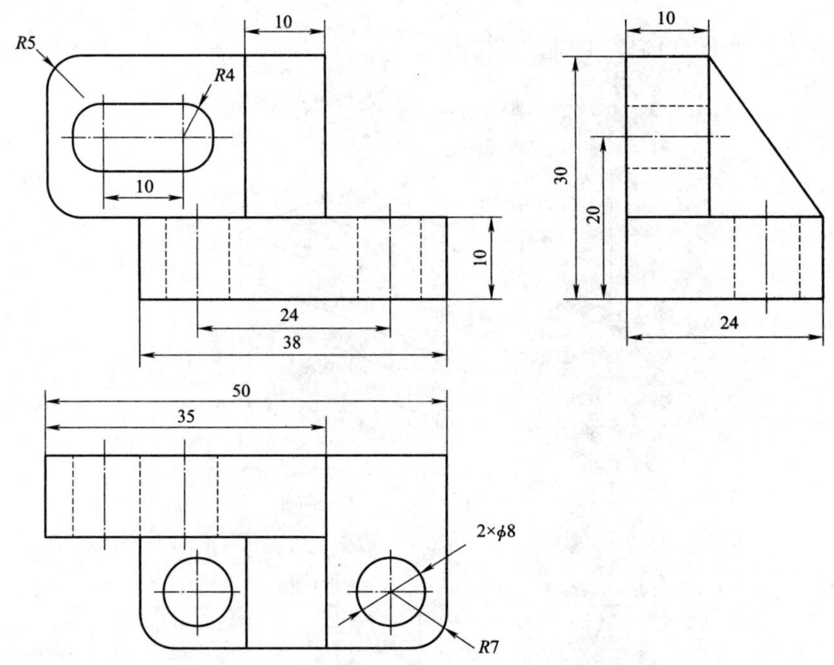

⑦根据零件支架 G 立体图,绘制零件图。

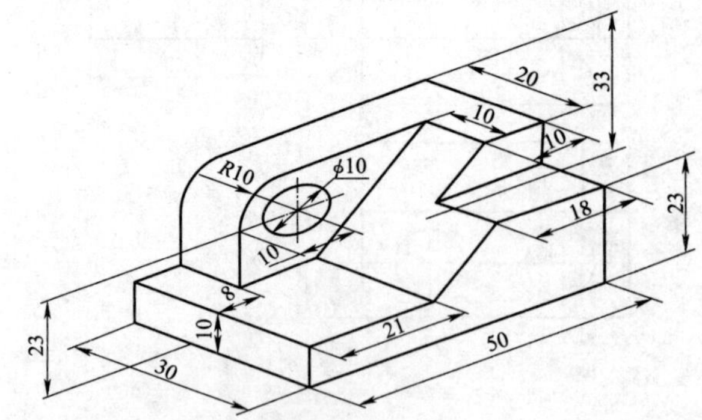

答案

R10
ϕ10
21
23
50
23
10
30
33
10
20
10

4. 标题栏示例

96
12
12
12
12
比例
材料
数量
图号
7
（零件名称）
4×7=（28）
14
7
制图
（姓名）
（日期）
审核
（姓名）
（日期）
（单位名称）
12
30

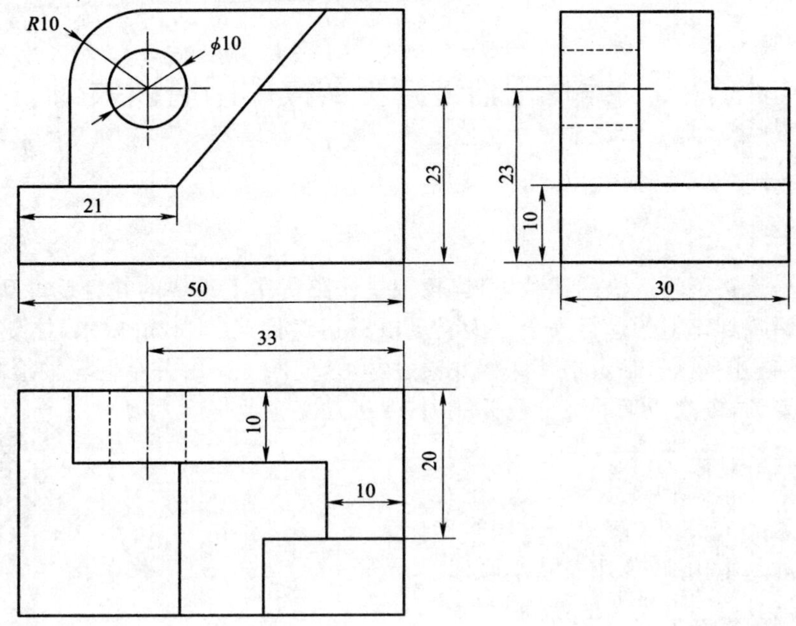

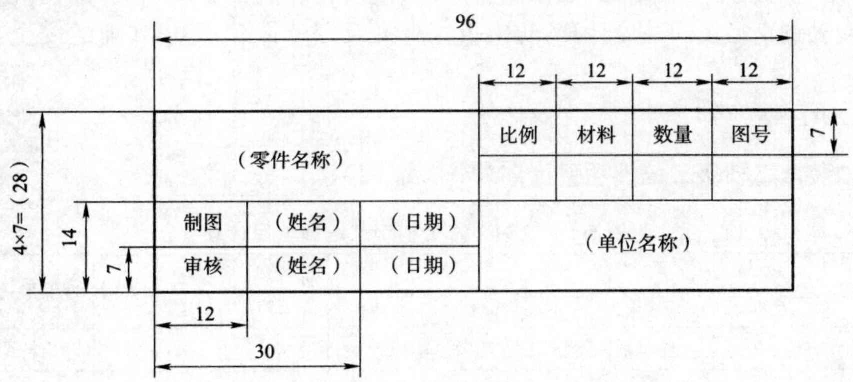

附件5　编写轮轴装修工实操项目培训大纲

一、大纲概要

铁路货车是铁路货物运输的运载工具，轮轴是铁路货车上重要的并且是可互换的部件，其技术状态直接影响到车辆的运行安全。为满足铁路运输提速、重载的要求，体现新材料、新技术、新工艺、新结构的发展，制定本节课程并通过学习，使职工了解并掌握轮轴检修专业理论知识和操作技能要领，提高职工的综合业务能力，促进铁路企业生产发展。

二、课程教学目标

(一)轮轴装修工初级工理论知识培养目标

掌握轮轴的基本构造、作用及基本原理。

掌握工量器具校验及设备的使用。

(二)轮轴装修工初级工技能能力培养目标

掌握车轮、车轴、轴承及附件等各部名称及测量位置和测量方法，相关部位限度和外观检查要求；掌握轴颈直径及圆柱度计算，防尘板座直径及圆度计算；写出作业的安全注意事项和质量要求。

能够识别车轮、车轴各部位标记及作用。

三、轮轴装修工初级工培训项目计划表(附表5-1)

附表5-1　轮轴装修工初级工培训项目计划

序号	项目名称	主要内容	标准时间(min)	培训人数	学时	授课形式	授课人
1	轮轴的基本知识	轮轴的基本构造、作用及基本原理	45	10	1	理论授课	
2	工量具的使用	工量器具校验方法及设备的使用方法	45	10	1	理论授课	
3	技能操作及安全事项	轮对收入测量	10	10	7	技能授课	
		轮对轴颈、防尘板座外观检查及测量	8				
		刻打轴承标志板	6				
		作业安全与质量要求	5				
4	识别轮对信息	识别轮对标记	8	10	3	技能授课	
		识别轮对各部名称	5				

注：

① 培训人数由职业技能认定站下发。

② 1学时等于45 min。

③ 学时换算方法：包括讲解时间、操作时间、总结时间。讲解时间根据课前调研的学员技能水平确定。操作时间概算公式=项目操作时间×培训人数÷45 min。总结时间根据学员掌握程度等实际情况确定。

四、教学设施、设备及其他要求

（一）多媒体教室一间。
（二）操作技能教学场地一处。
（三）转向架模型任意一种。
（四）转轮器。
（五）标志板刻打机。
（六）轮对测量量具1套。
（七）实物轮对 RD_2/RE_{2B}各1条。
（八）轮对全剖视图、零件挂图各一套。
（九）安全防护器具。

五、考核要求

（一）考核方法

采取百分制评定、闭卷考试等方法考核，注意与现场实际工作相联系，考核学员独立动手操作、分析问题和解决问题的能力。考核成绩单独列入学员培训档案。

（二）考核内容及配分比例

1. 轮轴的基本知识考核成绩；占总成绩的15%。
2. 工量具的使用考核成绩；占总成绩的15%。
3. 技能操作及安全事项；占总成绩的40%。
4. 识别轮对信息；占总成绩的20%。
5. 学习期间的学习态度、遵守纪律、刻苦学习等情况；占总成绩的10%。

六、大纲说明

（一）培训大纲作为参考并不是唯一的标准，如有需要可结合实际情况进行准备，教师在具体实施时可结合学员情况适当调整。

（二）建议多与实践相结合，教学中多采用先进的多媒体课件进行教学，多用实物讲解相关知识。

（三）教学过程中注重提高、培养学员的学习能力、处理问题的能力。

附件 6　抱闸故障事故调查报告

附表 6-1　制动抱闸车辆调查处理记录表

<table>
<tr><td>接收安全预警</td><td>时间</td><td colspan="2"></td><td>通知部门</td><td colspan="2"></td><td>通知人</td><td colspan="2"></td></tr>
<tr><td>安全预警信息</td><td colspan="9"></td></tr>
<tr><td>到达现场</td><td>时间</td><td colspan="2"></td><td>所属作业场</td><td colspan="2"></td><td>救援成员</td><td colspan="2"></td></tr>
<tr><td>时间</td><td>停车时间</td><td colspan="2"></td><td>恢复行车时间</td><td colspan="2"></td><td>中断行车时间</td><td colspan="2"></td></tr>
<tr><td>发生地点</td><td colspan="3"></td><td>线别</td><td></td><td>是否正线</td><td></td><td>空、重别</td><td></td></tr>
<tr><td rowspan="3">车辆情况</td><td>车次</td><td></td><td>编组辆数</td><td></td><td>编组位置</td><td></td><td>车型车号</td><td colspan="2"></td></tr>
<tr><td>厂修</td><td></td><td colspan="2"></td><td>段修</td><td></td><td colspan="3"></td></tr>
<tr><td>发站（时间）</td><td></td><td></td><td>到站</td><td></td><td>机车号</td><td></td><td>司机姓名</td><td></td></tr>
<tr><td rowspan="3">基础制动装置</td><td rowspan="2">制动梁状态是否良好</td><td rowspan="2"></td><td rowspan="2">各杠杆拉杆作业是否良好</td><td>1 位</td><td>2 位</td><td rowspan="2">手制动机状态是否良好</td><td rowspan="2"></td><td rowspan="2">车轮踏面是否良好</td><td rowspan="2"></td></tr>
<tr><td></td><td></td></tr>
<tr><td>闸瓦厚度</td><td></td><td></td><td></td><td></td><td></td><td></td><td></td><td></td></tr>
<tr><td colspan="2">闸瓦表面状态、金属镶嵌和堆积情况或熔渣现象</td><td></td><td></td><td></td><td></td><td></td><td></td><td></td><td></td></tr>
<tr><td rowspan="2">全辆轴温高温度测量（前进方向）</td><td rowspan="2"></td><td rowspan="2"></td><td rowspan="2"></td><td rowspan="2"></td><td rowspan="2"></td><td rowspan="2"></td><td rowspan="2"></td><td rowspan="2"></td><td>环温</td></tr>
<tr><td></td></tr>
<tr><td rowspan="4">空气制动机</td><td rowspan="2">制动阀型号</td><td rowspan="2"></td><td rowspan="2">检修日期</td><td rowspan="2"></td><td rowspan="2">是否关门车</td><td rowspan="2"></td><td rowspan="2">制动缸型号活塞状态</td><td>型号</td><td>状态</td></tr>
<tr><td></td><td></td></tr>
<tr><td rowspan="2">主、支管状态（新旧痕百分比）</td><td rowspan="2"></td><td rowspan="2">闸调器型号及作用是否良好</td><td>型号</td><td>作用</td><td rowspan="2">制动阀等阀类作用是否良好</td><td rowspan="2" colspan="3"></td></tr>
<tr><td></td><td></td></tr>
<tr><td rowspan="3">试风情况</td><td>漏泄量</td><td>闸数</td><td>减压量 kPa</td><td colspan="3">活塞行程 mm</td><td>缓解时间 s</td><td>缓解状态</td><td>是否起非常</td></tr>
<tr><td rowspan="2"></td><td>感度</td><td></td><td colspan="3"></td><td></td><td></td><td></td></tr>
<tr><td>安定</td><td></td><td colspan="3"></td><td></td><td></td><td></td></tr>
<tr><td>抱闸原因</td><td colspan="4"></td><td>处理结果</td><td colspan="2"></td><td>处理人姓名</td><td></td></tr>
<tr><td>其他情况</td><td colspan="9"></td></tr>
</table>

附件7　120/120-1型控制阀通路图

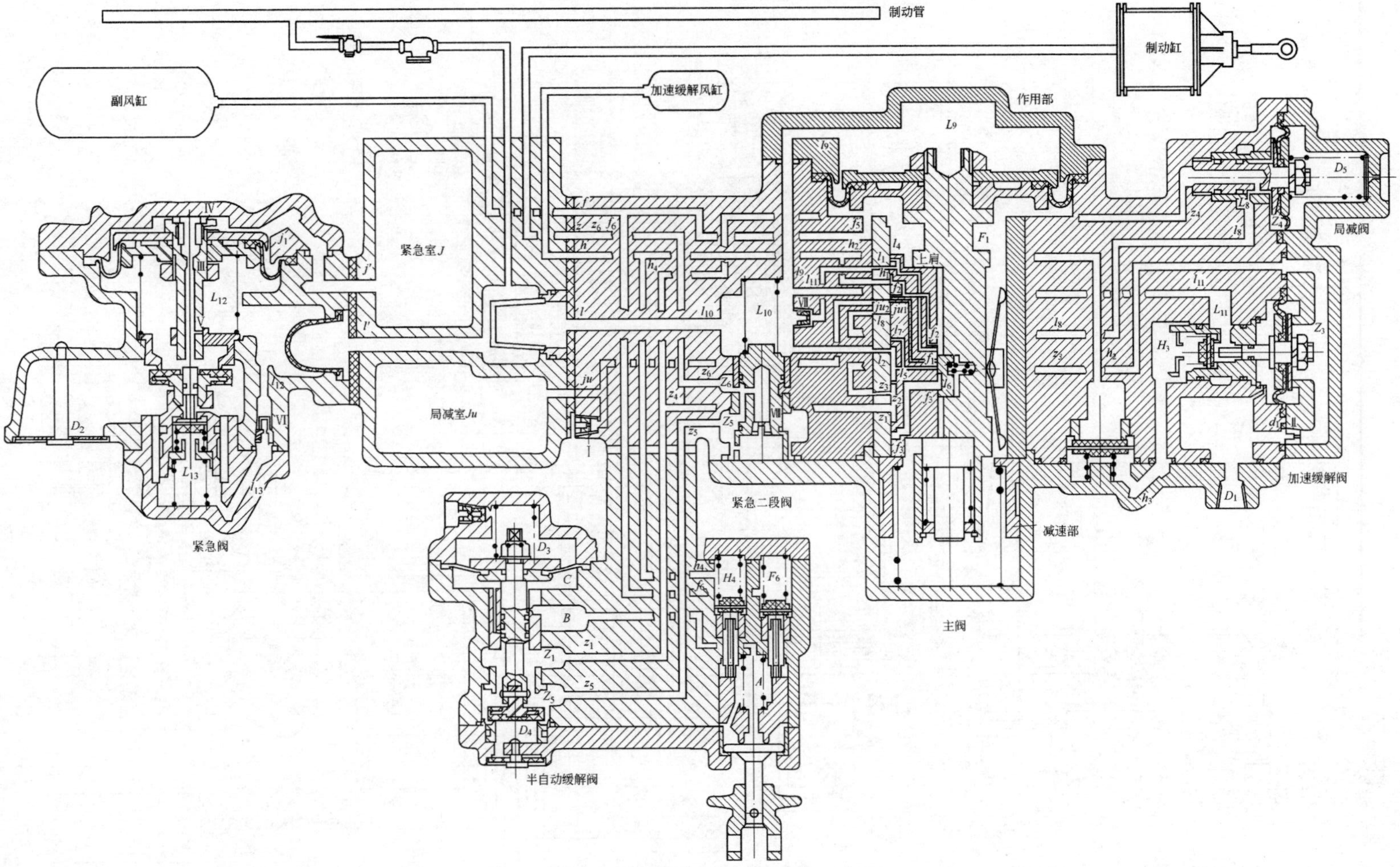

附图 7-1　________原理图

说明：列车管通路为橘红色；制动缸通路为绿色；副风缸通路为黄色；紧急室通路为紫色；加速缓解风缸通路为蓝色；局减室通路为粉色

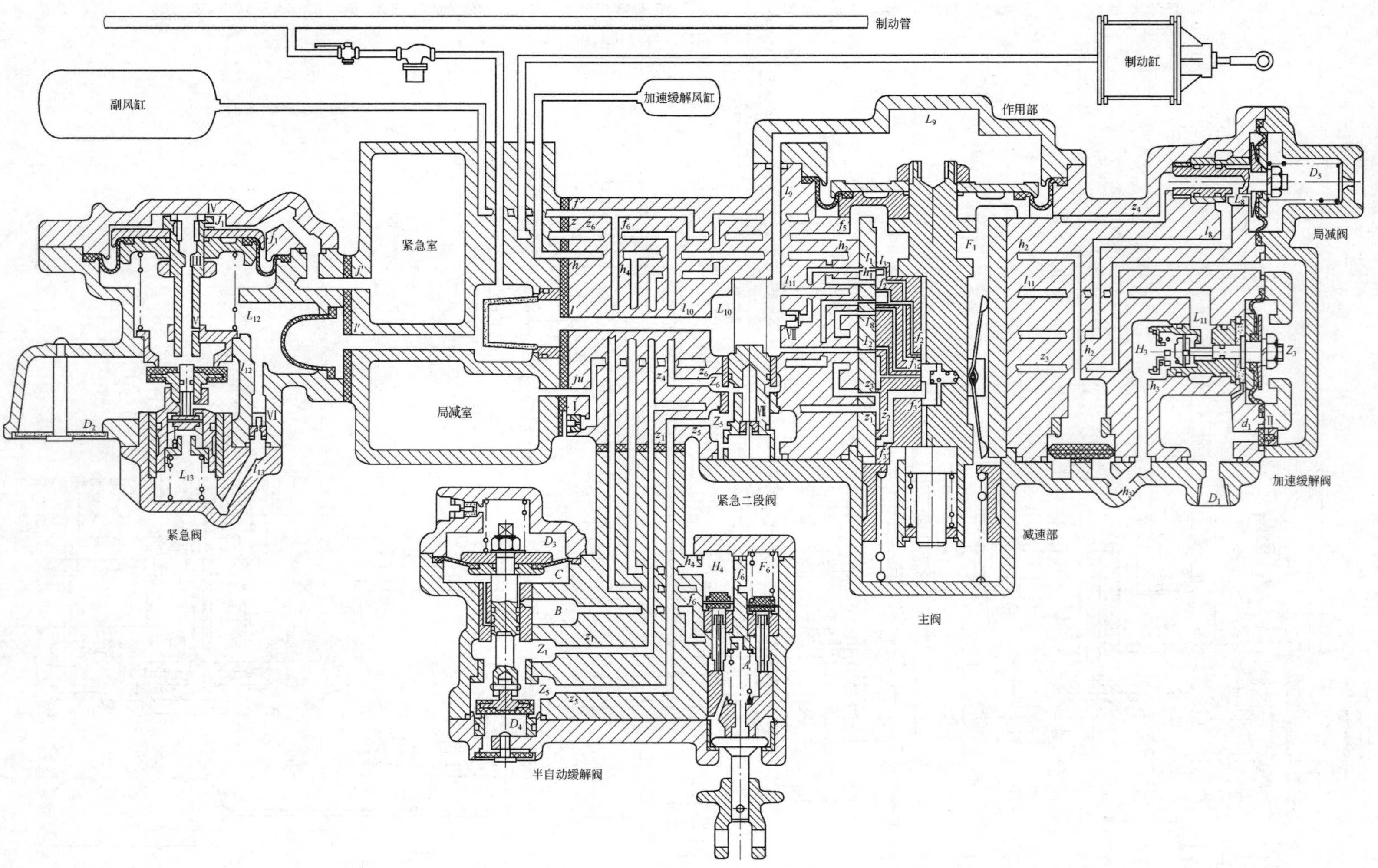

附图 7-2　原理图

说明：列车管通路为橘红色；制动缸通路为绿色；副风缸通路为黄色；紧急室通路为紫色；加速缓解风缸通路为蓝色；局减室通路为粉色

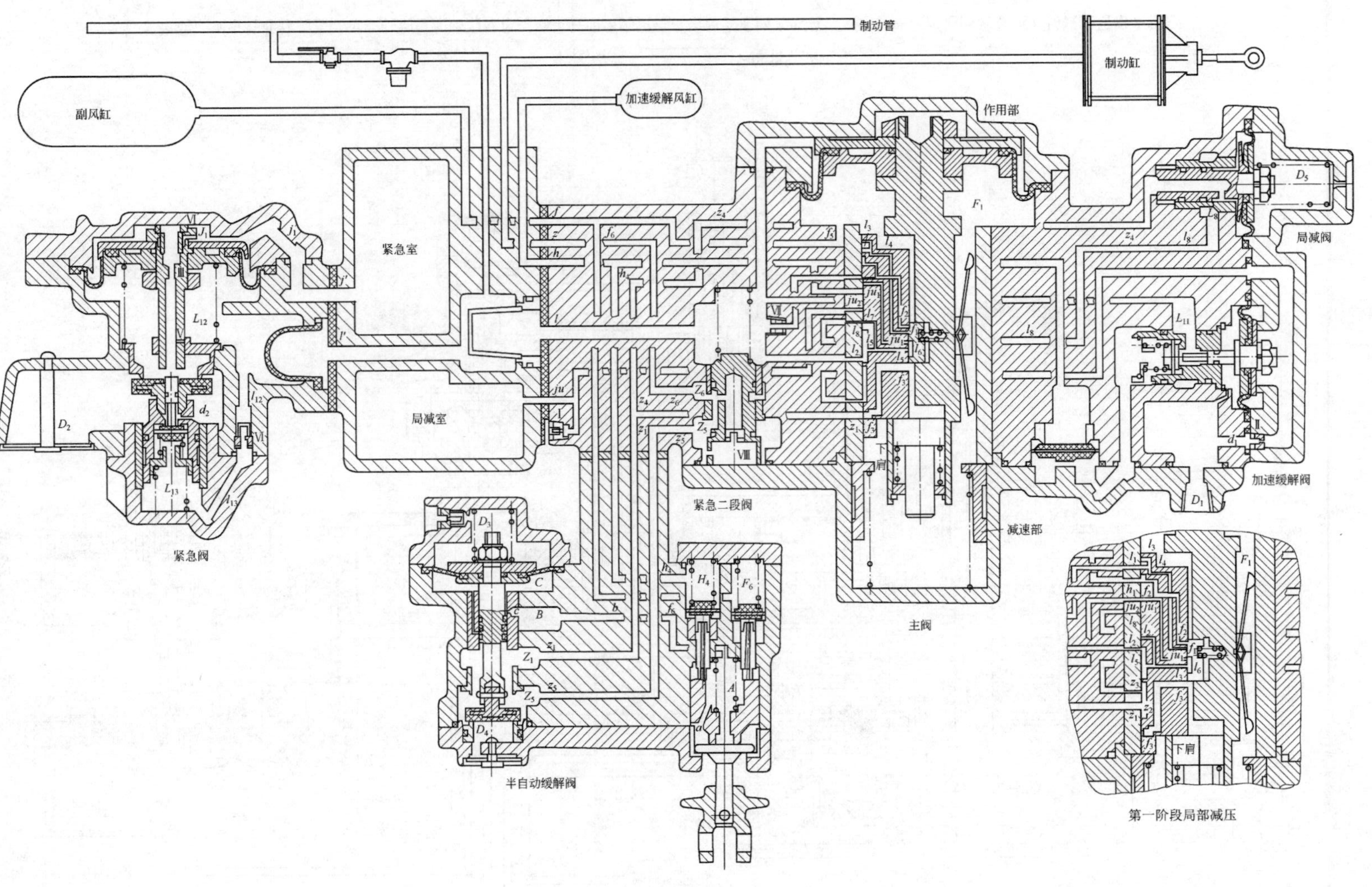

附图 7-3 ________原理图

说明：列车管通路为橘红色；制动缸通路为绿色；副风缸通路为黄色；紧急室通路为紫色；加速缓解风缸通路为蓝色；局减室通路为粉色

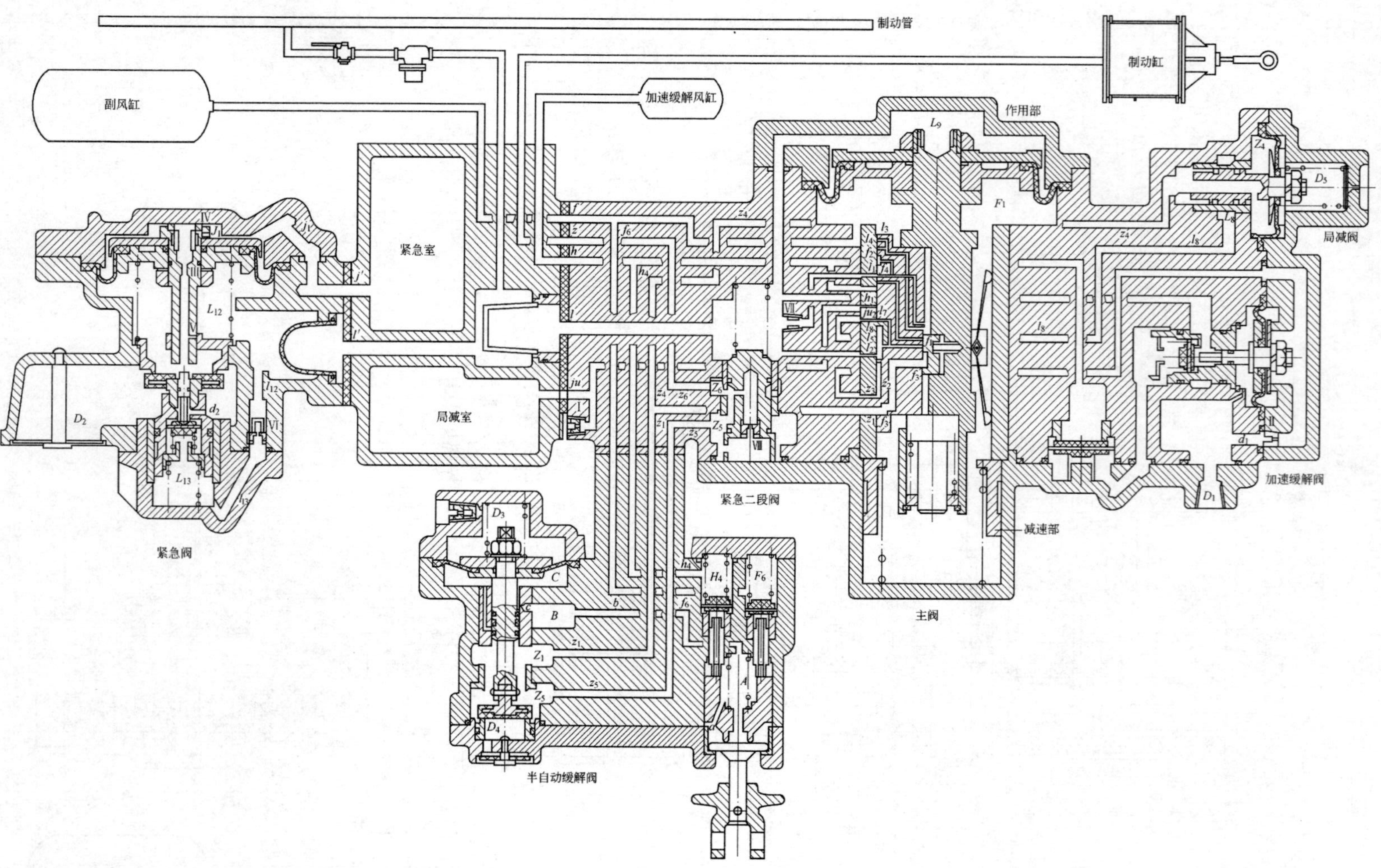

附图 7-4 ________原理图

说明：列车管通路为橘红色；制动缸通路为绿色；副风缸通路为黄色；紧急室通路为紫色；加速缓解风缸通路为蓝色；局减室通路为粉色

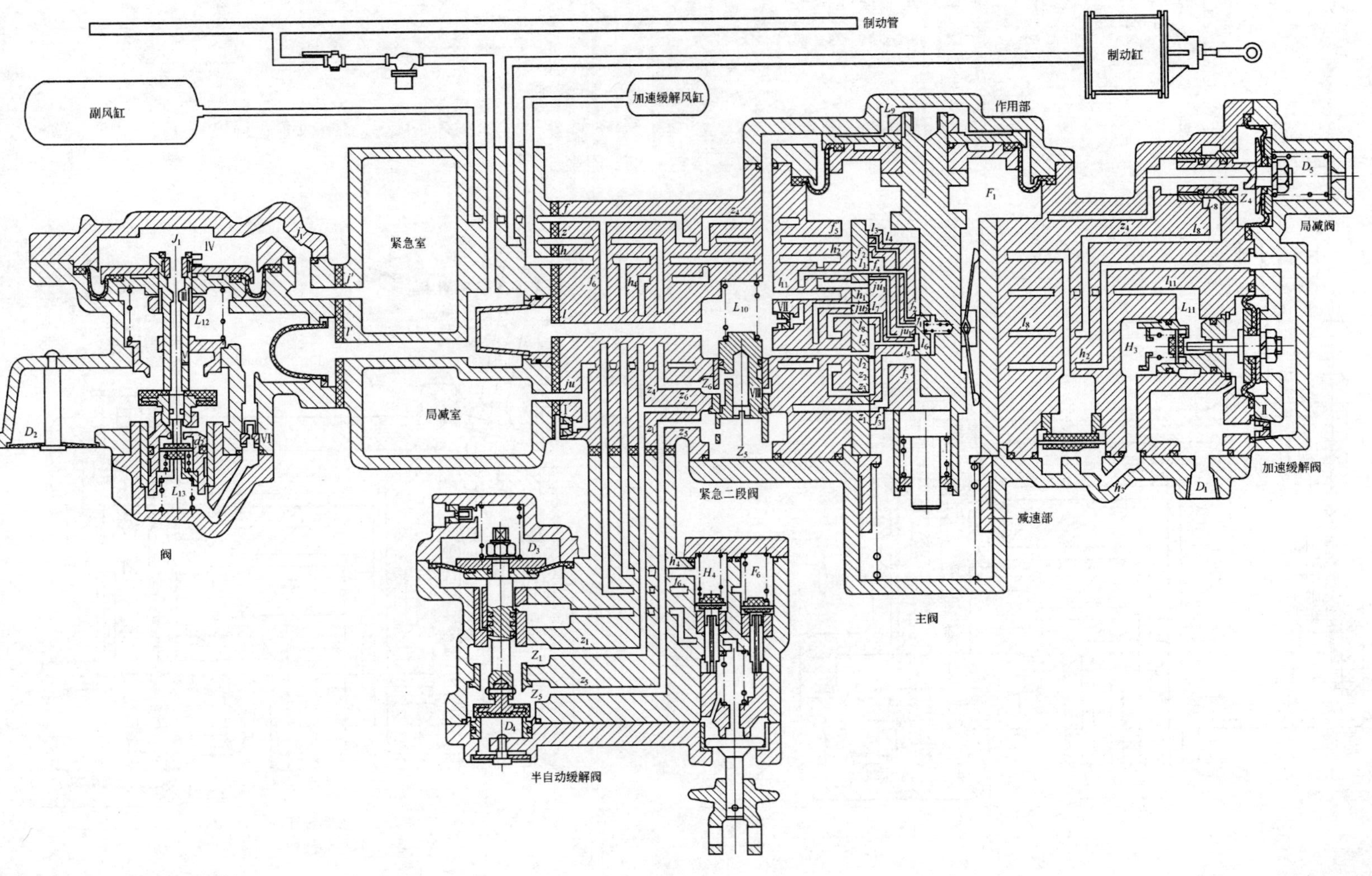

附图 7-5 ________原理图

说明：列车管通路为橘红色；制动缸通路为绿色；副风缸通路为黄色；紧急室通路为紫色；加速缓解风缸通路为蓝色；局减室通路为粉色

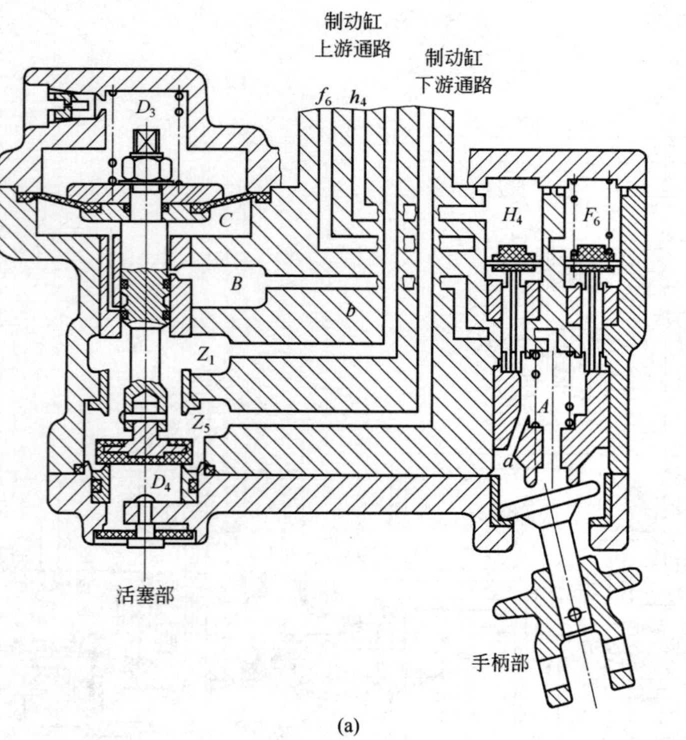

(a)

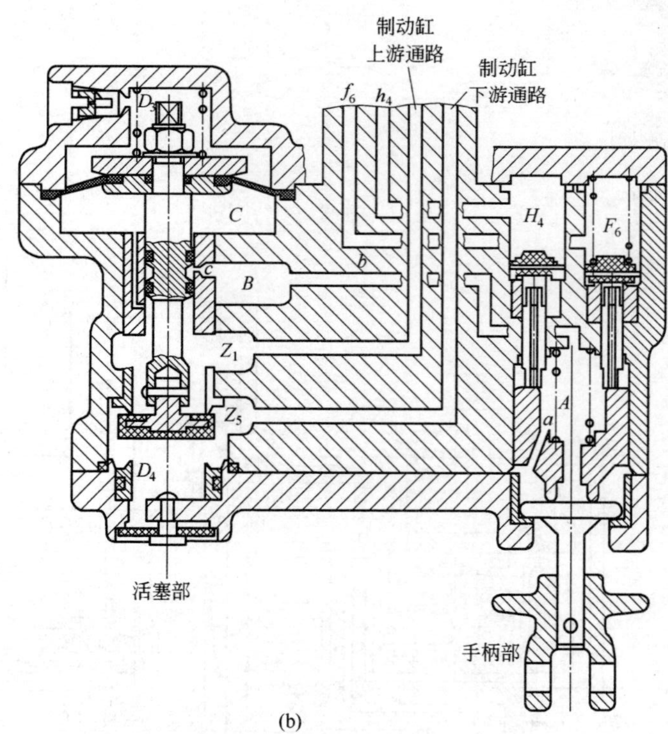

(b)

附图 7-6 ________原理图

说明：列车管通路为橘红色；制动缸通路为绿色；副风缸通路为黄色；紧急室通路为紫色；加速缓解风缸通路为蓝色；局减室通路为粉色